Bookkeeping

反復式

原価計算問題集

全商 1 級

原価計算

実教出版

■ 本書の特色と内容

特　色

① 各種の原価計算教科書を分析し，どの教科書とも併用できるよう配列を工夫しました。

② 全商簿記実務検定試験の出題範囲・傾向を分析し，各項目の中に，的確なまとめと問題を収録しました。

③ 各項目に収録した問題は，教科書の例題レベルの反復問題により無理なく検定レベルの問題に進めるようにしました。また，既習事項を復習するための総合問題を，適宜設けました。

内　容

●学習の要点……………各項目の学習事項を要約し，内容が的確につかめるようにしました。また，適宜，例題を用いることによって，取引の流れの中でスムーズに理解できるようにしました。とくに仕訳の例題では，基本的な仕訳パターンを示し，覚えるべきポイントが明確になるよう工夫しました。

●問　　題……………学習の要点で学習した内容から，検定出題レベルの問題につなげるための問題を反復して出題しました。

●検定問題……………全商簿記実務検定試験の過去の出題問題を，各項目ごとに分類し，出題しました。

●総合問題……………ある程度の項目の学習が終わった後，既習事項を総合して学習できるようにしてあります。

●全商検定試験出題形式別問題…………全商簿記実務検定試験の出題傾向を分析して，全範囲から作問した，程度・内容が同じ問題を多数出題しました。

◇解答編……………………別冊。解答にいたる過程の説明や注意事項を詳しく示しました。

もくじ

1 原価と原価計算

学習の要点

1 経営活動と原価計算

(1)　商品売買業の経営活動

商品売買業において用いられる簿記を**商業簿記**という。

(2)　製造業の経営活動

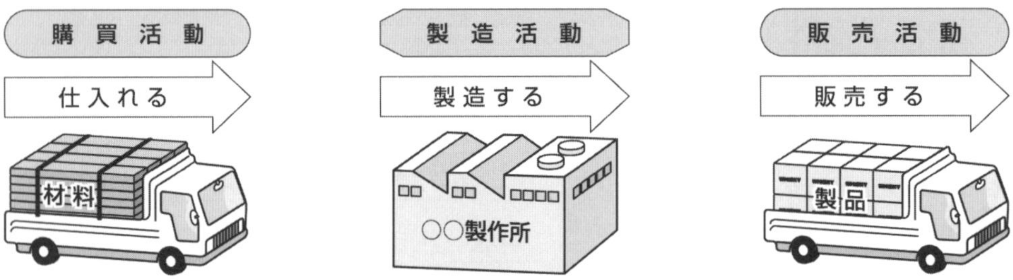

製造業において用いられる簿記を**工業簿記**という。

(3)　原価計算

製品の製造のために経済的資源を消費した場合，その消費高を**原価**といい，原価を計算するシステムのことを**原価計算**という。

2 製造原価と総原価

(1)　**製造原価**……製品の製造に要する原価

(2)　**総 原 価**……製造原価に**販売費**と**一般管理費**を加えた原価

なお，原価計算で原価という場合は，ふつう製造原価を意味する。

例　●製品Aの製造のために要した原価

材料費　¥50,000　　労務費　¥20,000　　経　費　¥10,000

●製品Aのためにかかった販売費と一般管理費

販売費　¥3,000　　一般管理費　¥500

製造原価＝¥50,000＋¥20,000＋¥10,000＝¥80,000

総 原 価＝¥80,000＋¥3,000＋¥500＝¥83,500

(3)　非原価項目

製品の製造，製品の販売，企業全般の管理に関係しない項目は，原価に含めない。このような項目のことを**非原価項目**といい，たとえば，次のようなものがある。

①　支払利息など金融上の費用

②　火災損失など異常な原因による損失

1-1 次の各文の ＿＿＿ のなかに，下記の語群のなかから，もっとも適当なものを選び，その番号を記入しなさい。

(1) 商品売買業における経営活動は，商品の仕入れなどを行う購買活動と商品の販売などを行う［ア］の2つに分けることができる。これらの経営活動は簿記によって記録・計算・整理されるが，この商品売買業で用いられる簿記を［イ］という。

(2) 製造業における経営活動は，購買活動・［ウ］・販売活動の3つに分けることができる。これらの経営活動は，簿記によって記録・計算・整理されるが，この製造業で用いられる簿記を［エ］という。

1. 製造活動　2. 購買活動　3. 工業簿記　4. 複式簿記
5. 商業簿記　6. 銀行簿記　7. 決算　8. 販売活動

(1)	ア		イ		(2)	ウ		エ	

1-2 次の各取引のうち，購買活動はA，製造活動はB，販売活動はCを解答欄に記入しなさい。

(1) 材料¥50,000を仕入れ，代金は掛けとした。
(2) 製品を製造するために，材料¥40,000を消費した。
(3) 製品を売り渡し，代金¥70,000は現金で受け取った。
(4) 製品を製造するために，電力料¥10,000を消費した。
(5) 機械¥3,000,000を購入し，代金は小切手を振り出して支払った。

(1)		(2)		(3)		(4)		(5)	

1-3 次の各文の ＿＿＿ のなかに入るもっとも適当な語を記入しなさい。

(1) 製品を製造するために要した経済的資源の消費高を計算する手続きを［ア］という。この手続きによって得られたデータをもとに，工業簿記の仕訳や勘定記入が行われる。

(2) 製品の製造に要する原価を［イ］といい，これに販売費と一般管理費を加えた原価を［ウ］という。なお，原価計算で原価という場合は，ふつう［イ］を意味する。

(3) 支払利息などの金融上の費用や火災損失など異常な原因による損失など，原価に含めない項目を［エ］という。

ア		イ		ウ		エ	

1-4 次の資料により，製造原価と総原価を計算しなさい。

資　料

i 製品Aの製造に要した原価
　材料費 ¥300,000　労務費 ¥250,000　経費 ¥50,000

ii 製品Aのためにかかった販売費と一般管理費
　販売費 ¥10,000　一般管理費 ¥4,000

製造原価 ¥	総原価 ¥

検定問題

1-5 次の文の ＿＿＿ にあてはまるもっとも適当な語を，下記の語群のなかから選び，その番号を記入しなさい。　**第89回改題**

製造原価に販売費及び一般管理費を加えたものを［ア］という。なお，製品の製造・製品の販売・企業全般の管理に関係しない項目は，原価に含めない。このような項目のことを非原価項目といい，［イ］や災害損失などがある。

1. 販売価格　2. 総原価
3. 支払利息　4. 支払家賃

ア		イ	

2 原価計算のあらまし

学習の要点

1 原価要素の分類

製品の原価（製造原価）は，いくつかの要素によって構成されている。この原価を構成する要素を**原価要素**という。

⑴　発生形態による分類

原価の３要素……①　**材料費**　　②　**労務費**　　③　**経　費**

⑵　製品との関連による分類

①　**製造直接費**……特定の製品を製造するためにだけ消費され，その製品の原価として直接集計することができる原価要素で，**直接材料費・直接労務費・直接経費**に分類される。なお，製造直接費を特定の製品に集計する手続きを**賦課**という。

②　**製造間接費**……各種の製品を製造するために共通に消費され，特定の製品の原価として直接集計することができない原価要素で，**間接材料費・間接労務費・間接経費**に分類される。なお，一定の基準により製造間接費を各製品に配分する手続きを**配賦**という。

<table>
<tr><td></td><td></td><td>販売費及び一般管理費</td><td rowspan="3">総　原　価</td></tr>
<tr><td></td><td>製造間接費</td><td rowspan="2">製造原価</td></tr>
<tr><td>直接材料費
直接労務費
直接経費</td><td>製造直接費</td></tr>
</table>

⑶　操業度との関連による分類

一定の生産設備の利用度を**操業度**といい，直接作業時間などで示される。この操業度との関連によって，原価要素は①**固定費**，②**変動費**，③**準固定費**，④**準変動費**に分類される。

2 簡単な例による原価計算

例　①　直接材料費¥50,000（A製品 ¥32,000　B製品 ¥18,000）　間接材料費¥10,000
②　直接労務費¥40,000（A製品 ¥25,000　B製品 ¥15,000）　間接労務費¥ 6,000
③　直接経費¥10,000（A製品 ¥ 3,000　B製品 ¥ 7,000）　間接経費¥14,000
④　製造間接費¥30,000はA製品に60%　B製品に40%の割合で配賦する。

A製品　原価計算表

直接材料費	直接労務費	直接経費	製造間接費	製造原価
32,000	25,000	3,000	18,000	78,000

B製品　原価計算表

直接材料費	直接労務費	直接経費	製造間接費	製造原価
18,000	15,000	7,000	12,000	52,000

3 原価計算の目的

⑴ 財務諸表の作成に必要な情報を提供すること　⑵ 製品の販売価格計算に必要な情報を提供すること
⑶ 原価管理に必要な情報を提供すること　⑷ 利益計画に必要な情報を提供すること

4 原価計算の手続き

費目別計算 ――→ **部門別計算** ――→ **製品別計算**

5 原価計算期間

製造業では，ふつう１か月を計算期間として，原価計算を行う。この計算期間を**原価計算期間**という。

6 原価計算の種類

⑴　生産形態の違いにもとづく分類 ――→ **個別原価計算と総合原価計算**

⑵　実際原価を使用するか，標準原価を使用するかの違いにもとづく分類 ――→ **実際原価計算と標準原価計算**

⑶　原価要素を集計する範囲の違いにもとづく分類 ――→ **全部原価計算と部分原価計算**

2-1 原価要素の分類を示す下記の［　　　］のなかに，適当な語を記入しなさい。

(1) 発生形態による分類

- 材　料　費
- ①［　　　　　　］
- 経　　　費

(2) 製品との関連による分類

- 製造直接費
  - 直接材料費
  - ③［　　　　　　］
  - 直　接　経　費
- ②［　　　　　　］
  - ④［　　　　　　］
  - 間接労務費
  - 間　接　経　費

(3) 操業度との関連による分類

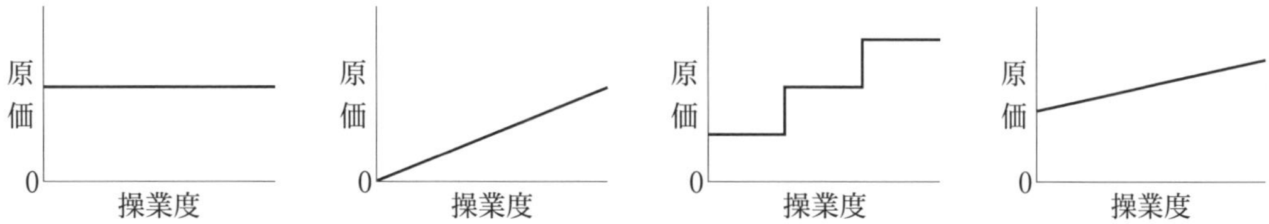

⑤［　　　　　　］　⑥［　　　　　　］　準固定費　準変動費

2-2 次の資料によって，原価の構成図の（　　）のなかに，適当な語または金額を記入しなさい。

間接材料費　¥3,000　　間接労務費　¥6,000　　間接経費　¥10,000

		販売費及び一般管理費 ¥1,000	
	製造間接費 ¥（①　　　）	（③　　　） ¥（④　　　）	（⑤　　　） ¥（⑥　　　）
直接材料費 ¥50,000	製造直接費 ¥（②　　　）		
直接労務費 ¥40,000			
直接経費 ¥20,000			

2-3 X製品とY製品を製造する北海道製作所の次の資料により，X製品とY製品の原価計算表を完成しなさい。

i　材料費　X製品の製造のために¥60,000　Y製品の製造のために¥40,000消費した。また，X製品とY製品を製造するために，¥30,000を共通に消費した。

ii　労務費　X製品の製造のために¥50,000　Y製品の製造のために¥70,000消費した。また，X製品とY製品を製造するために，¥20,000を共通に消費した。

iii　経　費　X製品の製造のために¥8,000　Y製品の製造のために¥9,000消費した。また，X製品とY製品を製造するために，¥50,000を共通に消費した。

iv　製造間接費¥100,000は，X製品に60%　Y製品に40%配賦する。

X製品　　原　価　計　算　表

直接材料費	直接労務費	直接経費	製造間接費	製造原価
60,000	（　　　）	（　　　）	（　　　）	（　　　）

Y製品　　原　価　計　算　表

直接材料費	直接労務費	直接経費	製造間接費	製造原価
（　　　）	70,000	（　　　）	（　　　）	（　　　）

2-4 次の資料により，原価計算表を作成し，Ａ製品（製造指図書#1）とＢ製品（製造指図書#2）の製造原価を計算しなさい。

i　材料費　¥100,000
　直接材料費　¥80,000（製造指図書#1 ¥56,000　製造指図書#2 ¥24,000）
　間接材料費　¥20,000
ii　労務費　¥70,000
　直接労務費　¥60,000（製造指図書#1 ¥37,000　製造指図書#2 ¥23,000）
　間接労務費　¥10,000
iii　経費　¥24,000
　直接経費　¥4,000（製造指図書#1 ¥3,000　製造指図書#2 ¥1,000）
　間接経費　¥20,000
iv　製造間接費　¥［各自計算］は，直接材料費の金額を基準に配賦する。

製造指図書#1

原価計算表

直接材料費	直接労務費	直接経費	製造間接費	製造原価
(　　)	(　　)	(　　)	(　　)	(　　)

製造指図書#2

原価計算表

直接材料費	直接労務費	直接経費	製造間接費	製造原価
(　　)	(　　)	(　　)	(　　)	(　　)

2-5 下記の資料から，Ａ製品（製造指図書#1）とＢ製品（製造指図書#2）の次の金額を計算しなさい。

①　製造指図書#1の製造直接費　　②　製造指図書#2の製造間接費
③　製造指図書#1の製造原価

資料

i　材料費　¥400,000
　直接材料費　¥300,000（製造指図書#1 ¥180,000　製造指図書#2 ¥120,000）
　間接材料費　¥100,000
ii　労務費　¥500,000
　直接労務費　¥370,000（製造指図書#1 ¥170,000　製造指図書#2 ¥200,000）
　間接労務費　¥130,000
iii　経費　¥230,000
　直接経費　¥60,000（製造指図書#1 ¥20,000　製造指図書#2 ¥40,000）
　間接経費　¥170,000
iv　製造間接費は，製造指図書#1に70%　製造指図書#2に30%の割合で配賦する。

①製造指図書#1の製造直接費	¥
②製造指図書#2の製造間接費	¥
③製造指図書#1の製造原価	¥

2-6 次の各文の ＿＿＿ のなかに，適当な語を記入しなさい。

⑴ 原価計算は，ふつう費目別計算・部門別計算・ ア 計算の3段階を経て行われる。

⑵ 原価計算の手続きのうち，原価要素を材料費・労務費・経費に分類して，その消費高を計算する手続きを，原価の イ 計算という。

⑶ 製造業では，ふつう1か月の計算期間で原価計算を行う。この計算期間を ウ という。

⑷ 種類の異なる特定の製品を個別的に生産する製造業，たとえば造船業・機械製造業などに適用される原価計算を エ といい，同じ種類，あるいは異なる種類の製品を連続して大量生産する製造業，たとえば，製粉業・製菓業などに適用される原価計算を オ という。

⑸ 実際原価によって製品の原価を計算し，財務諸表の作成や販売価格計算に必要な情報を提供することを主な目的としている原価計算を カ という。

⑹ 標準原価によって製品の原価を計算し，原価管理を効果的に行うことを目的としている原価計算を キ という。

⑺ 製品を製造するために消費したすべての原価要素を集計する原価計算を全部原価計算といい，原価要素の一部分を集計する原価計算を部分原価計算という。後者の代表的な原価計算として，変動費だけで製品の製造原価を計算する ク がある。

ア		イ		ウ		エ	
オ		カ		キ		ク	

検定問題

2-7 次の各文の ＿＿＿ のなかに，下記の語群のなかから，もっとも適当なものを選び，その番号を記入しなさい。

⑴ 原価計算基準によると，実際原価の計算手続きにおいて，製造原価は，原則として，その実際発生額を，まず ア に計算し，次に原価部門別に計算し，最後に イ に集計する。

1．等　級　別　　2．製　品　別　　3．機　能　別　　4．費　目　別　第93回

⑵ 製品の原価を構成する要素を原価要素といい，その発生形態によって材料費・労務費・経費に分類される。その消費高を計算する手続きを，原価の ウ という。この手続きにより，把握された消費高のうち，特定の製品の製造のためにだけ消費され，その製品の原価として直接に集計される原価要素を製造直接費といい，これらの原価を集計する手続きを エ という。

1．製品別計算　　2．費目別計算　　3．賦　　課　　4．配　　賦　第86回

⑶ 原価は集計される原価の範囲によって2つに区別される。1つめは，製品を製造するために消費したすべての原価要素を製品の原価として計算する オ であり，財務諸表の作成や，製品の販売価格の設定に必要な資料を提供する目的に適している。2つめは，原価要素の一部を集計して製品の原価を計算する カ であり，原価管理や利益計画に必要な資料を提供する目的に適している。この代表的な計算方法が直接原価計算である。　第84回

1．実際原価計算　　2．部分原価計算　　3．標準原価計算　　4．全部原価計算

⑷ 実際原価計算は，実際原価によって製品の製造原価を計算することにより，主として キ の作成に必要な資料を提供することを目的としている。これに対して標準原価計算は，標準原価によって製品の製造原価を計算し，標準原価と実際原価との差額を分析することにより，むだをはぶき，生産能率を高め，原価の発生を抑えるといった ク に役立つ資料を提供することを目的としている。　第80回

1．製造指図書　　2．部門別計算　　3．原　価　管　理　　4．財　務　諸　表

ア		イ		ウ		エ		オ		カ		キ		ク	

3 工業簿記

学習の要点

1 工業簿記の特色

工業簿記は，購買活動と販売活動のほかに，製造活動も記録・計算・整理の対象とするところに，その特色がある。

2 製造活動を記録するために必要な勘定

(1) 原価要素の勘定……………………**材料勘定・労務費勘定・経費勘定**

(2) 原価要素集計の勘定……………**仕掛品勘定・製造間接費勘定**

(3) 製品の増減を処理する勘定……**製品勘定**

3 工業簿記の基本的なしくみ

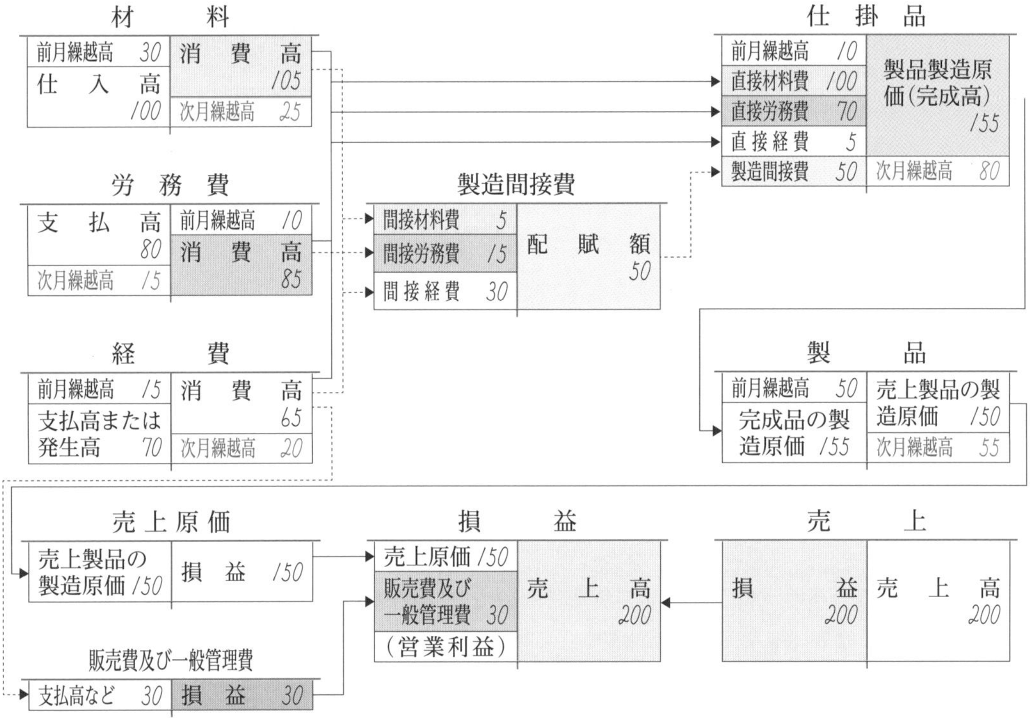

(注)　直接材料費￥100の内訳（製造指図書#1　￥70　製造指図書#2　￥30）
　　　直接労務費￥ 70の内訳（製造指図書#1　￥52　製造指図書#2　￥18）
　　　直 接 経 費￥　5の内訳（製造指図書#1　￥ 3　製造指図書#2　￥ 2）
　　　製造間接費￥ 50の配賦（製造指図書#1　￥30　製造指図書#2　￥20）

製造指図書#1　　原　価　計　算　表

直接材料費	直接労務費	直接経費	製造間接費	製造原価
70	52	3	30	155

製造指図書#2　　原　価　計　算　表

直接材料費	直接労務費	直接経費	製造間接費	製造原価
30	18	2	20	70

3-1 次の取引の仕訳を示し，下記の勘定に転記しなさい。また，原価計算表への記入も行いなさい。なお，材料勘定は締め切ること。

(1) 材料¥350,000を買い入れ，代金は小切手を振り出して支払った。

(2) 材料を直接材料費として¥310,000（製造指図書#1 ¥180,000 製造指図書#2 ¥130,000）間接材料費として¥20,000消費した。

	借方	貸方
(1)		
(2)		

材料

前月繰越	50,000		

仕掛品

製造間接費

製造指図書#1　原価計算表

直接材料費	直接労務費	直接経費	製造間接費	製造原価

製造指図書#2　原価計算表

直接材料費	直接労務費	直接経費	製造間接費	製造原価

3-2 次の取引の仕訳を示し，下記の勘定に転記しなさい。また，原価計算表への記入も行いなさい。なお，労務費勘定は締め切ること。

(1) 当月分の労務費¥220,000を当座預金から支払った。

(2) 労務費を直接労務費として¥180,000（製造指図書#1 ¥110,000 製造指図書#2 ¥70,000）間接労務費として¥30,000消費した。

	借方	貸方
(1)		
(2)		

労務費

		前月繰越	30,000

仕掛品

製造間接費

製造指図書#1　原価計算表

直接材料費	直接労務費	直接経費	製造間接費	製造原価
180,000				

製造指図書#2　原価計算表

直接材料費	直接労務費	直接経費	製造間接費	製造原価
130,000				

3-3 次の取引の仕訳を示し，下記の勘定に転記しなさい。また，原価計算表への記入も行いなさい。なお，経費勘定は締め切ること。

(1) 当月の経費¥140,000を当座預金から支払った。

(2) 経費を次のように消費した。

直接経費　¥20,000（製造指図書#1 ¥15,000　製造指図書#2 ¥5,000）
間接経費　¥80,000　　販売費及び一般管理費　¥50,000

	借　方	貸　方
(1)		
(2)		

経　費

前月繰越	20,000	

仕　掛　品

製造間接費

販売費及び一般管理費

製造指図書#1　　原価計算表

直接材料費	直接労務費	直接経費	製造間接費	製造原価
180,000	110,000			

製造指図書#2　　原価計算表

直接材料費	直接労務費	直接経費	製造間接費	製造原価
130,000	70,000			

3-4 次の取引の仕訳を示し，下記の勘定に転記して締め切りなさい。ただし，売上原価勘定は締め切らなくてよい。また，原価計算表への記入も行いなさい。

(1) 製造間接費¥130,000（製造指図書#1 ¥70,000　製造指図書#2 ¥60,000）を配賦した。

(2) 製造指図書#1の製品が完成した。その製造原価は¥375,000である。

(3) 売上製品の製造原価は¥400,000である。

	借　方	貸　方
(1)		
(2)		
(3)		

仕　掛　品

材　料	310,000	
労務費	180,000	
経　費	20,000	

製造間接費

材　料	20,000	
労務費	30,000	
経　費	80,000	

製　品

前月繰越	240,000	

売上原価

製造指図書#1　　原　価　計　算　表

直接材料費	直接労務費	直接経費	製造間接費	製造原価
180,000	110,000	15,000		

製造指図書#2　　原　価　計　算　表

直接材料費	直接労務費	直接経費	製造間接費	製造原価
130,000	70,000	5,000		

3-5 次の取引の仕訳を示し，下記の勘定に転記して締め切りなさい。ただし，損益勘定は締め切らなくてよい。

(1) 売上高¥780,000を損益勘定に振り替えた。

(2) 売上原価¥400,000を損益勘定に振り替えた。

(3) 販売費及び一般管理費¥100,000を損益勘定に振り替えた。

	借　方	貸　方
(1)		
(2)		
(3)		

損　益

売　上

	売掛金 780,000

売　上　原　価

製品 400,000	

販売費及び一般管理費

当座預金 100,000	

3-6 次の一連の取引の仕訳を示しなさい。

(1) 材料を次のとおり消費した。

直接材料費　¥390,000　　間接材料費　¥ 60,000

(2) 労務費を次のとおり消費した。

直接労務費　¥220,000　　間接労務費　¥120,000

(3) 経費を次のとおり消費した。

間接経費　¥130,000　　販売費及び一般管理費　¥40,000

(4) 製造間接費の総額を仕掛品勘定に振り替えた。(金額は各自で計算すること。)

(5) 当月の完成品の製造原価は¥960,000である。

(6) 当月の売上製品の製造原価は¥750,000である。

	借　方	貸　方
(1)		
(2)		
(3)		
(4)		
(5)		
(6)		

3-7 札幌製作所の5月中の取引は，次のとおりである。仕訳を示し，総勘定元帳に転記して締め切りなさい。また，原価計算表への記入も行いなさい。ただし，取引は1か月分をまとめて示してある。

取　　　引

(1) 材料仕入高（掛け）　¥700,000

(2) 材料消費高

直接材料費　¥680,000（製造指図書#1 ¥400,000　製造指図書#2 ¥280,000）

間接材料費　¥ 30,000

(3) 労務費支払高（小切手振り出し）　¥480,000

(4) 労務費消費高

直接労務費　¥370,000（製造指図書#1 ¥250,000　製造指図書#2 ¥120,000）

間接労務費　¥100,000

(5) 経費支払高（小切手振り出し）　¥320,000

(6) 経費消費高

直 接 経 費　¥ 30,000（製造指図書#1 ¥20,000　製造指図書#2 ¥10,000）

間 接 経 費　¥180,000

販売費及び一般管理費　¥80,000

(7) 製造間接費配賦額　¥310,000（製造指図書#1 ¥260,000　製造指図書#2 ¥50,000）

(8) 完成品製造原価　¥1,080,000（製造指図書#1完成）

(9) 売上製品製造原価　¥1,160,000

(10) 販売費及び一般管理費支払高（小切手振り出し）　¥110,000

(11) 売上高¥1,780,000を損益勘定に振り替える。

(12) 売上原価¥1,160,000　販売費及び一般管理費¥190,000を損益勘定に振り替える。

	借　　　方	貸　　　方
(1)		
(2)		
(3)		
(4)		
(5)		
(6)		
(7)		
(8)		
(9)		
(10)		
(11)		
(12)		

総　勘　定　元　帳

材　料

前月繰越	60,000		

仕　掛　品

前月繰越	150,000		

労　務　費

		前月繰越	40,000

製造間接費

経　費

前月繰越	20,000		

製　品

前月繰越	220,000		

売上原価

損　益

（注）損益勘定は締め切らなくてよい。

販売費及び一般管理費

売　上

		売掛金	1,780,000

製造指図書#1

原　価　計　算　表

直接材料費	直接労務費	直接経費	製造間接費	製造原価
100,000	50,000			
(　　)	(　　)	(　　)	(　　)	
(　　)	(　　)	(　　)	(　　)	(　　)

製造指図書#2

原　価　計　算　表

直接材料費	直接労務費	直接経費	製造間接費	製造原価
(　　)	(　　)	(　　)	(　　)	

総合問題 1

1-1 次の資料から必要な仕訳を示し，総勘定元帳に転記して締め切りなさい（売上原価・販売費及び一般管理費・売上は締め切らなくてよい）。また，原価計算表への記入も行いなさい。

資　　料

(1) 材　　料　当月掛仕入高　¥725,000
　当月消費高　¥710,000（直接材料費　製造指図書#1　¥270,000
　　製造指図書#2　¥205,000
　　製造指図書#3　¥185,000
　間接材料費　¥50,000）

(2) 労 務 費　当月支払高（小切手振り出し）¥516,000
　当月消費高　¥508,000（直接労務費　製造指図書#1　¥196,000
　　製造指図書#2　¥113,000
　　製造指図書#3　¥ 81,000
　間接労務費　¥118,000）

(3) 経　　費　当月支払高（小切手振り出し）¥374,000
　当月消費高　¥386,000（間 接 経 費　¥343,000
　販売費及び一般管理費　¥43,000）

(4) 製造間接費の配賦額　製造指図書#1　¥234,000　製造指図書#2　¥186,000
　製造指図書#3　¥ 91,000

(5) 製品の完成　製造指図書#1と#2は完成
　製造指図書#3は未完成

(6) 販売費及び一般管理費（小切手振り出し）¥317,000

(7) 掛 売 上 高　¥2,380,000　売 上 原 価　¥1,574,000

		借　　方	貸　　方
(1)	材料の仕入れ		
	材料の消費		
(2)	労務費の支払い		
	労務費の消費		
(3)	経費の支払い		
	経費の消費		
(4)	製造間接費の配賦		
(5)	製品の完成		
(6)	販売費及び一般管理費の支払い		
(7)	売り上げ・売上原価の計上		

総勘定元帳

材料

前月繰越 156,000	

仕掛品

前月繰越 280,000	

労務費

	前月繰越 45,000

製造間接費

経費

製品

前月繰越 440,000	

売上原価

販売費及び一般管理費

売上

製造指図書#1

原価計算表

直接材料費	直接労務費	直接経費	製造間接費	製造原価
120,000	50,000	10,000	20,000	
(　　)	(　　)		(　　)	
(　　)	(　　)	(　　)	(　　)	(　　)

製造指図書#2

原価計算表

直接材料費	直接労務費	直接経費	製造間接費	製造原価
40,000	20,000	10,000	10,000	
(　　)	(　　)		(　　)	
(　　)	(　　)	(　　)	(　　)	(　　)

製造指図書#3

原価計算表

直接材料費	直接労務費	直接経費	製造間接費	製造原価
(　　)	(　　)		(　　)	

4 材料費の計算(1)(仕入高の計算)

学習の要点

1 材料費の分類

(1) **素材費(原料費)**……造船業における鋼板，パン製造業における小麦粉など，製品の主要部分となる材料を**素材(原料)**といい，その消費高を素材費(原料費)という。

(2) **買入部品費**……自動車製造業におけるタイヤ・ディスプレイ・カーナビ，航空機製造業における計器など，外部から買い入れた部品で，加工されずにそのまま取り付けるだけで製品の本体の一部となるものを**買入部品**といい，その消費高を買入部品費という。

(3) **燃料費**……石炭・石油などのうち，素材（原料）として用いられないものを**燃料**といい，その消費高を燃料費という。

(4) **工場消耗品費**……塗料・くぎ・くず布・包装用品など，製品を製造するために補助的に用いられるものを**工場消耗品**といい，その消費高を工場消耗品費という。

(5) **消耗工具器具備品費**……スパナ・ハンマ・ものさしなど，耐用年数が1年未満か，金額が比較的低いものを**消耗工具器具備品**といい，その消費高を消耗工具器具備品費という。

これらの材料費のうち，素材費と買入部品費は，ふつう**直接材料費**となり，燃料費・工場消耗品費・消耗工具器具備品費は**間接材料費**となる。

2 材料の仕入れと記帳

外部から仕入れた材料については，仕入原価を計算する必要がある。

材料の仕入原価＝仕入代価＋付随費用

例1 材料を仕入れたとき

① 素材¥250,000を仕入れ，代金は掛けとした。

(借) 素　　材 250,000　(貸) 買 掛 金 250,000

② 工場消耗品¥18,000を仕入れ，代金は現金で支払った。

(借) 工場消耗品 18,000　(貸) 現　　金 18,000

素　材

借方	貸方
① 買掛金 250,000	

工 場 消 耗 品

借方	貸方
② 現　金 18,000	

3 材料の保管と記帳

(1) 材料の保管

外部から仕入れた材料は，材料倉庫で保管される。材料倉庫に保管される材料については，**材料棚札**に受入数量や払出数量や残高を記入する。

(2) 棚卸減耗

材料の保管中または受け渡しのさい，破損・滅失することがある。これを**棚卸減耗**という。倉庫係は会計期末などに実地棚卸を行い，帳簿有高と実際有高を照合する。このときの帳簿有高と実際有高との差額が棚卸減耗高である。

帳簿有高－実際有高＝棚卸減耗高

棚卸減耗が発生したときは，棚卸減耗高を**棚卸減耗損**として処理する。

例2 棚卸減耗が発生したとき

③ 素材について実地棚卸を行ったところ，実際有高が帳簿有高より¥10,000不足していることが判明した。

(借) 棚卸減耗損 10,000　(貸) 素　　材 10,000

素　材

借方	貸方
① 買掛金 250,000	③ 棚卸減耗損 10,000

棚 卸 減 耗 損

借方	貸方
③ 素　材 10,000	

4-1 次の取引の仕訳を示しなさい。

(1) 神奈川製作所から素材¥350,000を仕入れ，代金は掛けとした。
(2) 京都商店から消耗工具器具備品¥30,000を仕入れ，代金は現金で支払った。
(3) 福岡産業株式会社から買入部品¥140,000を仕入れ，代金は掛けとした。

	借　方	貸　方
(1)		
(2)		
(3)		

4-2 次の取引の仕訳を示しなさい。

(1) 素材¥650,000を買い入れ，代金は小切手を振り出して支払った。
(2) 買入部品¥180,000を買い入れ，代金は引取費¥5,000とともに現金で支払った。
(3) 機械動力用として燃料¥70,000を買い入れ，代金は掛けとした。
(4) 工場消耗品¥30,000を買い入れ，代金は現金で支払った。
(5) 材料の加工作業用として，消耗工具器具備品¥60,000を買い入れ，代金は掛けとした。

	借　方	貸　方
(1)		
(2)		
(3)		
(4)		
(5)		

4-3 次の取引の仕訳を示しなさい。

(1) 仙台商会から次のとおり仕入れ，代金は掛けとした。

素　材	500個	@¥600	¥300,000
工場消耗品	100 〃	〃 〃200	¥ 20,000

(2) 石巻商店から次のとおり仕入れ，代金は現金で支払った。

燃　料	5kL	@¥12,000	¥ 60,000

(3) 釜石製作所から次のとおり仕入れ，代金は小切手を振り出して支払った。

買入部品	60個	@¥8,000	¥480,000

	借　方	貸　方
(1)		
(2)		
(3)		

4-4 次のそれぞれの資料から，必要な仕訳を示しなさい。

(1) 素材の実地棚卸を行った結果，帳簿有高と実際有高とに次のような違いがあることがわかった。

	帳簿有高	500kg	@¥600	¥300,000
−)	実際有高	490 〃	〃 〃600	¥294,000
	棚卸減耗高	10kg	@¥600	¥　6,000

(2) 買入部品について実地棚卸を行ったところ，実際有高が帳簿有高より¥8,000不足していたので，帳簿有高を修正した。

	借　　方	貸　　方
(1)		
(2)		

検定問題

4-5 次の取引の仕訳を示しなさい。

(1) 新潟製作所の1月末における素材の実地棚卸数量は380kgであった。よって，次の素材に関する1月の資料にもとづいて，素材勘定の残高を修正した。ただし，消費数量は2,100kgである。なお，消費単価の計算は総平均法によっている。 第93回

1月 1日	前月繰越	500kg	1kgにつき¥1,210
5日	仕　入	800 〃	〃 〃1,230
18日	仕　入	1,200 〃	〃 〃1,280

(2) 個別原価計算を採用している茨城製作所の6月末における素材の実地棚卸数量は220kgであった。よって，次の素材に関する6月の資料にもとづいて，素材勘定の残高を修正した。なお，消費単価の計算は先入先出法によっている。 第90回

6月 1日	前月繰越	600kg	1kgにつき¥2,460	¥1,476,000
10日	受　入	500kg	1kgにつき¥2,510	¥1,255,000
12日	払　出	800kg		
20日	受　入	700kg	1kgにつき¥2,450	¥1,715,000
24日	払　出	760kg		

(3) 個別原価計算を採用している新潟製作所の月末における買入部品の実地棚卸数量は400個であった。よって，次の買入部品に関する当月の資料にもとづいて，買入部品勘定の残高を修正した。ただし，消費単価の計算は総平均法によっている。 第86回

前月繰越高	650個	@¥2,500	¥1,625,000
当月仕入高	1,300 〃	〃 〃2,800	¥3,640,000
当月消費数量	1,520 〃		

(4) 個別原価計算を採用している沖縄製作所の月末における買入部品の実地棚卸数量は520個であった。よって，次の買入部品に関する当月の資料にもとづいて，買入部品勘定の残高を修正した。ただし，消費単価の計算は先入先出法によっている。 第83回

前月繰越高	500個	@¥4,570	¥2,285,000
当月仕入高	1,000 〃	〃 〃4,600	¥4,600,000
当月消費数量	970 〃		

	借　　方	貸　　方
(1)		
(2)		
(3)		
(4)		

反復式 原価計算問題集
全商１級原価計算

解答編

実教出版

第1編 原価計算の基礎

1 原価と原価計算 (p.4)

1 1

(1) ア	8	イ	5	(2) ウ	1	エ	3

1 2

(1)	A	(2)	B	(3)	C	(4)	B	(5)	A

1 3

ア	原価計算	イ	製造原価	ウ	総原価	エ	非原価項目

1 4

製造原価 ¥600,000 ❶	総原価 ¥614,000 ❷

解説 ❶製造原価 ¥300,000＋¥250,000＋¥50,000
＝¥600,000
❷総原価 ¥600,000＋¥10,000＋¥4,000
＝¥614,000

検定問題 (p.5)

1 5

ア	2	イ	3

2 原価計算のあらまし (p.6)

2 1

①：労務費 ②：製造間接費 ③：直接労務費
④：間接材料費 ⑤：固定費 ⑥：変動費

2 2

①：19,000 ②：110,000 ③：製造原価
④：129,000 ⑤：総原価 ⑥：130,000

2 3

X製品 原価計算表

直接材料費	直接労務費	直接経費	製造間接費	製造原価
60,000	(50,000)	(8,000)	(60,000)	(178,000)

Y製品 原価計算表

直接材料費	直接労務費	直接経費	製造間接費	製造原価
(40,000)	70,000	(9,000)	(40,000)	(159,000)

2 4

製造指図書#1 原価計算表

直接材料費	直接労務費	直接経費	製造間接費	製造原価
(56,000)	(37,000)	(3,000)	(❶ 35,000)	(131,000)

製造指図書#2 原価計算表

直接材料費	直接労務費	直接経費	製造間接費	製造原価
(24,000)	(23,000)	(1,000)	(❷ 15,000)	(63,000)

解説 製造間接費総額 ¥20,000＋¥10,000＋¥20,000
＝¥50,000
❶製造指図書#1の製造間接費
$¥50,000 \times \frac{¥56,000}{¥80,000} = ¥35,000$
❷製造指図書#2の製造間接費
$¥50,000 \times \frac{¥24,000}{¥80,000} = ¥15,000$

2 5

①製造指図書#1の製造直接費	¥ 370,000 ❶
②製造指図書#2の製造間接費	¥ 120,000 ❷
③製造指図書#1の製造原価	¥ 650,000 ❸

解説 ❶¥180,000＋¥170,000＋¥20,000＝¥370,000
❷製造間接費総額
¥100,000＋¥130,000＋¥170,000＝¥400,000
製造指図書#2の製造間接費
¥400,000×30％＝¥120,000
❸¥370,000＋¥400,000×70％＝¥650,000

2 6

ア	製品別	イ	費目別	ウ	原価計算期間
エ	個別原価計算	オ	総合原価計算	カ	実際原価計算
キ	標準原価計算	ク	直接原価計算		

検定問題 (p.9)

2 7

ア	4	イ	2	ウ	2	エ	3
オ	4	カ	2	キ	4	ク	3

3 工業簿記 (p.10)

3 1

	借方		貸方	
(1)	材料	350,000	当座預金	350,000
(2)	仕掛品 製造間接費	310,000 20,000	材料	330,000

材料

前月繰越	50,000	諸口	330,000
当座預金	350,000	次月繰越	70,000
	400,000		400,000

仕掛品

材料	310,000		

製造間接費

材料	20,000		

製造指図書#1 原価計算表

直接材料費	直接労務費	直接経費	製造間接費	製造原価
180,000				

製造指図書#2 原価計算表

直接材料費	直接労務費	直接経費	製造間接費	製造原価
130,000				

3 2

	借方		貸方	
(1)	労務費	220,000	当座預金	220,000
(2)	仕掛品 製造間接費	180,000 30,000	労務費	210,000

労務費

当座預金	220,000	前月繰越	30,000
次月繰越	20,000	諸口	210,000
	240,000		240,000

仕掛品

労務費	180,000		

製造間接費

労務費	30,000		

製造指図書#1　原価計算表

直接材料費	直接労務費	直接経費	製造間接費	製造原価
180,000	110,000			

製造指図書#2　原価計算表

直接材料費	直接労務費	直接経費	製造間接費	製造原価
130,000	70,000			

3 3

	借方		貸方	
(1)	経費	140,000	当座預金	140,000
(2)	仕掛品	20,000	経費	150,000
	製造間接費	80,000		
	販売費及び一般管理費	50,000		

経費

前月繰越	20,000	諸口	150,000
当座預金	140,000	次月繰越	10,000
	160,000		160,000

仕掛品

経費	20,000		

製造間接費

経費	80,000		

販売費及び一般管理費

経費	50,000		

製造指図書#1　原価計算表

直接材料費	直接労務費	直接経費	製造間接費	製造原価
180,000	110,000	15,000		

製造指図書#2　原価計算表

直接材料費	直接労務費	直接経費	製造間接費	製造原価
130,000	70,000	5,000		

3 4

	借方		貸方	
(1)	仕掛品	130,000	製造間接費	130,000
(2)	製品	375,000	仕掛品	375,000
(3)	売上原価	400,000	製品	400,000

仕掛品

材料	310,000	製品	375,000
労務費	180,000	次月繰越	265,000
経費	20,000		
製造間接費	130,000		
	640,000		640,000

製造間接費

材料	20,000	仕掛品	130,000
労務費	30,000		
経費	80,000		
	130,000		130,000

製品

前月繰越	240,000	売上原価	400,000
仕掛品	375,000	次月繰越	215,000
	615,000		615,000

売上原価

製品	400,000		

製造指図書#1　原価計算表

直接材料費	直接労務費	直接経費	製造間接費	製造原価
180,000	110,000	15,000	70,000	375,000

製造指図書#2　原価計算表

直接材料費	直接労務費	直接経費	製造間接費	製造原価
130,000	70,000	5,000	60,000	❶

解説 ❶製造指図書#2は，完成していないので製造原価を算出しない。

3 5

	借方		貸方	
(1)	売上	780,000	損益	780,000
(2)	損益	400,000	売上原価	400,000
(3)	損益	100,000	販売費及び一般管理費	100,000

損益

売上原価	400,000	売上	780,000
販売費及び一般管理費	100,000		

売上

損益	780,000	売掛金	780,000

売上原価

製品	400,000	損益	400,000

販売費及び一般管理費

当座預金	100,000	損益	100,000

3 6

	借方		貸方	
(1)	仕掛品	390,000	材料	450,000
	製造間接費	60,000		
(2)	仕掛品	220,000	労務費	340,000
	製造間接費	120,000		
(3)	製造間接費	130,000	経費	170,000
	販売費及び一般管理費	40,000		
(4)	仕掛品	310,000	製造間接費	310,000 ❶
(5)	製品	960,000	仕掛品	960,000
(6)	売上原価	750,000	製品	750,000

解説 ❶製造間接費
¥60,000＋¥120,000＋¥130,000＝¥310,000

3 7

	借	方	貸	方
(1)	材料	700,000	買掛金	700,000
(2)	仕掛品 製造間接費	680,000 30,000	材料	710,000
(3)	労務費	480,000	当座預金	480,000
(4)	仕掛品 製造間接費	370,000 100,000	労務費	470,000
(5)	経費	320,000	当座預金	320,000
(6)	仕掛品 製造間接費 販売費及び一般管理費	30,000 180,000 80,000	経費	290,000
(7)	仕掛品	310,000	製造間接費	310,000
(8)	製品	1,080,000	仕掛品	1,080,000
(9)	売上原価	1,160,000	製品	1,160,000
(10)	販売費及び一般管理費	110,000	当座預金	110,000
(11)	売上	1,780,000	損益	1,780,000
(12)	損益	1,350,000	売上原価 販売費及び一般管理費	1,160,000 190,000

総勘定元帳

材料

前月繰越	60,000	諸口	710,000
買掛金	700,000	次月繰越	50,000
	760,000		760,000

労務費

当座預金	480,000	前月繰越	40,000
次月繰越	30,000	諸口	470,000
	510,000		510,000

経費

前月繰越	20,000	諸口	290,000
当座預金	320,000	次月繰越	50,000
	340,000		340,000

仕掛品

前月繰越	150,000	製品	1,080,000
材料	680,000	次月繰越	460,000
労務費	370,000		
経費	30,000		
製造間接費	310,000		
	1,540,000		1,540,000

製造間接費

材料	30,000	仕掛品	310,000
労務費	100,000		
経費	180,000		
	310,000		310,000

製品

前月繰越	220,000	売上原価	1,160,000
仕掛品	1,080,000	次月繰越	140,000
	1,300,000		1,300,000

売上原価

製品	1,160,000	損益	1,160,000

販売費及び一般管理費

経費	80,000	損益	190,000
当座預金	110,000		
	190,000		190,000

売上

損益	1,780,000	売掛金	1,780,000

損益

売上原価	1,160,000	売上	1,780,000
販売費及び一般管理費	190,000		

製造指図書#1　原価計算表

直接材料費	直接労務費	直接経費	製造間接費	製造原価
100,000	50,000			
(400,000)	(250,000)	(20,000)	(260,000)	
(500,000)	(300,000)	(20,000)	(260,000)	(1,080,000)

製造指図書#2　原価計算表

直接材料費	直接労務費	直接経費	製造間接費	製造原価
(280,000)	(120,000)	(10,000)	(50,000)	❶

解説 ❶製造指図書#2は，完成していないので製造原価を算出しない。

総合問題 1 (p.16)

1—1

		借	方	貸	方
(1)	材料の仕入れ	材料	725,000	買掛金	725,000
	材料の消費	仕掛品 製造間接費	660,000 50,000	材料	710,000
(2)	労務費の支払い	労務費	516,000	当座預金	516,000
	労務費の消費	仕掛品 製造間接費	390,000 118,000	労務費	508,000
(3)	経費の支払い	経費	374,000	当座預金	374,000
	経費の消費	製造間接費 販売費及び一般管理費	343,000 43,000	経費	386,000
(4)	製造間接費の配賦	仕掛品	511,000	製造間接費	511,000
(5)	製品の完成	製品	1,484,000	仕掛品	1,484,000 ❶
(6)	販売費及び一般管理費の支払い	販売費及び一般管理費	317,000	当座預金	317,000
(7)	売り上げ・売上原価の計上	売掛金 売上原価	2,380,000 1,574,000	売上 製品	2,380,000 1,574,000

総勘定元帳

材　　料

前月繰越	156,000	諸　　口	710,000
買掛金	725,000	次月繰越	171,000
	881,000		881,000

労　務　費

当座預金	516,000	前月繰越	45,000
次月繰越	37,000	諸　　口	508,000
	553,000		553,000

経　　費

当座預金	374,000	諸　　口	386,000
次月繰越	12,000		
	386,000		386,000

仕　掛　品

前月繰越	280,000	製　　品	1,484,000 ❶
材　　料	660,000	次月繰越	357,000
労務費	390,000		
製造間接費	511,000		
	1,841,000		1,841,000

製造間接費

材　　料	50,000	仕掛品	511,000
労務費	118,000		
経　　費	343,000		
	511,000		511,000

製　　品

前月繰越	440,000	売上原価	1,574,000
❶ 仕掛品	1,484,000	次月繰越	350,000
	1,924,000		1,924,000

売上原価

製　　品	1,574,000		

販売費及び一般管理費

経　　費	43,000		
当座預金	317,000		

売　　上

		売掛金	2,380,000

製造指図書#1　**原価計算表**

直接材料費	直接労務費	直接経費	製造間接費	製造原価
120,000	50,000	10,000	20,000	
(270,000)	(196,000)		(234,000)	
(390,000)	(246,000)	(10,000)	(254,000)	(900,000)

製造指図書#2　**原価計算表**

直接材料費	直接労務費	直接経費	製造間接費	製造原価
40,000	20,000	10,000	10,000	
(205,000)	(113,000)		(186,000)	
(245,000)	(133,000)	(10,000)	(196,000)	(584,000)

製造指図書#3　**原価計算表**

直接材料費	直接労務費	直接経費	製造間接費	製造原価
(185,000)	(81,000)		(91,000)	❷

解説 ❶完成した製造指図書の製造原価を算出する。製造指図書#1 ¥900,000＋製造指図書#2 ¥584,000＝¥1,484,000

❷完成していない製造指図書は，製造原価を算出しない。

第2編 原価の費目別計算

4 材料費の計算(1)(仕入高の計算) (p.18)

4 1

	借方		貸方	
(1)	素材	*350,000*	買掛金	*350,000*
(2)	消耗工具器具備品	*30,000*	現金	*30,000*
(3)	買入部品	*140,000*	買掛金	*140,000*

解説 材料費は材料の種類によって分類される。

4 2

	借方		貸方		
(1)	素材	*650,000*	当座預金	*650,000*	
(2)	買入部品	*185,000*	現金	*185,000*	❶
(3)	燃料	*70,000*	買掛金	*70,000*	
(4)	工場消耗品	*30,000*	現金	*30,000*	
(5)	消耗工具器具備品	*60,000*	買掛金	*60,000*	

解説 ❶材料の仕入原価＝仕入代価＋付随費用

4 3

	借方		貸方		
(1)	素材 工場消耗品	*300,000* *20,000*	買掛金	*320,000*	❶
(2)	燃料	*60,000*	現金	*60,000*	
(3)	買入部品	*480,000*	当座預金	*480,000*	

解説 ❶違う種類の材料を同時に仕入れた場合。

4 4

	借方		貸方	
(1)	棚卸減耗損	*6,000*	素材	*6,000*
(2)	棚卸減耗損	*8,000*	買入部品	*8,000*

解説 実際有高が帳簿有高より少ない場合は，棚卸減耗損勘定で処理する。

検定問題 (p.20)

4 5

	借方		貸方		
(1)	棚卸減耗損	*25,000*	素材	*25,000*	❶
(2)	棚卸減耗損	*49,000*	素材	*49,000*	❷
(3)	棚卸減耗損	*81,000*	買入部品	*81,000*	❸
(4)	棚卸減耗損	*46,000*	買入部品	*46,000*	

解説 ❶ 素材（総平均法）

前月繰越高 500kg (@¥1,210)	実際消費数量 2,100kg	
当月仕入高 5日 800kg (@¥1,230) 18日 1,200kg (@¥1,280)	帳簿 400kg	減耗 20kg 実地 380kg

×@¥1,250＝¥25,000（棚卸減耗損）

前月繰越高¥605,000＋当月仕入高（¥984,000＋¥1,536,000）／前月繰越数量500kg＋当月仕入数量（800kg＋1,200kg）＝消費単価（@¥1,250）

❷ 素材（先入先出法）

前月繰越高 600kg (@¥2,460)	実際消費数量 12日 800kg 24日 760kg	
当月仕入高 10日 500kg (@¥2,510) 20日 700kg (@¥2,450)	帳簿 240kg	減耗 20kg 実地 220kg

×@¥2,450（20日の単価）＝¥49,000（棚卸減耗損）

❸ 買入部品（総平均法）

前月繰越高 650個 (@¥2,500)	実際消費数量 1,520個	
当月仕入高 1,300個 (@¥2,800)	帳簿 430個	減耗 30個 実地 400個

×@¥2,700＝¥81,000（棚卸減耗損）

前月繰越高¥1,625,000＋当月仕入高¥3,640,000／前月繰越数量650個＋当月仕入数量1,300個＝消費単価（@¥2,700）

5 材料費の計算(2)(消費高の計算) (p.21)

5 1

	借方		貸方	
(1)	仕掛品	*380,000*	素材	*380,000*
(2)	仕掛品 製造間接費	*30,000* *50,000*	買入部品 燃料 工場消耗品 消耗工具器具備品	*30,000* *13,000* *25,000* *12,000*

解説 製造指図書番号のあるものは直接材料費を意味するため，仕掛品勘定の借方に振り替える。

5 2

	借方		貸方	
(1)	仕掛品 製造間接費	*300,000* *30,000*	素材	*330,000*
(2)	仕掛品	*60,000*	買入部品	*60,000*
(3)	製造間接費	*35,000*	工場消耗品	*35,000*

解説 製造指図書番号がないものは間接材料費を意味するため，製造間接費勘定の借方に振り替える。

5 3

(1)

材　料　元　帳

先入先出法　　　素　材　A　　　単位：kg

令和○年		摘要	受入 数量	受入 単価	受入 金額	払出 数量	払出 単価	払出 金額	残高 数量	残高 単価	残高 金額
6	1	前月繰越	*400*	*400*	*160,000*				*400*	*400*	*160,000*
	3	受入	*400*	*420*	*168,000*				*400*	*400*	*160,000*
									400	*420*	*168,000*
	6	払出				*400*	*400*	*160,000*			
						200	*420*	*84,000*	*200*	*420*	*84,000*
	18	受入	*800*	*450*	*360,000*				*200*	*420*	*84,000*
									800	*450*	*360,000*
	24	払出				*200*	*420*	*84,000*			
						500	*450*	*225,000*	*300*	*450*	*135,000*
	30	次月繰越				300	*450*	135,000			
			1,600		*688,000*	*1,600*		*688,000*			

先入先出法による消費高　¥　*553,000* ❶

(2)

材　料　元　帳

移動平均法　　　素　材　A　　　単位：kg

令和○年		摘要	受入 数量	受入 単価	受入 金額	払出 数量	払出 単価	払出 金額	残高 数量	残高 単価	残高 金額
6	1	前月繰越	*400*	*400*	*160,000*				*400*	*400*	*160,000*
	3	受入	*400*	*420*	*168,000*				*800*	❷ *410*	*328,000*
	6	払出				*600*	*410*	*246,000*	*200*	*410*	*82,000*
	18	受入	*800*	*450*	*360,000*				*1,000*	❸ *442*	*442,000*
	24	払出				*700*	*442*	*309,400*	*300*	*442*	*132,600*
	30	次月繰越				300	*442*	132,600			
			1,600		*688,000*	*1,600*		*688,000*			

移動平均法による消費高　¥　*555,400* ❹

(3)

材　料　元　帳

総平均法　　　素　材　A　　　単位：kg

令和○年		摘要	受入 数量	受入 単価	受入 金額	払出 数量	払出 単価	払出 金額	残高 数量	残高 単価	残高 金額
6	1	前月繰越	*400*	*400*	*160,000*				*400*	*400*	*160,000*
	3	受入	*400*	*420*	*168,000*				*800*		
	6	払出				*600*	❺ *430*	*258,000*	*200*		
	18	受入	*800*	*450*	*360,000*				*1,000*		
	24	払出				*700*	❺ *430*	*301,000*	*300*	❺ *430*	*129,000*
	30	次月繰越				300	❺ *430*	129,000			
			1,600		*688,000*	*1,600*		*688,000*			

総平均法による消費高　¥　*559,000* ❻

解説 消費高は材料元帳の払出欄の金額を合計して求める。

❶ ¥*160,000*＋¥*84,000*＋¥*84,000*＋¥*225,000*
＝¥*553,000*

❷ (¥*160,000*＋¥*168,000*)÷(400kg＋400kg)
＝@¥*410*

❸ (¥*82,000*＋¥*360,000*)÷(200kg＋800kg)
＝@¥*442*

❹ ¥*246,000*＋¥*309,400*＝¥*555,400*

❺ ¥*688,000*÷1,600kg＝@¥*430*

❻ ¥*258,000*＋¥*301,000*＝¥*559,000*

5 4

	借方		貸方		
(1)	仕掛品	*350,000*	消費材料	*450,000*	❶
	製造間接費	*100,000*			
(2)	消費材料	*443,000*	素材	*443,000*	❷
(3)	消費材料	*7,000*	材料消費価格差異	*7,000*	❸
(4)	材料消費価格差異	*7,000*	売上原価	*7,000*	

解説 ❶予定価格による消費高を，消費材料勘定の貸方と仕掛品勘定・製造間接費勘定の借方に記入する。
❷実際価格による消費高を，消費材料勘定の借方と素材勘定の貸方に記入する。
❸消費材料勘定に生じた差額は，予定消費高と実際消費高との差額であるから，その差額を月末に材料消費価格差異勘定に振り替える。

5 5

	借	方	貸	方	
(1)	素材	*1,000,000*	買掛金	*1,000,000*	
(2)	仕掛品 製造間接費	*1,200,000* *48,000*	消費材料	*1,248,000*	❶
(3)	消費材料	*1,274,000*	素材	*1,274,000*	❷
(4)	材料消費価格差異	*26,000*	消費材料	*26,000*	❸
(5)	売上原価	*15,000*	材料消費価格差異	*15,000*	

素　　材

前月繰越	470,000	消費材料	1,274,000
買掛金	1,000,000		

消費材料

素材	1,274,000	諸口	1,248,000
		材料消費価格差異	26,000

材料消費価格差異

消費材料	26,000	前月繰越	11,000
		売上原価	15,000

売上原価

材料消費価格差異	15,000		

解説 ❶予定価格@¥*480*を用いて当月消費数量にかけて計算する。
❷　素　　材（総平均法）

前月繰越高 1,000個 (@¥*470*)	
当月仕入高 2,000個 (@¥*500*)	

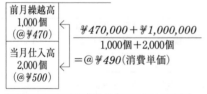

¥*470,000*＋¥*1,000,000* / 1,000個＋2,000個
＝@¥*490*（消費単価）

@¥*490*×当月消費数量（2,500個＋100個）
＝¥*1,274,000*（実際消費高）

❸　消費材料

実際消費高 *1,274,000*	予定消費高 *1,248,000*
	差異 *26,000*

材料消費価格差異

消費材料より *26,000*	

5 6

	借	方	貸	方	
(1)	仕掛品 製造間接費	*400,000* *160,000*	素材	*560,000*	❶
(2)	材料消費価格差異	*3,000*	素材	*3,000*	❷
(3)	売上原価	*3,000*	材料消費価格差異	*3,000*	

解説 ❶予定価格による消費高を，素材勘定の貸方と仕掛品勘定・製造間接費勘定の借方に記入する。
❷予定消費高と実際消費高の差額を材料消費価格差異勘定に振り替える。

5 7

	借	方	貸	方	
(1)	素材	*1,500,000*	買掛金	*1,500,000*	
(2)	仕掛品 製造間接費	*1,386,000* *77,000*	素材	*1,463,000*	
(3)	素材	*38,000*	材料消費価格差異	*38,000*	❶
(4)	材料消費価格差異	*17,000*	売上原価	*17,000*	

素　　材

前月繰越	370,000	諸口	1,463,000
買掛金	1,500,000		
材料消費価格差異	38,000		

材料消費価格差異

前月繰越	21,000	素材	38,000
売上原価	17,000		

売上原価

		材料消費価格差異	17,000

解説 ❶　素　　材

素材	予定消費高 *1,463,000*
差異 *38,000*	

実際消費高にあわせる
（¥*1,425,000*）

材料消費価格差異

	素材より *38,000*

検定問題　(p.26)

5 8

	借	方	貸	方	
(1)	消費材料	*42,000*	材料消費価格差異	*42,000*	❶
(2)	売上原価	*5,000*	材料消費価格差異	*5,000*	❷
(3)	売上原価	*9,000*	材料消費価格差異	*9,000*	❸
(4)	材料消費価格差異	*16,000*	消費材料	*16,000*	❹
(5)	材料消費価格差異	*17,000*	売上原価	*17,000*	
(6)	売上原価	*1,000*	材料消費価格差異	*1,000*	
(7)	材料消費価格差異	*85,000*	素材	*85,000*	

解説 ❶　素　　材

前月繰越高 400個 (@¥*2,500*)	
当月仕入高 10日 1,000個 (@¥*2,510*) 20日 1,200個 (@¥*2,535*)	

¥*1,000,000*＋¥*2,510,000*＋¥*3,042,000* / 400個＋1,000個＋1,200個
＝@¥*2,520*（実際消費単価）

実際消費単価×消費数量＝実際消費高
@￥2,520×2,100個＝￥5,292,000
予定消費単価×消費数量＝予定消費高
@￥2,540×2,100個＝￥5,334,000

消費材料

実際消費高	5,292,000	予定消費高	5,334,000
差異	42,000		

材料消費価格差異

		消費材料より	42,000

❷ 消費材料

実際消費高		予定消費高	
		差異	9,000

材料消費価格差異

消費材料より	9,000	前月繰越高	4,000
		売上原価へ	5,000

売上原価

材料消費価格差異より	5,000		

❸ 消費材料

実際消費高		予定消費高	
差異	4,000		

材料消費価格差異

前月繰越高	13,000	消費材料より	4,000
		売上原価へ	9,000

売上原価

材料消費価格差異より	9,000		

❹ 素材

前月繰越高 300個 (@￥380)	
当月仕入高 1,200個 (@￥430)	

$$\frac{￥114,000+￥516,000}{300個+1,200個}$$
＝@￥420（実際消費単価）

実際消費単価×消費数量＝実際消費高
@￥420×800個＝￥336,000
予定消費単価×消費数量＝予定消費高
@￥400×800個＝￥320,000

消費材料

実際消費高	336,000	予定消費高	320,000
		差異	16,000

材料消費価格差異

消費材料より	16,000		

6 労務費の計算(1)(支払高の計算) (p.27)

6 1

借方		貸方	
賃金	250,000	所得税預り金	30,000
従業員賞与手当	70,000	健康保険料預り金	10,000
		当座預金	280,000

6 2

借方		貸方	
賃金	1,750,000	所得税預り金	175,000
従業員賞与手当	180,000	健康保険料預り金	85,000
		当座預金	1,670,000

賃金

諸口	1,750,000		

従業員賞与手当

諸口	180,000		

解説 賃金支払高の総額＝基本賃金＋割増賃金＋諸手当
正味支払高＝(基本賃金＋割増賃金＋諸手当)－(所得税＋健康保険料)
基本賃金＋割増賃金→賃金勘定で処理する。
諸手当→従業員賞与手当勘定で処理する。
所得税→所得税預り金勘定で処理する。
健康保険料→健康保険料預り金勘定で処理する。

6 3

	借方		貸方	
(1)	賃金	2,780,000	所得税預り金	216,000
			健康保険料預り金	72,000 ❶
			当座預金	2,492,000
(2)	仕掛品	2,570,000	賃金	2,797,000
	製造間接費	227,000		

賃金

諸口	2,780,000	前月繰越	245,000
❷ 次月繰越	262,000	諸口	2,797,000
	3,042,000		3,042,000

賃金当月未払高 ￥ 262,000 ❷

解説 ❶正味支払高＝賃金総額－(所得税＋健康保険料)
❷賃金勘定の記入から，次月繰越高が当月未払高となる。

検定問題 (p.29)

6 4

	借	方	貸	方
(1)	賃金 従業員賞与手当	2,173,000 462,000	所得税預り金 健康保険料預り金 当座預金	154,000 91,000 2,390,000
(2)	賃金	3,946,000	所得税預り金 健康保険料預り金 当座預金	317,000 283,000 3,346,000
(3)	賃金	3,550,000	所得税預り金 健康保険料預り金 当座預金	274,000 143,000 3,133,000
(4)	賃金	4,800,000	所得税預り金 健康保険料預り金 当座預金	510,000 314,000 3,976,000
(5)	賃金 従業員賞与手当	1,276,000 256,000	所得税預り金 健康保険料預り金 当座預金	125,000 56,000 1,351,000

解説 賃金支払高の総額から，控除額を差し引いて正味支払高となる。

7 労務費の計算(2)(消費高の計算) (p.30)

7 1

	借	方	貸	方	
(1)	仕掛品 製造間接費	510,000 85,000	賃金	595,000	❶
(2)	仕掛品 製造間接費	750,000 60,000	賃金	810,000	❷

解説 賃金消費高＝消費賃率×作業時間

❶ ￥850×600時間＝￥510,000（仕掛品勘定へ）
￥850×100時間＝￥85,000（製造間接費勘定へ）

❷ ￥600×(500時間＋750時間)＝￥750,000(仕掛品勘定へ)
￥600×100時間＝￥60,000（製造間接費勘定へ）

7 2

	借	方	貸	方	
(1)	仕掛品 製造間接費	530,000 150,000	消費賃金	680,000	
(2)	消費賃金	687,000	賃金	687,000	
(3)	賃率差異	7,000	消費賃金	7,000	❶
(4)	売上原価	3,000	賃率差異	3,000	

消費賃金

賃金	687,000	諸口	680,000
		賃率差異	7,000
	687,000		687,000

賃率差異

消費賃金	7,000	前月繰越	4,000
		売上原価	3,000
	7,000		7,000

解説 ❶

消費賃金

実際消費高	687,000	予定消費高	680,000
		差異	7,000

賃率差異

消費賃金より	7,000		

7 3

	借	方	貸	方	
(1)	賃金	875,000	所得税預り金 健康保険料預り金 当座預金	57,000 34,000 784,000	
(2)	仕掛品 製造間接費	750,000 90,000	消費賃金	840,000	
(3)	消費賃金	836,000	賃金	836,000	
(4)	消費賃金	4,000	賃率差異	4,000	❶

賃金

諸口	875,000	前月繰越	110,000
次月繰越	71,000	消費賃金	836,000
	946,000		946,000

消費賃金

賃金	836,000	諸口	840,000
賃率差異	4,000		
	840,000		840,000

解説 ❶

消費賃金

実際消費高	836,000	予定消費高	840,000
差異	4,000		

賃率差異

		消費賃金より	4,000

7 4

	借	方	貸	方	
(1)	製造間接費	180,000	給料	180,000	
(2)	製造間接費	300,000	従業員賞与手当	300,000	❶
(3)	製造間接費	400,000	退職給付費用	400,000	❷
(4)	製造間接費	55,000	健康保険料	55,000	❸
(5)	健康保険料 健康保険料預り金	30,000 30,000	当座預金	60,000	❹

解説 ❶ ￥1,800,000÷6か月＝￥300,000（月割額）

❷ ￥4,800,000÷12か月＝￥400,000（月割額）

❸ 健康保険料の事業主負担額→健康保険料勘定で処理する。

❹ 健康保険料の従業員負担分→健康保険料預り金勘定で処理する。

7 5

	借	方	貸	方
(1)	賃金	1,450,000	当座預金	1,450,000
(2)	仕掛品 製造間接費	1,250,000 170,000	賃金	1,420,000
(3)	賃率差異	25,000	賃金	25,000 ❶

賃　金

当座預金	1,450,000	前月繰越	295,000
次月繰越	290,000	諸口	1,420,000
		賃率差異	25,000
	1,740,000		1,740,000

賃率差異

賃金	25,000		

解説 ❶

賃　金

		予定消費高	1,420,000
		差異	25,000

実際消費高にあわせる（¥1,445,000）

賃率差異

賃金より	25,000		

7 6

	借	方	貸	方
(1)	賃金	4,150,000	所得税預り金 健康保険料預り金 当座預金	357,000 245,000 3,548,000
(2)	仕掛品 製造間接費	3,750,000 450,000	消費賃金	4,200,000
(3)	消費賃金	4,215,000	賃金	4,215,000
(4)	賃率差異	15,000	消費賃金	15,000 ❶

解説 ❶

消費賃金

実際消費高	4,215,000	予定消費高	4,200,000
		差異	15,000

賃率差異

消費賃金より	15,000		

7 7

	借	方	貸	方
(1)	仕掛品 製造間接費	1,020,000 90,000	消費賃金	1,110,000
(2)	仕掛品 製造間接費	630,000 90,000	賃金	720,000
(3)	消費賃金	1,230,000	賃金	1,230,000 ❶
(4)	消費賃金	20,000	賃率差異	20,000
(5)	賃率差異	37,500	消費賃金	37,500
(6)	賃率差異	18,000	賃金	18,000 ❷
(7)	売上原価	58,000	賃率差異	58,000
(8)	賃率差異	45,000	売上原価	45,000 ❸
(9)	賃率差異	7,000	売上原価	7,000 ❹

解説 ❶

賃　金

当月支払高	1,260,000	前月未払高	180,000
当月未払高	150,000	実際消費高	1,230,000

消費賃金

実際消費高	1,230,000		

❷

賃　金

		予定消費高	1,740,000
		差異	18,000

実際消費高にあわせる（¥1,758,000）

賃率差異

賃金より	18,000		

❸

消費賃金

実際消費高	6,535,000	予定消費高	6,580,000
差異	45,000		

賃率差異

売上原価へ	45,000	消費賃金より	45,000

売上原価

		賃率差異より	45,000

❹

消費賃金

実際消費高		予定消費高	
差異	3,000		

賃率差異

売上原価へ	7,000	前月繰越高	4,000
		消費賃金より	3,000

売上原価

		賃率差異より	7,000

検定問題 (p.35)

7 8

	借 方		貸 方		
(1)	仕掛品 製造間接費	*1,716,000* *180,000*	消費賃金	*1,896,000*	
(2)	仕掛品 製造間接費	*3,390,000* *510,000*	消費賃金	*3,900,000*	
(3)	賃率差異	*8,000*	売上原価	*8,000*	❶
(4)	売上原価	*25,000*	賃率差異	*25,000*	❷
(5)	売上原価	*4,000*	賃率差異	*4,000*	❸
(6)	製造間接費	*79,000*	健康保険料	*79,000*	
(7)	製造間接費	*580,000*	従業員賞与手当	*580,000*	❹
(8)	製造間接費	*380,000*	退職給付費用	*380,000*	

解説 ❶

消費賃金

実際消費高		予定消費高	
差異	*3,000*		

賃率差異

売上原価へ	*8,000*	前月繰越高	*5,000*
		消費賃金より	*3,000*

売上原価

		賃率差異より	*8,000*

❷

消費賃金

実際消費高	*1,285,000*	予定消費高	*1,250,000*
		差異	*35,000*

賃率差異

消費賃金より	*35,000*	前月繰越高	*10,000*
		売上原価へ	*25,000*

売上原価

賃率差異より	*25,000*		

❸

消費賃金

実際消費高		予定消費高	
		差異	*9,000*

賃率差異

消費賃金より	*9,000*	前月繰越高	*5,000*
		売上原価へ	*4,000*

売上原価

賃率差異より	*4,000*		

❹ *¥3,480,000*÷6か月＝*¥580,000*（月割額）

8 経費の計算 (p.36)

8 1

支払経費	(1), (3), (7), (11), (14), (15)
月割経費	(4), (5), (6), (8), (10), (12)
測定経費	(2), (9), (13)

解説 消費高の計算方法の違いによって分類される。

8 2

経 費 支 払 表

令和○年6月分　　NO. *25*

費目	当月支払高	前月		当月		当月消費高
		前払高	未払高	前払高	未払高	
外注加工賃	*500,000*	*30,000*		*50,000*		*480,000*
修繕料	*70,000*		*30,000*		*15,000*	*55,000*
旅費交通費	*150,000*	*20,000*			*10,000*	*180,000*

借 方		貸 方	
仕掛品 製造間接費	*480,000* *235,000*	外注加工賃 修繕料 旅費交通費	*480,000* *55,000* *180,000*

解説 支払経費は，経費支払表によって消費高の計算を行う。

8 3

	借 方		貸 方		
(1)	外注加工賃	*120,000*	現金	*120,000*	
(2)	製造間接費	*20,000*	減価償却費	*20,000*	
(3)	減価償却費	*150,000*	機械装置減価償却累計額	*150,000*	
(4)	仕掛品 製造間接費	*50,000* *18,000*	外注加工賃 保険料 棚卸減耗損 ガス代	*50,000* *10,000* *2,000* *6,000*	❶

解説 ❶外注加工賃は直接経費となるため，仕掛品勘定へ振り替える。

8 4

(1)	外注加工賃 *¥342,000* ❶	(2)	修繕料 *¥112,000* ❷
(3)	特許権使用料 *¥ 26,000* ❸	(4)	保険料 *¥ 3,000* ❹
(5)	減価償却費 *¥ 9,000*	(6)	電力料 *¥ 54,500* ❺

解説 ❶

外注加工賃

前月前払高	*58,000*	実際消費高	*342,000*
当月支払高	*346,000*	当月前払高	*62,000*

❷

修繕料

当月支払高	*115,000*	前月未払高	*27,000*
当月未払高	*24,000*	実際消費高	*112,000*

❸ *¥156,000*÷6か月＝*¥26,000*（月割額）
❹ *¥36,000*÷12か月＝*¥3,000*（月割額）
❺測定経費は当月測定高を消費高とする。

8 5

	借	方	貸	方	
(1)	仕掛品	277,000	外注加工賃	277,000	❶
(2)	仕掛品	360,000	特許権使用料	360,000	
(3)	製造間接費	84,000	修繕料	84,000	❷
(4)	製造間接費	64,000	水道料	64,000	

解説 ❶

外注加工賃

当月支払高	270,000	前月未払高	35,000
当月未払高	42,000	実際消費高	277,000

❷

修繕料

前月前払高	28,000	実際消費高	84,000
当月支払高	75,000	当月前払高	19,000

8 6

a	当月労務費 ￥1,190,000 ❶	b	外注加工賃消費高 ￥275,000 ❷
c	修繕料消費高 ￥100,000 ❸	d	電力料消費高 ￥238,000

解説 ❶

賃金

当月支払高	955,000	前月未払高	85,000
当月未払高	90,000	実際消費高	960,000

賃金消費高	￥960,000
給料消費高	￥180,000
従業員賞与手当消費高	￥50,000
当月労務費	￥1,190,000

❷

外注加工賃

前月前払高	72,000	実際消費高	275,000
当月支払高	287,000	当月前払高	84,000

❸

修繕料

当月支払高	104,000	前月未払高	26,000
当月未払高	22,000	実際消費高	100,000

検定問題 (p.39)

8 7

	借	方	貸	方	
(1)	仕掛品 製造間接費	180,000 117,000	外注加工賃 修繕料 電力料	180,000 95,000 22,000	❶
(2)	製造間接費 販売費及び一般管理費	172,000 43,000	水道料	215,000	❷
(3)	製造間接費	22,000	減価償却費	22,000	❸
(4)	仕掛品	400,000	特許権使用料	400,000	

解説 ❶外注加工賃は製造指図書別に区別されるため，その消費は直接費として処理される。

❷80％は製造間接費勘定へ，20％は販売費及び一般管理費勘定へ振り替える。

❸￥264,000÷12か月＝￥22,000（月割額）

8 8

a	当期材料費 ￥1,471,000	b	当期経費 ￥342,000 ❶
c	当期製品製造原価 ￥3,099,000 ❷		

解説

外注加工賃

前期前払高	14,000	当期消費高	132,000
当期支払高	127,000	当期前払高	9,000

電力料

		当期測定高	115,000

減価償却費

		当期消費高	95,000

消費賃金

実際消費高	1,082,000	予定消費高	1,060,000
		賃率差異へ	22,000

賃率差異

消費賃金より	22,000		

給料

		消費高	250,000

仕掛品

期首仕掛品	396,000	当期製品製造原価	❷3,099,000
当期材料費	1,471,000		
当期労務費	1,310,000		
当期経費	❶342,000	期末仕掛品	420,000

総合問題 2 (p.40)

2—1

	借	方	貸	方	
(1)	仕掛品 製造間接費	990,000 82,500	消費材料	1,072,500	
(2)	材料消費価格差異	70,000	素材	70,000	❶
(3)	売上原価	7,000	材料消費価格差異	7,000	❷
(4)	棚卸減耗損	25,500	買入部品	25,500	❸
(5)	賃金 従業員賞与手当	1,350,000 287,000	所得税預り金 健康保険料預り金 当座預金	98,000 64,000 1,475,000	
(6)	賃率差異	9,000	売上原価	9,000	❹
(7)	製造間接費 販売費及び一般管理費	200,000 50,000	水道料	250,000	

解説 ❶

素材

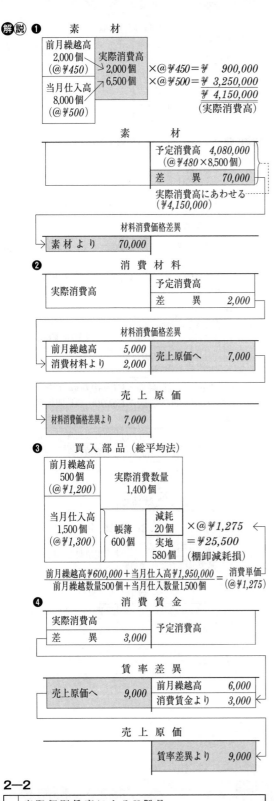

前月繰越高 2,000個 (@¥450)	実際消費高 2,000個 ×@¥450＝¥ 900,000
当月仕入高 8,000個 (@¥500)	6,500個 ×@¥500＝¥ 3,250,000

¥ 4,150,000
(実際消費高)

素材

	予定消費高 4,080,000 (@¥480×8,500個)
	差　　異 70,000

実際消費高にあわせる(¥4,150,000)

材料消費価格差異

素材より 70,000	

❷

消費材料

実際消費高	予定消費高
	差　　異 2,000

材料消費価格差異

前月繰越高 5,000	売上原価へ 7,000
消費材料より 2,000	

売上原価

材料消費価格差異より 7,000	

❸

買入部品（総平均法）

前月繰越高 500個 (@¥1,200)	実際消費数量 1,400個
当月仕入高 1,500個 (@¥1,300)	帳簿 600個：減耗 20個 ×@¥1,275＝¥25,500（棚卸減耗損）／実地 580個

$$\frac{\text{前月繰越高¥600,000＋当月仕入高¥1,950,000}}{\text{前月繰越数量500個＋当月仕入数量1,500個}}＝\text{消費単価(@¥1,275)}$$

❹

消費賃金

実際消費高	予定消費高
差　　異 3,000	

賃率差異

売上原価へ 9,000	前月繰越高 6,000
	消費賃金より 3,000

売上原価

	賃率差異より 9,000

2—2

a	実際個別賃率によるX製品（製造指図書#/）の直接労務費	¥	254,000	❶
b	実際平均賃率によるX製品（製造指図書#/）の直接労務費	¥	246,000	❷
c	予定賃率によるX製品（製造指図書#/）の直接労務費	¥	240,000	❸

解説 ❶¥1,000×65時間＋¥1,400×135時間＝¥254,000

❷Ⓐ¥1,000×170時間＝¥170,000
　Ⓑ¥1,400×230時間＝¥322,000
総作業時間400時間＝¥492,000÷400時間(総作業時間)
＝@¥1,230(実際平均賃率)
実際平均賃率@¥1,230×(65時間＋135時間)
＝¥246,000

❸ $\frac{\text{予定賃金総額¥5,820,000}}{\text{予定総作業時間4,850時間}}$＝@¥1,200(予定賃率)
¥1,200×(65時間＋135時間)＝¥240,000

2—3

a	直接労務費 ¥1,871,000❶	b	製造間接費 ¥1,310,000❷
c	売上原価 ¥5,327,000❸		

解説

賃金

当期支払高 2,154,000	前期未払高 235,000
当期未払高 227,000	当期消費高 2,146,000

－¥275,000＝¥1,871,000❶
(直接労務費)

製造間接費

工場消耗品 (306,000) ←(期首棚卸高＋当期仕入高－期末棚卸高)	
賃　　金 275,000	
給　　料 367,000	
電 力 料 (112,000) ←(当期測定高を使用)	
減価償却費 250,000	

¥1,310,000❷(製造間接費)

仕掛品

期首仕掛品 580,000	当期製品製造原価 5,418,000
直接材料費 2,038,000	
直接労務費 1,871,000	
直接経費 269,000	
製造間接費 1,310,000	期末仕掛品 650,000

製品

期首製品 762,000	売上原価へ ❸5,327,000
当期製品製造原価 5,418,000	
	期末製品 853,000

2—4

	借方		貸方		
(1)	素材	*1,280,000*	買掛金	*1,355,000*	
	工場消耗品	*75,000*			
(2)	仕掛品	*1,106,000*	素材	*1,343,000*	❶
	製造間接費	*237,000*			
(3)	外注加工賃	*250,000*	当座預金	*383,000*	
	電力料	*85,000*			
	雑費	*48,000*			
(4)	賃金	*1,250,000*	所得税預り金	*95,000*	
			健康保険料預り金	*62,000*	
			当座預金	*1,093,000*	
(5)	製造間接費	*60,000*	工場消耗品	*60,000*	❷
(6)	仕掛品	*1,080,000*	消費賃金	*1,260,000*	❸
	製造間接費	*180,000*			
(7)	製造間接費	*62,000*	健康保険料	*62,000*	
(8)	仕掛品	*260,000*	外注加工賃	*260,000*	
	製造間接費	*181,000*	電力料	*84,000*	
			減価償却費	*50,000*	
			雑費	*47,000*	
(9)	仕掛品	*720,000*	製造間接費	*720,000*	
(10)	製品	*3,200,000*	仕掛品	*3,200,000*	
(11)	消費賃金	*1,252,000*	賃金	*1,252,000*	❹
(12)	消費賃金	*8,000*	賃率差異	*8,000*	❺

素材

前月繰越	300,000	諸口	*1,343,000*
買掛金	*1,280,000*	次月繰越	237,000
	1,580,000		*1,580,000*

工場消耗品

前月繰越	12,000	製造間接費	*60,000*
買掛金	*75,000*	次月繰越	27,000
	87,000		*87,000*

賃金

諸口	*1,250,000*	前月繰越	158,000
次月繰越	160,000	消費賃金	*1,252,000*
	1,410,000		*1,410,000*

消費賃金

賃金	*1,252,000*	諸口	*1,260,000*
賃率差異	*8,000*		
	1,260,000		*1,260,000*

仕掛品

前月繰越	458,000	製品	*3,200,000*
素材	*1,106,000*	次月繰越	424,000
消費賃金	*1,080,000*		
外注加工賃	*260,000*		
製造間接費	*720,000*		
	3,624,000		*3,624,000*

製造間接費

素材	*237,000*	仕掛品	*720,000*
工場消耗品	*60,000*		
消費賃金	*180,000*		
健康保険料	*62,000*		
諸口	*181,000*		
	720,000		*720,000*

解説 ❶ 素材（移動平均法）

素材
前月繰越高 400個（@¥*750*）
当月仕入高 1,600個（@¥*800*）

$\dfrac{¥300{,}000+¥1{,}280{,}000}{400個+1{,}600個}$ ＝@¥*790*（消費単価）

消費単価@¥*790*×1,400個＝¥*1,106,000*（仕掛品勘定へ）

消費単価@¥*790*×300個＝¥*237,000*（製造間接費勘定へ）

❷ 工場消耗品（棚卸計算法）

前月繰越高 80個	消費高 400個
当月仕入高 500個	月末棚卸高 180個

×@¥*150*＝¥*60,000*（製造間接費勘定へ）

❸@¥*600*×1,800時間＝¥*1,080,000*（仕掛品勘定へ）

@¥*600*×300時間＝¥*180,000*（製造間接費勘定へ）

❹ 賃金

当月支払高	*1,250,000*	前月未払高	*158,000*
当月未払高	*160,000*	実際消費高	*1,252,000*

消費賃金

実際消費高	*1,252,000*		

❺ 消費賃金

実際消費高	*1,252,000*	予定消費高	*1,260,000*
賃率差異へ	*8,000*		

賃率差異

		消費賃金より	*8,000*

第3編 個別原価計算

9 原価計算表 (p.44)

9 1

原価計算表

製造指図書	#101	着手	令和○年6月1日	命令数量	100個
製品名	電卓	完成日	令和○年6月20日	完成数量	100個
規格	TS-40			単価	(¥3,350)

直接材料費				直接労務費				直接経費				製造間接費				集計	
日付		摘要	金額	日付		摘要	金額	日付		摘要	金額	日付		摘要	金額	摘要	金額
6	10		50,000	6	10		40,000	6	10		10,000	6	30		90,000	直接材料費	120,000
	20		70,000		20		45,000		20		30,000					直接労務費	85,000
			120,000				85,000				40,000				90,000	直接経費	40,000
																製造間接費	90,000
																製造原価	335,000 ❶

解説 ❶原価計算表は，製品が完成したら集計欄に記入し，製造原価を計算する。

10 原価元帳と仕掛品勘定 (p.45)

10 1

仕掛品

前月繰越	70,000	製品	580,000
❶ 材料	360,000	(次月繰越)	265,000 ❷
労務費	135,000		
経費	100,000		
製造間接費	180,000		
	845,000		845,000

解説 ❶¥100,000＋¥120,000＋¥140,000
＝¥360,000
❷製造指図書#103の原価が月末仕掛品原価となり，仕掛品勘定では次月繰越として記入する。

10 2

仕掛品

前月繰越	350,000	製品	880,000
材料	800,000	次月繰越	(1,100,000) ❸
労務費	530,000		
経費	(220,000)		
製造間接費	80,000		
	(1,980,000)		(1,980,000)

原価元帳(原価計算表)

	製造指図書#101	製造指図書#102	製造指図書#103	製造指図書#104
前月繰越	(❶ 200,000)	150,000	——	——
当月製造費用				
直接材料費	(300,000)	200,000	(150,000)	150,000
直接労務費	250,000	(130,000)	(100,000)	50,000
直接経費	100,000	(70,000)	30,000	20,000
製造間接費	30,000	20,000	15,000	(15,000)
計	(❷ 880,000)	570,000	295,000	(235,000)

解説 ❶仕掛品勘定より，前月繰越¥350,000なので，
¥350,000－¥150,000(#102)＝¥200,000
❷仕掛品勘定より製品¥880,000
❸¥570,000(#102)＋¥295,000(#103)
＋¥235,000(#104)＝¥1,100,000

10 3

(1)

製造指図書#1 原価計算表

直接材料費	直接労務費	直接経費	製造間接費	集計	
				摘要	金額
1,200,000	500,000	50,000	350,000	直接材料費	1,200,000
				直接労務費	500,000
				直接経費	50,000
				製造間接費	350,000
				製造原価	2,100,000
				完成品数量	100個
				製品単価	¥ 21,000

(2)

仕掛品

素材	(1,900,000)	(製品)	(2,100,000)
賃金	(900,000)	(次月繰越)	(1,310,000)
(経費)	(50,000)		
❶ (製造間接費)	(560,000)		
	(3,410,000)		(3,410,000)

解説 ❶素材の消費高 ¥600,000＋¥1,800,000
－¥500,000＝¥1,900,000
直接費は¥1,900,000なので，間接費はない。
工場消耗品の消費高 ¥150,000＋¥40,000
－¥100,000＝¥90,000（間接費）
賃金の消費高 ¥900,000＋¥200,000
＋¥120,000－¥150,000＝¥1,070,000
このうち直接費は¥900,000なので，残りの¥170,000が間接費。
間接経費 ¥350,000－¥50,000＝¥300,000
製造間接費 ¥90,000＋¥170,000＋¥300,000
＝¥560,000

検定問題 (p.47)

10 4

ア	1	イ	4

10 5

(1)

製造指図書#1　原価計算表

直接材料費	直接労務費	直接経費	製造間接費	集計 摘要	金額
270,000	56,000	5,000	9,000	直接材料費	321,000
51,000	392,000	48,000	63,000	直接労務費	448,000
321,000	448,000	53,000	72,000	直接経費	53,000
				製造間接費	72,000
				製造原価	894,000
				完成品数量	30個
				製品単価	¥ 29,800

製造指図書#2　原価計算表

直接材料費	直接労務費	直接経費	製造間接費	集計 摘要	金額
427,000	112,000	7,000	18,000	直接材料費	
				直接労務費	
				直接経費	
				製造間接費	
				製造原価	
				完成品数量	個
				製品単価	¥

(2)

仕掛品

借方	金額	貸方	金額
前月繰越	340,000	製品	(894,000)
❶ 材料	(478,000)	次月繰越	(564,000) ❷
労務費	(504,000)		
経費	(55,000)		
製造間接費	(81,000)		
	(1,458,000)		(1,458,000)

解説 ❶¥51,000＋¥427,000＝¥478,000

労務費，経費，製造間接費も同様にして計算する。

❷製造指図書#2の原価が月末仕掛品原価となり，仕掛品勘定では次月繰越として記入する。

11 製造間接費の配賦方法 (p.48)

11 1

製造間接費配賦表

令和○年7月分

令和○年		製造指図書番号	配賦率	配賦基準(直接作業時間)	配賦額
7	31	#1	800 ❶	250	200,000
	〃	#2	800	180	144,000
	〃	#3	800	200	160,000
				630	504,000

解説 ❶ $\frac{¥504,000}{630時間}=¥800$

11 2

製造間接費配賦表

令和○年6月分

令和○年		製造指図書番号	配賦率	配賦基準(直接材料費)	配賦額
6	30	#1	35% ❶	1,200,000	420,000
	〃	#2	35%	900,000	315,000
	〃	#3	35%	700,000	245,000
				2,800,000	980,000

解説 ❶ $\frac{¥980,000}{¥2,800,000}\times100=35(\%)$

11 3

配賦法	製造指図書#1の製造間接費配賦額(計算式)	
直接作業時間法	(配賦率) $\frac{600,000}{800}=750$	¥ 750
	(配賦額) $750\times500=375,000$	¥ 375,000
機械運転時間法	(機械率) $\frac{600,000}{750}=800$	¥ 800
	(配賦額) $800\times300=240,000$	¥ 240,000

11 4

配賦法	製造指図書#2の製造間接費配賦額(計算式)	
直接材料費法	(配賦率) $\frac{960,000}{3,200,000}\times100=30$	30 %
	(配賦額) $0.3\times1,000,000=300,000$	¥ 300,000
直接労務費法	(配賦率) $\frac{960,000}{3,840,000}\times100=25$	25 %
	(配賦額) $0.25\times1,250,000=312,500$	¥ 312,500
直接費法	(配賦率) $\frac{960,000}{3,200,000+3,840,000+960,000}\times100=12$	12 %
	(配賦額) $0.12\times(1,000,000+1,250,000+280,000)=303,600$	¥ 303,600

11 5

直接作業時間法	¥ 193,500 ❶	機械運転時間法	¥ 344,000 ❷
直接材料費法	¥ 200,000 ❸	直接労務費法	¥ 240,000 ❹
直接費法	¥ 215,000 ❺		

解説 ❶ $\frac{¥645,000}{300時間+300時間+400時間}$ ×300時間
= ¥193,500

❷ $\frac{¥645,000}{400時間+150時間+200時間}$ ×400時間
= ¥344,000

❸ $\frac{¥645,000}{¥1,000,000+¥1,050,000+¥1,175,000}$ ×¥1,000,000
= ¥200,000

❹ $\frac{¥645,000}{¥800,000+¥650,000+¥700,000}$ ×¥800,000
= ¥240,000

❺#1の直接費
¥1,000,000＋¥800,000＋¥350,000＝¥2,150,000
#2の直接費
¥1,050,000＋¥650,000＋¥415,000＝¥2,115,000
#3の直接費
¥1,175,000＋¥700,000＋¥310,000＝¥2,185,000
$\frac{¥645,000}{¥2,150,000+¥2,115,000+¥2,185,000}$ ×¥2,150,000
= ¥215,000

11 6

仕　掛　品

	前月繰越	291,000	製品	(689,600) ❸
❶	材料	(466,500)	次月繰越	(632,000)
	労務費	(432,000)		
	経費	(45,700)		
❷	製造間接費	(86,400)		
		(1,321,600)		(1,321,600)

解説 ❶当月の製造直接費（材料費）の合計額を記入する。
❷製造間接費　¥18,800＋¥22,500＋¥45,100
＝¥86,400
❸完成品はA製品であるため，製造指図書#1を集計する。ただし，製造間接費は次の式で求める。
#1の製造間接費配賦額
$\frac{¥86,400}{290時間+190時間}$ ×290時間＝¥52,200
A製品の製造原価
¥291,000(月初仕掛品)＋¥48,000＋¥261,000
＋¥37,400＋¥52,200(製造間接費)＝¥689,600

検定問題 (p.51)

11 7

a	当月の材料消費高	¥	1,405,000 ❶
b	当月の労務費消費高	¥	1,290,000 ❷
c	B製品(製造指図書#2)の製造間接費配賦額	¥	309,000 ❸
d	A製品(製造指図書#1)の完成品原価	¥	1,852,000 ❹

解説 ❶素材の消費高
¥205,000＋¥1,230,000－¥160,000＝¥1,275,000
工場消耗品の消費高
¥45,000＋¥124,000－¥39,000＝¥130,000
材料消費高
¥1,275,000＋¥130,000＝¥1,405,000
❷賃金の消費高
¥1,074,000－¥180,000＋¥170,000＝¥1,064,000
給料の消費高　¥226,000
労務費消費高
¥1,064,000＋¥226,000＝¥1,290,000
❸間接材料費
¥1,405,000－(¥660,000＋¥590,000)＝¥155,000
間接労務費
¥1,290,000－(¥480,000＋¥440,000)＝¥370,000
製造間接費
¥155,000＋¥370,000＋¥126,000(経費)＝¥651,000
製造間接費配賦額(B製品)
$\frac{¥651,000}{¥660,000+¥590,000+¥480,000+¥440,000}$
×(¥590,000＋¥440,000)＝¥309,000
❹製造間接費配賦額(A製品)
$\frac{¥651,000}{¥660,000+¥590,000+¥480,000+¥440,000}$
×(¥660,000＋¥480,000)＝¥342,000
完成品原価　¥370,000＋¥660,000＋¥480,000
＋¥342,000＝¥1,852,000

12 製造間接費の予定配賦 (p.52)

12 1

製造間接費予定配賦表
令和○年9月分

令和○年		製造指図書番号	予定配賦率	配賦基準(実際直接作業時間)	予定配賦額
9	30	#1	400 ❶	120	48,000
	〃	#2	400	250	100,000
	〃	#3	400	130	52,000
				500	200,000

解説 ❶ $\frac{¥2,448,000}{6,120時間}$ ＝¥400

12 2

	借方		貸方	
①	仕掛品	72,000	製造間接費	72,000
②	製造間接費	72,960	素材	21,500
			賃金	24,000
			電力料	27,460
③	製造間接費配賦差異	960	製造間接費	960

製造間接費

諸口	72,960	仕掛品	72,000
		製造間接費配賦差異	960

製造間接費配賦差異

製造間接費	960		

製造指図書#/　原価計算表

直接材料費	直接労務費	直接経費	製造間接費	集計
127,400	114,000	39,000	❶28,800	309,200

解説 ❶製造間接費は予定配賦額（¥240×120時間）を記入する。

12 3

仕掛品

❶ 9/30 製造間接費	150,000		

製造間接費

9/30 諸口	165,000	9/30 仕掛品	150,000 ❶
		〃 製造間接費配賦差異	15,000

製造間接費配賦差異

9/30 製造間接費	15,000		

解説 ❶製造間接費の予定配賦額
¥100×(500時間＋400時間＋600時間)
＝¥150,000

12 4

(1)

	借方		貸方		
a	仕掛品	145,000	製造間接費	145,000	
b	仕掛品 製造間接費	1,100,000 78,000	素材 工場消耗品	1,100,000 78,000	
c	仕掛品	650,000	賃金	650,000	
d	製造間接費	16,000	健康保険料	16,000	
e	仕掛品 製造間接費	60,000 45,600	外注加工賃 減価償却費 電力料	60,000 20,000 25,600	
f	製品	1,170,000	仕掛品	1,170,000	❶
g	製造間接費	5,400	製造間接費配賦差異	5,400	❷

(2)

仕掛品

(素材)	(1,100,000)	(製品)	(1,170,000)
(賃金)	(650,000)	次月繰越	(785,000)
(外注加工賃)	(60,000)		
製造間接費	(145,000)		
	(1,955,000)		(1,955,000)

製造間接費

(工場消耗品)	(78,000)	(仕掛品)	(145,000)
(健康保険料)	(16,000)		
(諸口)	(45,600)		
(製造間接費配賦差異)	(5,400)		
	(145,000)		(145,000)

(3)

製造指図書#/　原価計算表

直接材料費	直接労務費	直接経費	製造間接費	集計 摘要	集計 金額
650,000	380,000	60,000	80,000	直接材料費	650,000
				直接労務費	380,000
				直接経費	60,000
				製造間接費	80,000
				製造原価	1,170,000

解説 ❶完成品原価は，(3)原価計算表より¥1,170,000

❷ 製造間接費

139,600 {(実際発生額)	78,000	(予定配賦額)	145,000
	16,000		
	45,600		
(差異)	5,400		

12 5

	借方		貸方		
(1)	仕掛品	129,000	製造間接費	129,000	❶
(2)	製造間接費配賦差異	40,000	製造間接費	40,000	❷
(3)	製造間接費配賦差異	54,000	売上原価	54,000	❸

解説 ❶¥300×(180時間＋250時間)＝¥129,000

❷ 製造間接費

素材	180,000	仕掛品	1,500,000
賃金	430,000	製造間接費配賦差異	40,000
従業員賞与手当	290,000		
諸口	640,000		
	1,540,000		1,540,000

❸ 製造間接費配賦差異

(当月)	10,000	(前月繰越)	64,000
売上原価	54,000		
	64,000		64,000

当月の差異は予定より実際のほうが大きかったため，借方差異となる。

12 6

(1)

		借方		貸方		
6月4日		素材 工場消耗品	1,650,000 35,000	買掛金	1,685,000	
9日		仕掛品	1,645,000	素材	1,645,000	❶
20日		電力料 雑費	163,000 14,000	当座預金	177,000	
25日		賃金	3,560,000	所得税預り金 健康保険料預り金 当座預金	276,000 143,000 3,141,000	
30日	①	製造間接費	48,000	工場消耗品	48,000	❷
	②	仕掛品 製造間接費	3,080,000 420,000	消費賃金	3,500,000	❸
	③	製造間接費	143,000	健康保険料	143,000	
	④	製造間接費	373,000	電力料 保険料 減価償却費 雑費	162,000 24,000 175,000 12,000	
	⑤	仕掛品	968,000	製造間接費	968,000	❹
	⑥	製品	5,728,000	仕掛品	5,728,000	❺
	⑦	消費賃金	3,525,000	賃金	3,525,000	
	⑧	賃率差異	25,000	消費賃金	25,000	❻
	⑨	製造間接費配賦差異	16,000	製造間接費	16,000	❼

(2)

製造指図書#1　原価計算表

直接材料費	直接労務費	製造間接費	集計 摘要	金額
2,600,000	700,000	220,000	直接材料費	2,600,000
2,600,000	1,680,000	528,000	直接労務費	2,380,000
	2,380,000	748,000	製造間接費	748,000
			製造原価	5,728,000
			完成品数量	80個
			製品単価	¥ 71,600

(3)

6月末の賃金未払高	¥ 427,000

解説

❶先入先出法による素材消費高
¥3,250×100個＋¥3,300×400個＝¥1,645,000

❷棚卸計算法による工場消耗品消費高
¥50×(340個＋700個－80個)＝¥48,000

❸予定賃率による賃金消費高
¥1,400×(1,200時間＋1,000時間＋300時間)
＝¥3,500,000

❹予定配賦率による製造間接費消費高
¥440×(1,200時間＋1,000時間)＝¥968,000

❺完成品原価は(2)原価計算表より¥5,728,000

❻ 消費賃金

借方		貸方	
実際消費高	3,525,000	予定消費高	3,500,000
		(差異)	25,000

❼ 製造間接費

借方		貸方	
実際発生額	48,000 420,000 143,000 373,000	予定配賦額	968,000
		(差異)	16,000

12 7

(1)

		借方		貸方		
7月2日		素材 工場消耗品	2,520,000 180,000	買掛金	2,700,000	
12日		仕掛品	2,280,000	素材	2,280,000	❶
22日		電力料 保険料	259,000 174,000	当座預金	433,000	
25日		賃金	3,416,000	所得税預り金 健康保険料預り金 当座預金	299,000 160,000 2,957,000	
31日	①	製造間接費	177,000	工場消耗品	177,000	❷
	②	仕掛品 製造間接費	2,760,000 190,000	消費賃金	2,950,000	❸
	③	製造間接費	160,000	健康保険料	160,000	
	④	製造間接費	867,000	電力料 保険料 減価償却費	262,000 29,000 576,000	
	⑤	仕掛品	1,380,000	製造間接費	1,380,000	❹
	⑥	製品	4,230,000	仕掛品	4,230,000	❺
	⑦	消費賃金	3,186,000	賃金	3,186,000	
	⑧	賃率差異	236,000	消費賃金	236,000	❻
	⑨	製造間接費配賦差異	14,000	製造間接費	14,000	❼

(2)

製造指図書#1　原価計算表

直接材料費	直接労務費	製造間接費	集計 摘要	金額
1,320,000	230,000	115,000	直接材料費	1,320,000
1,320,000	1,710,000	855,000	直接労務費	1,940,000
	1,940,000	970,000	製造間接費	970,000
			製造原価	4,230,000
			完成品数量	60個
			製品単価	¥ 70,500

(3)

月末仕掛品原価	¥ 3,855,000	❽

解説 ❶移動平均法による素材消費高
￥2,850×800個＝￥2,280,000

素材の単価　$\frac{￥900,000+￥2,520,000}{300個+900個}$＝￥2,850

❷棚卸計算法による工場消耗品消費高
￥100×(210個＋1,800個－240個)＝￥177,000

❸予定賃率による賃金消費高
￥1,000×(1,710時間＋1,050時間＋190時間)
＝￥2,950,000

❹予定配賦率による製造間接費消費高
￥500×(1,710時間＋1,050時間)＝￥1,380,000

❺完成品原価は(2)原価計算表より￥4,230,000

❻　消費賃金

実際消費高　3,186,000	予定消費高　2,950,000
	(差　異)　236,000

❼　製造間接費

実際発生額　177,000	予定配賦額　1,380,000
190,000	
160,000	
867,000	(差　異)　14,000

❽月末仕掛品原価（製造指図書#2の製造原価）

直接材料費	￥2,280,000
直接労務費　￥1,000×1,050時間＝	￥1,050,000
製造間接費　￥　500×1,050時間＝	￥　525,000
	￥3,855,000

13 製造間接費の差異分析　(p.60)

13 1

予算差異と操業度差異を計算するための図

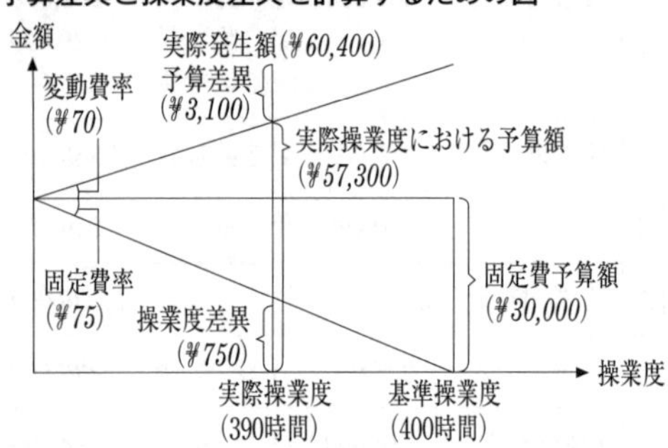

計算式

実際操業度における予算額＝(￥70)×(390時間)
＋(￥30,000)＝(￥57,300)

予算差異＝(￥57,300)－(￥60,400)＝(￥3,100)（借方差異）

固定費率＝$\frac{(￥30,000)}{(400時間)}$＝(￥75)

操業度差異＝(￥75)×{(390時間)－(400時間)}＝(￥750)
(借方差異)

13 2

予算差異と操業度差異を計算するための図

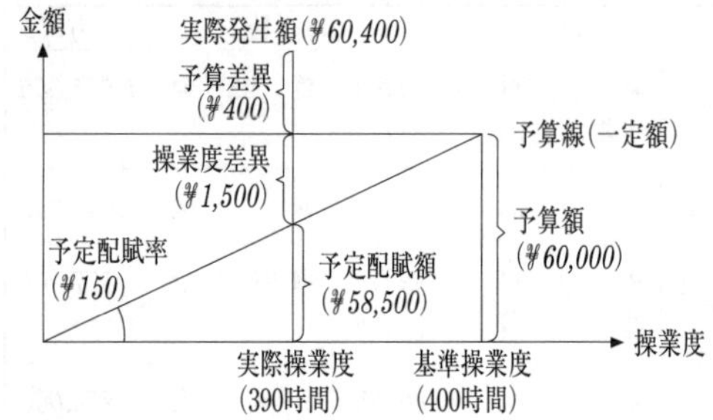

計算式

予算差異＝(￥60,000)－(￥60,400)＝(￥400)（借方差異）

予定配賦率＝$\frac{(￥60,000)}{(400時間)}$＝(￥150)

予定配賦額＝(￥150)×(390時間)＝(￥58,500)

操業度差異＝(￥58,500)－(￥60,000)＝(￥1,500)
(借方差異)

13 3

製造間接費配賦差異を分析するための図

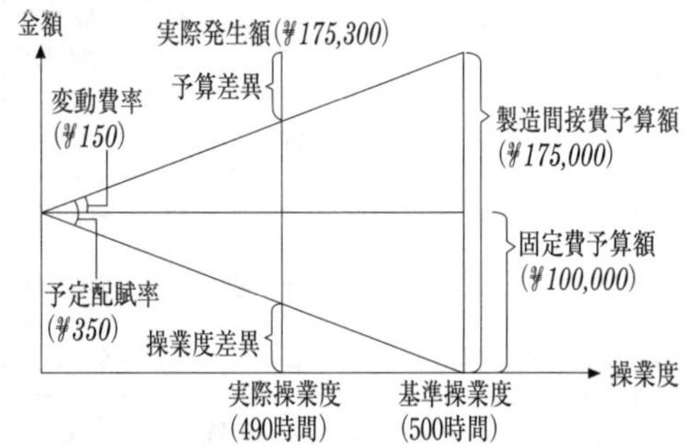

製造間接費配賦差異 ￥ 3,800(借方差異)	内訳 予算差異 ￥ 1,800(借方差異) 操業度差異 ￥ 2,000(借方差異)

計算式

予定配賦率＝$\frac{(￥175,000)}{(500時間)}$＝(￥350)

製造間接費予定配賦額＝(￥350)×(490時間)＝(￥171,500)

製造間接費配賦差異＝(￥171,500)－(￥175,300)＝(￥3,800)
(借方差異)

実際操業度における予算額＝(￥150)×(490時間)
＋(￥100,000)＝(￥173,500)

予算差異＝(￥173,500)－(￥175,300)＝(￥1,800)（借方差異）

固定費率＝$\frac{(￥100,000)}{(500時間)}$＝(￥200)

操業度差異＝(￥200)×{(490時間)－(500時間)}＝(￥2,000)
(借方差異)

13 4

a	製造間接費配賦差異	￥	11,420（貸方差異）	❶
b	予　算　差　異	￥	13,500（貸方差異）	❷
c	操　業　度　差　異	￥	2,080（借方差異）	❸

解説

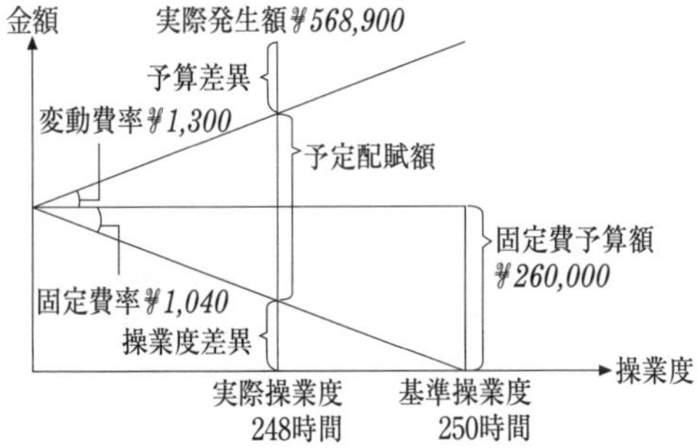

固定費率　￥260,000÷250時間＝￥1,040

予定配賦額

(￥1,300＋￥1,040)×248時間＝￥580,320

❶製造間接費配賦差異

￥580,320－￥568,900＝￥11,420(貸方差異)

❷予算差異　￥1,300×248時間＋￥260,000

－￥568,900＝￥13,500(貸方差異)

❸操業度差異　￥1,040×(248時間－250時間)

＝－￥2,080(借方差異)

検定問題 (p.63)

13 5

予算差異	￥	48,000	(借方・(貸方))

解説

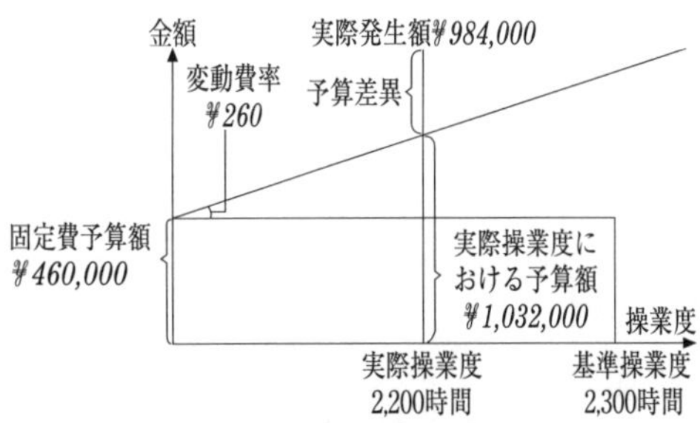

実際操業度における予算額

￥260×2,200時間＋￥460,000

＝￥1,032,000

予算差異

￥1,032,000－実際発生額￥984,000

＝￥48,000(貸方差異)

14 仕損品・作業くずの処理 (p.64)

14 1

	借方		貸方	
(1)	仕損費	5,000	素材	3,000
			賃金	2,000
(2)	仕掛品	5,000	仕損費	5,000
(3)	仕損品	10,000	仕掛品	100,000
	仕損費	90,000		
(4)	仕損費	20,000	仕掛品	20,000

14 2

	借方		貸方	
(1)	作業くず	30,000	仕掛品	30,000
(2)	現金	2,000	雑益	2,000

総合問題 3 (p.66)

3—1

仕掛品

借方		貸方	
前月繰越	750,000	製品	1,840,000
材料	1,300,000	次月繰越	(1,880,000)
労務費	(630,000)		
経費	640,000		
製造間接費	400,000		
	(3,720,000)		(3,720,000)

原価元帳(原価計算表)

	製造指図書#101	製造指図書#102	製造指図書#103	製造指図書#104
前月繰越	(450,000)	300,000	——	——
当月製造費用				
直接材料費	(700,000)	250,000	(200,000)	150,000
直接労務費	260,000)	(70,000)	(250,000)	50,000
直接経費	200,000	(130,000)	130,000	180,000
製造間接費	230,000	120,000	20,000	(30,000)
計	(1,840,000)	870,000	600,000	(410,000)

解説

原価元帳

	#101	#102	#103	#104	集計
前月繰越	a	a'	——	——	$a+a'$
当月製造費用					
材料費	b	b'	b''	b'''	$b+b'+b''+b'''$
労務費	c	c'	c''	c'''	$c+c'+c''+c'''$
経費	d	d'	d''	d'''	$d+d'+d''+d'''$
製造間接費	e	e'	e''	e'''	$e+e'+e''+e'''$
計	$a+b+c+d+e$	$a'+b'+c'+d'+e'$	$b''+c''+d''+e''$	$b'''+c'''+d'''+e'''$	
	完成	未完成	未完成	未完成	

仕掛品

借方		貸方
前月繰越	$a+a'$	製品 ← #101(完成品)
材料	$b+b'+b''+b'''$	次月繰越 ← #102＋#103＋#104(未完成品)
労務費	$c+c'+c''+c'''$	
経費	$d+d'+d''+d'''$	
製造間接費	$e+e'+e''+e'''$	

3—2

(1)

	借方		貸方	
a	仕掛品	*1,420,000*	素材	*1,420,000*
	製造間接費	*90,000*	工場消耗品	*90,000*
b	仕掛品	*750,000*	賃金	*750,000*
c	製造間接費	*30,000*	健康保険料	*30,000*
d	仕掛品	*80,000*	外注加工賃	*80,000*
	製造間接費	*42,500*	減価償却費	*15,000*
			保険料	*9,000*
			電力料	*18,500*
e	仕掛品	*160,000*	製造間接費	*160,000*
f	製品	*1,390,000*	仕掛品	*1,390,000* ❶
g	製造間接費配賦差異	*2,500*	製造間接費	*2,500* ❷

(2)

仕掛品

(素材)	(*1,420,000*)	(製品)	(*1,390,000*)
(賃金)	(*750,000*)	次月繰越	(*1,020,000*)
(外注加工賃)	(*80,000*)		
(製造間接費)	(*160,000*)		
	(*2,410,000*)		(*2,410,000*)

製造間接費

(工場消耗品)	(*90,000*)	(仕掛品)	(*160,000*)
(健康保険料)	(*30,000*)	(製造間接費配賦差異)	(*2,500*)
(諸口)	(*42,500*)		
	(*162,500*)		(*162,500*)

(3)

製造指図書#1　　原価計算表

直接材料費	直接労務費	直接経費	製造間接費	集計 摘要	金額
820,000	*400,000*	*80,000*	*90,000*	直接材料費	*820,000*
				直接労務費	*400,000*
				直接経費	*80,000*
				製造間接費	*90,000*
				製造原価	*1,390,000*

解説 ❶完成品原価は，(3)原価計算表より￥*1,390,000*。

❷　製造間接費

162,500 (実際発生額)	*90,000*	(予定配賦額)	*160,000*
	30,000		
	42,500	(差異)	*2,500*

3—3

	借方		貸方	
(1)	仕損費	*120,000*	素材	*80,000*
			賃金	*40,000*
(2)	仕損品	*30,000*	仕掛品	*100,000*
	仕損費	*70,000*		
(3)	現金	*3,000*	雑益	*3,000*

15 製造部門費予定配賦表の作成 (p.68)

15 1

製造部門費予定配賦表

令和○年7月分

令和○年		製造指図書番号	第/製造部門 予定配賦率	第/製造部門 配賦基準(直接作業時間)	第/製造部門 予定配賦額	第2製造部門 予定配賦率	第2製造部門 配賦基準(直接作業時間)	第2製造部門 予定配賦額
9	30	#1	❶ 300	580	174,000	❷ 450	430	193,500
	〃	#2	300	440	132,000	450	390	175,500
				1,020	306,000		820	369,000

解説 ❶ $\frac{¥3,600,000}{12,000\text{時間}}$ ＝¥300(第1製造部門費の予定配賦率)

❷ $\frac{¥4,320,000}{9,600\text{時間}}$ ＝¥450(第2製造部門費の予定配賦率)

各予定配賦率×直接作業時間＝予定配賦額

15 2

(1) 製造部門費予定配賦表

令和○年9月分

令和○年		製造指図書番号	第/製造部門 予定配賦率	第/製造部門 配賦基準(直接作業時間)	第/製造部門 予定配賦額	第2製造部門 予定配賦率	第2製造部門 配賦基準(直接作業時間)	第2製造部門 予定配賦額
9	30	#1	750	560	❶ 420,000	580	450	❷ 261,000
	〃	#2	750	480	❸ 360,000	580	400	❹ 232,000
				1,040	❺ 780,000		850	❺ 493,000

(2)	A製品への予定配賦額(#/)	第/製造部門	¥	420,000 ❶
		第2製造部門	¥	261,000 ❷
(3)	B製品への予定配賦額(#2)	第/製造部門	¥	360,000 ❸
		第2製造部門	¥	232,000 ❹

	借方		貸方	
(4)	仕掛品	1,273,000	第1製造部門費	780,000
			第2製造部門費	493,000 ❺

解説 ❶ $\frac{¥9,375,000}{12,500\text{時間}}$ ＝¥750(第1製造部門費の予定配賦率)

A製品(#1)への予定配賦額(第1製造部門費)

¥750×560時間＝¥420,000

❷ $\frac{¥6,380,000}{11,000\text{時間}}$ ＝¥580(第2製造部門費の予定配賦率)

A製品(#1)への予定配賦額(第2製造部門費)

¥580×450時間＝¥261,000

❸B製品(#2)への予定配賦額(第1製造部門費)

¥750×480時間＝¥360,000

❹B製品(#2)への予定配賦額(第2製造部門費)

¥580×400時間＝¥232,000

❺各製造部門の予定配賦額合計から仕訳を行う。

16 部門費配分表の作成 (p.70)

16 1

部門費配分表

令和○年9月分

費目	配賦基準	金額	製造部門 第/製造部門	製造部門 第2製造部門	補助部門 動力部門	補助部門 修繕部門	補助部門 工場事務部門
部門個別費							
間接材料費	――	120,000	30,000	50,000	20,000	10,000	10,000
間接賃金	――	80,000	40,000	30,000	5,000	3,000	2,000
部門個別費計		200,000	70,000	80,000	25,000	13,000	12,000
部門共通費							
給料	従業員数	200,000	❶ 50,000	100,000	30,000	10,000	10,000
建物減価償却費	床面積	60,000	❷ 30,000	24,000	3,000	2,000	1,000
保険料	機械帳簿価額	40,000	❸ 10,000	20,000	5,000	4,000	1,000
部門共通費計		300,000	90,000	144,000	38,000	16,000	12,000
部門費合計		500,000	160,000	224,000	63,000	29,000	24,000

解説 【第1製造部門への配分】

❶ $¥200,000\times\frac{10\text{人}}{10\text{人}+20\text{人}+6\text{人}+2\text{人}+2\text{人}}$

＝¥50,000

❷ $¥60,000\times\frac{300\text{m}^2}{300\text{m}^2+240\text{m}^2+30\text{m}^2+20\text{m}^2+10\text{m}^2}$

＝¥30,000

❸ $¥40,000\times\frac{¥100,000}{¥100,000+¥200,000+¥50,000+¥40,000+¥10,000}$

＝¥10,000

16 2

(1)

部 門 費 配 分 表

令和○年11月分

費目	配賦基準	金額	製造部門		補助部門		
			第1製造部門	第2製造部門	動力部門	修繕部門	工場事務部門
部門個別費	——	200,000	60,000	100,000	18,000	12,000	10,000
部門共通費							
給料	従業員数	200,000	❶ 60,000	80,000	30,000	20,000	10,000
建物減価償却費	床面積	120,000	❷ 30,000	54,000	18,000	12,000	6,000
保険料	機械帳簿価額	80,000	❸ 20,000	28,000	16,000	10,000	6,000
部門共通費計		400,000	110,000	162,000	64,000	42,000	22,000
部門費合計		600,000	170,000	262,000	82,000	54,000	32,000

(2)

借方		貸方	
第1製造部門費	170,000	製造間接費	600,000
第2製造部門費	262,000		
動力部門費	82,000		
修繕部門費	54,000		
工場事務部門費	32,000		

解説 部門費配分表の部門費合計行（最終行）の金額により，配分の仕訳を行う。また，各部門に「費」をつけて勘定科目としている点に配慮する。

【第1製造部門への配分】

❶ $¥200,000 \times \frac{12人}{12人+16人+6人+4人+2人}$ $=¥60,000$

❷ $¥120,000 \times \frac{100m^2}{100m^2+180m^2+60m^2+40m^2+20m^2}$ $=¥30,000$

❸ $¥80,000 \times \frac{¥100,000}{¥100,000+¥140,000+¥80,000+¥50,000+¥30,000}$ $=¥20,000$

17 部門費振替表の作成 (p.72)

17 1

(1)

部 門 費 振 替 表

（直接配賦法）

令和○年9月分

部門費	配賦基準	金額	製造部門		補助部門		
			第1製造部門	第2製造部門	動力部門	修繕部門	工場事務部門
部門費計		500,000	180,000	120,000	100,000	60,000	40,000
動力部門費	動力消費量（kW数×運転時間）	100,000	❶ 60,000	40,000			
修繕部門費	修繕回数	60,000	❷ 40,000	20,000			
工場事務部門費	従業員数	40,000	❸ 15,000	25,000			
配賦額計		200,000	115,000	85,000			
製造部門費合計		500,000	295,000	205,000			

(2)

借方		貸方	
第1製造部門費	115,000	動力部門費	100,000
第2製造部門費	85,000	修繕部門費	60,000
		工場事務部門費	40,000

解説 直接配賦法は，補助部門費を1回の配賦計算で各製造部門へ配賦する方法である。部門費振替表の下から2行目の「配賦額計」が，各製造部門への配賦合計であり，仕訳の借方金額となる。

【第1製造部門への配賦】

❶ $¥100,000 \times \frac{20kW \times 150時間}{20kW \times 150時間+10kW \times 200時間}$ $=¥60,000$

❷ $¥60,000 \times \frac{20回}{20回+10回} = ¥40,000$

❸ $¥40,000 \times \frac{15人}{15人+25人} = ¥15,000$

17 2

(1)

部門費振替表

(相互配賦法)　　　　令和○年11月分

部門費	配賦基準	金額	製造部門		補助部門		
			第1製造部門	第2製造部門	動力部門	修繕部門	工場事務部門
部門費計		340,000	100,000	120,000	60,000	20,000	40,000
動力部門費	動力消費量 (kW数×運転時間)	60,000	❶ 30,000	20,000	—	10,000	—
修繕部門費	修繕回数	20,000	❷ 5,000	10,000	3,000	—	2,000
工場事務部門費	従業員数	40,000	❸ 18,000	18,000	2,000	2,000	—
第1次配賦額		120,000	53,000	48,000	5,000	12,000	2,000
動力部門費		5,000	❹ 3,000	2,000			
修繕部門費		12,000	❺ 4,000	8,000			
工場事務部門費		2,000	❻ 1,000	1,000			
第2次配賦額		19,000	8,000	11,000			
製造部門費合計		340,000	161,000	179,000			

(2)

借方		貸方	
第1製造部門費	61,000	動力部門費	60,000
第2製造部門費	59,000	修繕部門費	20,000
		工場事務部門費	40,000

解説 相互配賦法は，2段階の配賦計算により，補助部門費を配賦する計算方法である。第1次配賦額と第2次配賦額の合計額をもって各製造部門への配賦額とし，仕訳の借方合計となる。

○第1次配賦（すべての部門へ配賦を行う）

【第1製造部門への第1次配賦】

❶ $¥60{,}000\times\frac{20\text{kW}\times150\text{時間}}{20\text{kW}\times150\text{時間}+10\text{kW}\times200\text{時間}+10\text{kW}\times100\text{時間}}$
$=¥30{,}000$

❷ $¥20{,}000\times\frac{5\text{回}}{5\text{回}+10\text{回}+3\text{回}+2\text{回}}=¥5{,}000$

❸ $¥40{,}000\times\frac{9\text{人}}{9\text{人}+9\text{人}+1\text{人}+1\text{人}}=¥18{,}000$

○第2次配賦（製造部門のみに配賦を行う）

【第1製造部門への第2次配賦】

❹ $¥5{,}000\times\frac{20\text{kW}\times150\text{時間}}{20\text{kW}\times150\text{時間}+10\text{kW}\times200\text{時間}}$
$=¥3{,}000$

❺ $¥12{,}000\times\frac{5\text{回}}{5\text{回}+10\text{回}}=¥4{,}000$

❻ $¥2{,}000\times\frac{9\text{人}}{9\text{人}+9\text{人}}=¥1{,}000$

18 製造部門費配賦差異の処理

(p.74)

18 1

	借方		貸方		
(1)	仕掛品	290,000	第1製造部門費	160,000	❶
			第2製造部門費	130,000	
(2)	第1製造部門費	95,000	製造間接費	295,000	❷
	第2製造部門費	100,000			
	動力部門費	50,000			
	修繕部門費	30,000			
	工場事務部門費	20,000			
(3)	第1製造部門費	63,000	動力部門費	50,000	❸
	第2製造部門費	37,000	修繕部門費	30,000	
			工場事務部門費	20,000	
(4)	第1製造部門費	2,000	製造部門費配賦差異	2,000	❹
	製造部門費配賦差異	7,000	第2製造部門費	7,000	

第1製造部門費

製造間接費	95,000	仕掛品	160,000
諸口	63,000		
製造部門費配賦差異	2,000		
	160,000		160,000

第2製造部門費

製造間接費	100,000	仕掛品	130,000
諸口	37,000	製造部門費配賦差異	7,000
	137,000		137,000

仕掛品

諸口	290,000		

製造部門費配賦差異

第2製造部門費	7,000	第1製造部門費	2,000

解説 ❶製造部門費予定配賦表により，各製造部門から仕掛品勘定への予定配賦を行う。

❷部門費配分表の部門費合計行の金額により，各部門への配分を行う。

❸部門費振替表の配賦額計行の金額により，補助部門から各製造部門への配賦を行う。

❹各製造部門費の配賦差異を計算し，製造部門費配賦差異勘定への振り替えを行う。

18 2

	借	方	貸	方	
(1)	仕掛品	*1,182,300*	第1製造部門費	*661,500*	❶
			第2製造部門費	*520,800*	
(2)	第1製造部門費	*546,000*	製造間接費	*1,187,000*	❷
	第2製造部門費	*469,000*			
	動力部門費	*118,000*			
	修繕部門費	*39,000*			
	工場事務部門費	*15,000*			
(3)	第1製造部門費	*113,000*	動力部門費	*118,000*	❸
	第2製造部門費	*59,000*	修繕部門費	*39,000*	
			工場事務部門費	*15,000*	
(4)	第1製造部門費	*2,500*	製造部門費配賦差異	*2,500*	❹
	製造部門費配賦差異	*7,200*	第2製造部門費	*7,200*	

第1製造部門費

製造間接費	546,000	仕掛品	661,500
諸口	113,000		
製造部門費配賦差異	2,500		
	661,500		661,500

第2製造部門費

製造間接費	469,000	仕掛品	520,800
諸口	59,000	製造部門費配賦差異	7,200
	528,000		528,000

仕掛品

諸口	1,182,300		

製造部門費配賦差異

第2製造部門費	7,200	第1製造部門費	2,500

解説 ❶ $\frac{¥8,190,000}{13,000時間}$ = ¥630（第1製造部門費の予定配賦率）

¥630 ×（570時間＋480時間）

＝¥661,500（第1製造部門費の予定配賦額）

$\frac{¥6,160,000}{11,000時間}$ = ¥560（第2製造部門費の予定配賦率）

¥560 ×（540時間＋390時間）

＝¥520,800（第2製造部門費の予定配賦額）

❷製造間接費の各部門への配分

❸補助部門費の各製造部門への配賦

❹

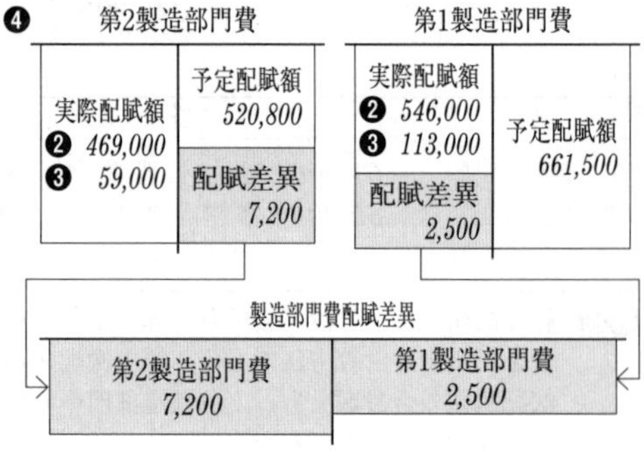

検定問題 (p.77)

18 3

(1)

部門費振替表

相互配賦法　　令和○年1月分

部門費	配賦基準	金額	製造部門 第1部門	製造部門 第2部門	補助部門 動力部門	補助部門 修繕部門
部門費計		1,810,000	676,000	501,000	369,000	264,000
動力部門費	kW数×運転時間数	369,000	❶ 240,000	❷ 120,000	——	❸ 9,000
修繕部門費	修繕回数	264,000	120,000	96,000	48,000	——
第1次配賦額		633,000	360,000	216,000	48,000	9,000
動力部門費	kW数×運転時間数	48,000	❹ 32,000	❺ 16,000		
修繕部門費	修繕回数	9,000	5,000	4,000		
第2次配賦額		57,000	37,000	20,000		
製造部門費合計		1,810,000	❻ 1,073,000	❻ 737,000		

(2)

借	方	貸	方
第1製造部門費	*397,000*	動力部門費	*369,000*
第2製造部門費	*236,000*	修繕部門費	*264,000*

(3)

借	方	貸	方	
第1製造部門費	*7,000*	製造部門費配賦差異	*7,000*	❼
製造部門費配賦差異	*9,000*	第2製造部門費	*9,000*	

(4)

製造指図書#1

原　価　計　算　表

直接材料費	直接労務費	製造間接費				集計	
		部門	時間	配賦率	金　額	摘　要	金　額
1,656,000	❿ 2,048,000	第1	850	❽ 720	612,000	直接材料費	1,656,000
		第2	750	❾ 560	420,000	直接労務費	2,048,000
					1,032,000	製造間接費	1,032,000
						製造原価	4,736,000
						完成品数量	80個
						製品単価	¥ 59,200

解説 ○第1次配賦（すべての部門へ配賦を行う）

【動力部門費¥369,000の第1次配賦】

（修繕部門費も同様に計算する）

❶ $¥369,000 \times \frac{20\text{kW}\times 800\text{時間}}{20\text{kW}\times 800\text{時間}+16\text{kW}\times 500\text{時間}+6\text{kW}\times 100\text{時間}}$

＝¥240,000（第1製造部門）

❷ $¥369,000 \times \frac{16\text{kW}\times 500\text{時間}}{20\text{kW}\times 800\text{時間}+16\text{kW}\times 500\text{時間}+6\text{kW}\times 100\text{時間}}$

＝¥120,000（第2製造部門）

❸ $¥369,000 \times \frac{6\text{kW}\times 100\text{時間}}{20\text{kW}\times 800\text{時間}+16\text{kW}\times 500\text{時間}+6\text{kW}\times 100\text{時間}}$

＝¥9,000（修繕部門）

○第2次配賦（製造部門のみに配賦を行う）

【動力部門費¥48,000の第2次配賦】

（修繕部門費も同様に計算する）

❹ $¥48,000 \times \frac{20\text{kW}\times 800\text{時間}}{20\text{kW}\times 800\text{時間}+16\text{kW}\times 500\text{時間}} = ¥32,000$（第1製造部門）

❺ $¥48,000 \times \frac{16\text{kW}\times 500\text{時間}}{20\text{kW}\times 800\text{時間}+16\text{kW}\times 500\text{時間}} = ¥16,000$（第2製造部門）

❻第1製造部門の部門費計 ¥676,000
　第1次配賦額 ¥360,000　¥1,073,000
　第2次配賦額 ¥ 37,000　（製造部門費合計）

第2製造部門の部門費計 ¥501,000
　第1次配賦額 ¥216,000　¥737,000
　第2次配賦額 ¥ 20,000　（製造部門費合計）

❼

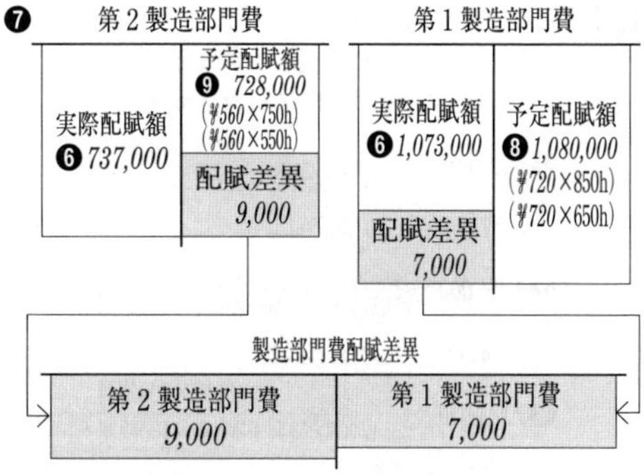

❽ $\frac{¥13,392,000}{18,600\text{時間}} = ¥720$（第1製造部門費の予定配賦率）

¥720×（850時間＋650時間）

＝¥1,080,000（第1製造部門費の予定配賦額）

❾ $\frac{¥8,400,000}{15,000\text{時間}} = ¥560$（第2製造部門費の予定配賦率）

¥560×（750時間＋550時間）

＝¥728,000（第2製造部門費の予定配賦額）

❿ ¥1,280×（850時間＋750時間）

＝¥2,048,000（#1の直接労務費）

18 4

(1)

借	方	貸	方
第1製造部門費	780,000	製造間接費	1,589,000
第2製造部門費	500,000		
動力部門費	225,000		
修繕部門費	84,000		

(2)

部　門　費　振　替　表

相互配賦法　　令和○年1月分

部門費	配賦基準	金額	製造部門		補助部門	
			第1部門	第2部門	動力部門	修繕部門
部門費計		1,589,000	780,000	500,000	225,000	84,000
動力部門費	kW数×運転時間数	225,000	❶ 150,000	❷ 60,000	——	❸ 15,000
修繕部門費	修繕回数	84,000	42,000	28,000	14,000	——
第1次配賦額		309,000	192,000	88,000	14,000	15,000
動力部門費	kW数×運転時間数	14,000	❹ 10,000	❺ 4,000		
修繕部門費	修繕回数	15,000	9,000	6,000		
第2次配賦額		29,000	19,000	10,000		
製造部門費合計		1,589,000	❻ 991,000	❻ 598,000		

(3)

借	方	貸	方
第1製造部門費	9,000	製造部門費配賦差異	9,000
製造部門費配賦差異	4,000	第2製造部門費	4,000

❼

(4)

製造指図書#1　　**原　価　計　算　表**

直接材料費	直接労務費	製造間接費				集計	
		部門	時間	配賦率	金額	摘要	金額
2,609,000	❿ 2,240,000	第1	750	❽ 800	600,000	直接材料費	2,609,000
		第2	650	❾ 540	351,000	直接労務費	2,240,000
					951,000	製造間接費	951,000
						製造原価	5,800,000
						完成品数量	50個
						製品単価	¥ 116,000

解説 ○第1次配賦（すべての部門へ配賦を行う）

【動力部門費¥225,000の第1次配賦】

（修繕部門費も同様に計算する）

❶ $¥225,000\times\frac{25kW\times800時間}{25kW\times800時間+20kW\times400時間+10kW\times200時間}$

$=¥150,000$（第1製造部門）

❷ $¥225,000\times\frac{20kW\times400時間}{25kW\times800時間+20kW\times400時間+10kW\times200時間}$

$=¥60,000$（第2製造部門）

❸ $¥225,000\times\frac{10kW\times200時間}{25kW\times800時間+20kW\times400時間+10kW\times200時間}$

$=¥15,000$（修繕部門）

○第2次配賦（製造部門のみに配賦を行う）

【動力部門費¥14,000の第2次配賦】

（修繕部門費も同様に計算する）

❹ $¥14,000\times\frac{25kW\times800時間}{25kW\times800時間+20kW\times400時間}=¥10,000$（第1製造部門）

❺ $¥14,000\times\frac{20kW\times400時間}{25kW\times800時間+20kW\times400時間}=¥4,000$（第2製造部門）

❻第1製造部門の部門費計　¥780,000
　第1次配賦額　¥192,000
　第2次配賦額　¥19,000
　→ ¥991,000（製造部門費合計）

第2製造部門の部門費計　¥500,000
　第1次配賦額　¥88,000
　第2次配賦額　¥10,000
　→ ¥598,000（製造部門費合計）

❼

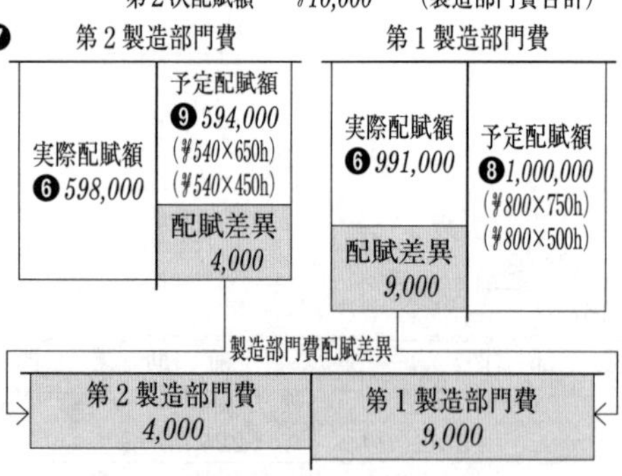

❽ $\frac{¥12,480,000}{15,600時間}=¥800$（第1製造部門費の予定配賦率）

$¥800\times(750時間+500時間)=¥1,000,000$

（第1製造部門費の予定配賦額）

❾ $\frac{¥6,804,000}{12,600時間}=¥540$（第2製造部門費の予定配賦率）

$¥540\times(650時間+450時間)=¥594,000$

（第2製造部門費の予定配賦額）

❿ $¥1,600\times(750時間+650時間)=¥2,240,000$

（#1の直接労務費）

18 5

(1)

	借方		貸方		
6月13日	仕掛品	1,415,000	素材	1,415,000	❶

(2)

消費賃金

6/30 賃金	1,911,800	6/30 諸口	1,896,000	❸
		〃 賃率差異	15,800	❺
	1,911,800		1,911,800	

仕掛品

	6/1 前月繰越	936,000	6/9 製品	1,395,000
	2 素材	840,000	30 次月繰越	4,227,000
❶	13 素材	1,415,000		
❸	30 消費賃金	1,716,000		
❹	〃 製造間接費	715,000		
		5,622,000		5,622,000

製造間接費

❷	6/30 工場消耗品	67,000	6/30 仕掛品	715,000	❹
❸	〃 消費賃金	180,000			
	〃 健康保険料	79,000			
	〃 諸口	383,000			
❻	〃 製造間接費配賦差異	6,000			
		715,000		715,000	

(3)

製造指図書#1　　**原　価　計　算　表**

直接材料費	直接労務費	製造間接費	集計	
			摘要	金額
630,000	216,000	90,000	直接材料費	630,000
	324,000	135,000	直接労務費	540,000
	540,000	225,000	製造間接費	225,000
			製造原価	1,395,000
			完成品数量	90個
			製品単価	¥ 15,500

(4)

¥　4,000（(借方)・貸方）❼

(5)

¥　258,000 ❽

解説 ❶ 素材

素材	
前月繰越高 700個 (@¥2,800)	2日消費高 300個
6日仕入高 600個 (@¥2,850)	

(¥1,960,000−¥840,000)＋¥1,710,000 ／ (700個−300個)＋600個 ＝@¥2,830 (消費単価)

消費高＝消費単価×消費数量

¥1,415,000＝@*¥2,830*×500個

❷ 工場消耗品

工場消耗品	
前月繰越高 650個	消費高 3,350個
6日仕入高 3,450個	月末棚卸高 750個

×@*¥20*＝*¥67,000* (製造間接費)

❸30日② 賃金予定消費高＝1時間あたりの予定賃率@*¥1,200*×作業時間

消費賃金勘定*¥1,896,000*

- 製造指図書＃1 @¥1,200×270時間＝¥324,000
- 製造指図書＃2 @¥1,200×690時間＝¥828,000 ― ¥1,716,000 (仕掛品勘定)
- 製造指図書＃3 @¥1,200×470時間＝¥564,000
- 間接作業@¥1,200×150時間＝¥180,000 (製造間接費勘定)

❹30日⑤ 製造間接費予定配賦額の計算

(ただし書きiv参照)

製造間接費予定配賦率@¥500＝年間製造間接費予定額¥8,700,000 ／ 年間予定直接作業時間17,400時間

製造間接費予定配賦額

@*¥500*×(270時間＋690時間＋470時間)

＝*¥715,000* (仕掛品勘定)

❺ 消費賃金

消費賃金	
実際消費高 1,911,800	予定消費高 1,896,000
	賃率差異 15,800

賃率差異	
消費賃金より 15,800	

❻ 製造間接費

製造間接費	
実際配賦額	
30日① 67,000	
30日② 180,000	予定配賦額
30日③ 79,000	30日⑤ 715,000
30日④ 383,000	
配賦差異 6,000	

製造間接費配賦差異	
	製造間接費 6,000

30日⑧ 製造間接費配賦差異＝30日⑤予定配賦額－製造間接費実際発生額

¥6,000(貸方差異)＝*¥715,000*－(30日①*¥67,000*＋30日②*¥180,000*＋30日③*¥79,000*＋30日④*¥383,000**)

経費消費高¥383,000*＝電力料*¥93,000*＋保険料*¥43,000*(1か月分)＋減価償却費*¥247,000*(1か月分)

❼操業度差異＝固定費率×(実際直接作業時間－基準操業度)

－*¥4,000*(借方差異)＝@*¥200**×(1,430時間－1,450時間)

固定費率@¥200*＝固定費予算額*¥290,000* ／ 基準操業度1,450時間

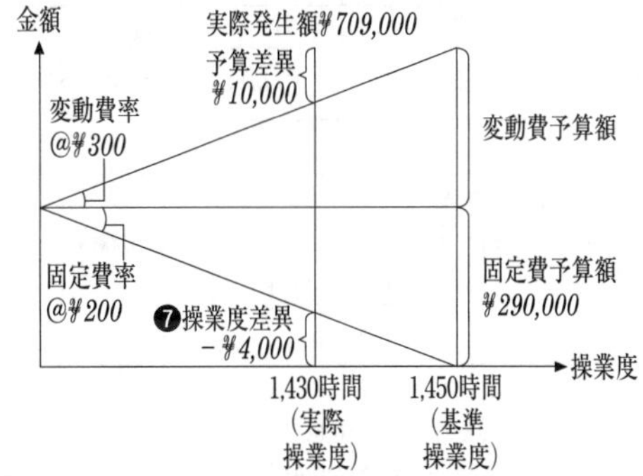

❽ 保険料

保険料	
前月繰越高 301,000 (7か月分)	30日④消費高 43,000
	次月繰越高 258,000

保険料勘定の次月繰越高*¥258,000*＝前月繰越高*¥301,000*－30日④当月消費高*¥43,000*(1か月分)

〈取引の仕訳〉

		借方		貸方		
6月2日		仕掛品	840,000	素材	840,000	
6日		素材 工場消耗品	1,710,000 69,000	買掛金	1,779,000	
9日		製品	1,395,000	仕掛品	1,395,000	
13日		仕掛品	1,415,000	素材	1,415,000	❶
30日	①	製造間接費	67,000	工場消耗品	67,000	❷
	②	仕掛品 製造間接費	1,716,000 180,000	消費賃金	1,896,000	❸
	③	製造間接費	79,000	健康保険料	79,000	
	④	製造間接費	383,000	電力料 保険料 減価償却費	93,000 43,000 247,000	
	⑤	仕掛品	715,000	製造間接費	715,000	❹
	⑥	消費賃金	1,911,800	賃金	1,911,800	
	⑦	賃率差異	15,800	消費賃金	15,800	❺
	⑧	製造間接費	6,000	製造間接費配賦差異	6,000	❻

18 6

(1)

	借 方		貸 方		
/月3/日⑨	賃率差異	13,000	消費賃金	13,000	❼

(2)

素 材

1/1	前月繰越	640,000	1/11	仕掛品	2,290,000	❶
8	買掛金	2,475,000	31	次月繰越	825,000	
		3,115,000			3,115,000	

製造間接費

❷	1/31 工場消耗品	147,000	1/31	諸 口	1,678,000	
❸	〃 消費賃金	510,000				
	〃 健康保険料	283,000				
	〃 諸 口	738,000				
		1,678,000			1,678,000	

第/製造部門費

	1/31 製造間接費	873,000	1/31	仕掛品	1,088,000	❹
❺❻	〃 諸 口	221,000	〃	製造部門費配賦差異	6,000	❽
		1,094,000			1,094,000	

(3)

製造指図書#/　　原 価 計 算 表

直接材料費	直接労務費	製造間接費 部門	時間	配賦率	金額	集計 摘要	金額
1,938,000	780,000	第/	520	850	442,000	直接材料費	1,938,000
	❸ 1,875,000	第1	380	850	323,000	直接労務費	2,655,000
	2,655,000	第2	870	600	522,000	製造間接費	1,287,000
					1,287,000	製造原価	5,880,000
						完成品数量	60個
						製品単価	¥ 98,000

(4)

部 門 費 振 替 表

相互配賦法　　令和○年/月分

部門費	配賦基準	金額	製造部門 第/部門	製造部門 第2部門	補助部門 動力部門	補助部門 修繕部門	
部門費計		1,678,000	873,000	448,000	252,000	105,000	
動力部門費	kW数×運転時間数	252,000	144,000	96,000	——	12,000	❺
修繕部門費	修繕回数	105,000	60,000	30,000	15,000	——	
第/次配賦額		357,000	204,000	126,000	15,000	12,000	
動力部門費	kW数×運転時間数	15,000	9,000	6,000			
修繕部門費	修繕回数	12,000	8,000	4,000 ❻			
第2次配賦額		27,000	17,000	10,000			
製造部門費合計		1,678,000	1,094,000	584,000			

(5)

¥ 1,505,000 ❾

解説 ❶ 素 材(先入先出法)

前月繰越高 200個 (@¥3,200)	11日消費高 200個 500個
8日仕入高 750個 (@¥3,300)	

×@¥3,200=¥ 640,000
×@¥3,300=¥1,650,000
¥2,290,000
(仕掛品)

❷ 工場消耗品

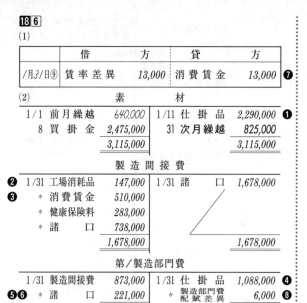

前月繰越高 240個	消費高 980個
8日仕入高 900個	月末棚卸高 160個

×@¥150=¥147,000
(製造間接費)

❸31日② 賃金予定消費高=1時間あたりの予定賃率@¥1,500×作業時間

消費賃金勘定¥3,900,000

- 製造指図書#1@¥1,500×1,250時間=¥1,875,000 ┐ ¥3,390,000
- 製造指図書#2@¥1,500×1,010時間=¥1,515,000 ┘ (仕掛品勘定)
- 間接作業@¥1,500× 340時間=¥ 510,000(製造間接費勘定)

❹31日③　各製造部門費予定配賦額の計算
（ただし書きⅳ参照）

第１製造部門費予定配賦額
@¥850×(380時間＋900時間)＝¥1,088,000

第２製造部門費予定配賦額
@¥600×(870時間＋110時間)＝¥　588,000

合計 ¥1,676,000（仕掛品勘定）

❺動力部門費（配賦基準による配分図）
（¥252,000）

第１製造 40kW×600h	第１製造 ¥144,000		
第２製造 20kW×800h		第２製造 ¥96,000	
修　繕 10kW×200h			修　繕 ¥12,000

第１製造部門費　¥144,000＝¥252,000 × (40kW×600時間) / ((40kW×600時間)＋(20kW×800時間)＋(10kW×200時間))

第２製造部門費　¥96,000＝¥252,000 × (20kW×800時間) / ((40kW×600時間)＋(20kW×800時間)＋(10kW×200時間))

修繕部門費　¥12,000＝¥252,000 × (10kW×200時間) / ((40kW×600時間)＋(20kW×800時間)＋(10kW×200時間))

❻修繕部門費（配賦基準による配分図）
（¥12,000）

第１製造 4回	第１製造 ¥8,000	
第２製造 2回		第2製造 ¥4,000

第１製造部門費　¥8,000＝¥12,000× 4回 / (4回＋2回)

第２製造部門費　¥4,000＝¥12,000× 2回 / (4回＋2回)

❼
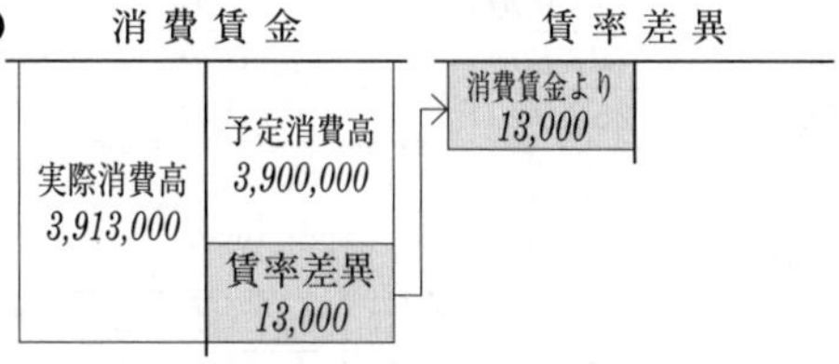

❽
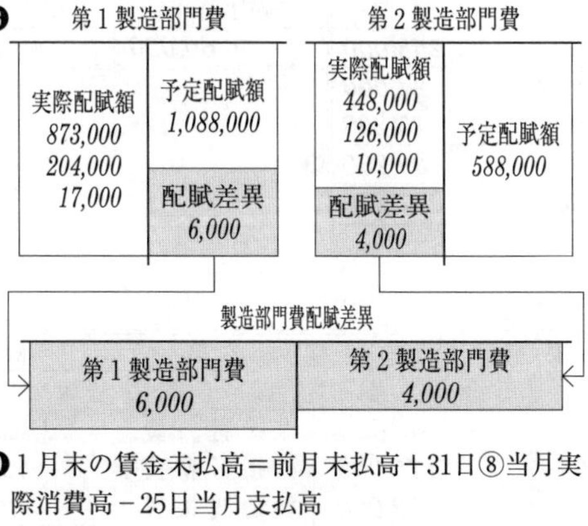

❾１月末の賃金未払高＝前月未払高＋31日⑧当月実際消費高－25日当月支払高
¥1,505,000＝¥1,538,000＋¥3,913,000
－¥3,946,000

〈取引の仕訳〉

		借方		貸方		
1月8日		素材	2,475,000	買掛金	2,610,000	
		工場消耗品	135,000			
11日		仕掛品	2,290,000	素材	2,290,000	❶
25日		賃金	3,946,000	所得税預り金	317,000	
				健康保険料預り金	283,000	
				当座預金	3,346,000	
27日		製品	5,880,000	仕掛品	5,880,000	
31日	①	製造間接費	147,000	工場消耗品	147,000	❷
	②	仕掛品	3,390,000	消費賃金	3,900,000	❸
		製造間接費	510,000			
	③	仕掛品	1,676,000	第1製造部門費	1,088,000	❹
				第2製造部門費	588,000	
	④	製造間接費	283,000	健康保険料	283,000	
	⑤	製造間接費	738,000	電力料	379,000	
				保険料	99,000	
				減価償却費	260,000	
	⑥	第1製造部門費	873,000	製造間接費	1,678,000	
		第2製造部門費	448,000			
		動力部門費	252,000			
		修繕部門費	105,000			
	⑦	第1製造部門費	221,000	動力部門費	252,000	❺
		第2製造部門費	136,000	修繕部門費	105,000	❻
	⑧	消費賃金	3,913,000	賃金	3,913,000	
	⑨	賃率差異	13,000	消費賃金	13,000	❼
	⑩	製造部門費配賦差異	6,000	第1製造部門費	6,000	❽
	⑪	第2製造部門費	4,000	製造部門費配賦差異	4,000	❽

総合問題 4　(p.84)

4—1

(1)

	借	方	貸	方	
①	仕掛品	631,000	第1製造部門費	335,000	❶
			第2製造部門費	296,000	
②	製品	2,925,000	仕掛品	2,925,000	❷
③	第1製造部門費	284,000	製造間接費	640,000	❸
	第2製造部門費	258,000			
	動力部門費	60,000			
	工場事務部門費	38,000			
④	第1製造部門費	58,800	動力部門費	60,000	❹
	第2製造部門費	39,200	工場事務部門費	38,000	
⑤	製造部門費配賦差異	7,800	第1製造部門費	7,800	❺
⑥	製造部門費配賦差異	1,200	第2製造部門費	1,200	❺

(2)

仕　掛　品

前月繰越	852,000	製品	2,925,000
(製造直接費)	3,311,000	次月繰越	1,869,000
諸口	631,000		
	4,794,000		4,794,000

第1製造部門費

製造間接費	284,000	仕掛品	335,000
諸口	58,800	製造部門費配賦差異	7,800
	342,800		342,800

第2製造部門費

製造間接費	258,000	仕掛品	296,000
諸口	39,200	製造部門費配賦差異	1,200
	297,200		297,200

製造間接費

諸口	640,000	諸口	640,000

動力部門費

製造間接費	60,000	諸口	60,000

工場事務部門費

製造間接費	38,000	諸口	38,000

製造部門費配賦差異

第1製造部門費	7,800		
第2製造部門費	1,200		

(3)

部門費配分表

令和○年/月分

費目	配賦基準	金額	製造部門		補助部門	
			第1部門	第2部門	動力部門	工場事務部門
部門個別費	——	530,000	231,200	220,400	48,000	30,400
部門共通費						
給料	従業員数	80,000	38,400	25,600	9,600	6,400
保険料	床面積	30,000	14,400	12,000	2,400	1,200
部門共通費計		110,000	52,800	37,600	12,000	7,600
部門費合計	❸	640,000	284,000	258,000	60,000	38,000

(4)

部門費振替表

直接配賦法　　令和○年/月分

部門費	配賦基準	金額	製造部門		補助部門	
			第1部門	第2部門	動力部門	工場事務部門
部門費計		640,000	284,000	258,000	60,000	38,000
動力部門費	kW数×運転時間数	60,000	36,000	24,000		
工場事務部門費	従業員数	38,000	22,800	15,200		
配賦額計		98,000	58,800	39,200 ❹		
製造部門費合計		640,000	342,800	297,200		

(5)

製造指図書#/

原価計算表

直接材料費	直接労務費	製造間接費				集計	
		部門	時間	配賦率	金額	摘要	金額
580,000	174,000	各部門			98,000	直接材料費	1,920,000
1,340,000	406,000	第1	350	❶ 500	175,000	直接労務費	580,000
1,920,000	580,000	第2	380	400	152,000	製造間接費	425,000
					425,000	製造原価	2,925,000 ❷
						完成品数量	1,500個
						製品単価	¥ 1,950

製造指図書#2

原　価　計　算　表

直接材料費	直接労務費	製造間接費				集計	
		部門	時間	配賦率	金額	摘要	金額
1,200,000	365,000	第1	320	500	160,000	直接材料費	
		第2	360	400	144,000	直接労務費	

解説 ❶ $\frac{¥3,600,000}{7,200時間}$ = ¥500（第１製造部門費の予定配賦率）

$\frac{¥3,440,000}{8,600時間}$ = ¥400（第２製造部門費の予定配賦率）

¥500×（350時間＋320時間）＝¥335,000
（第１製造部門費）

¥400×（380時間＋360時間）＝¥296,000
（第２製造部門費）

❷A製品（＃１）の原価計算表の製造原価を仕訳へ。

❸部門費配分表の部門費合計行（最終行）より仕訳へ。

❹部門費振替表の配賦額計から各製造部門へ配賦。

❺

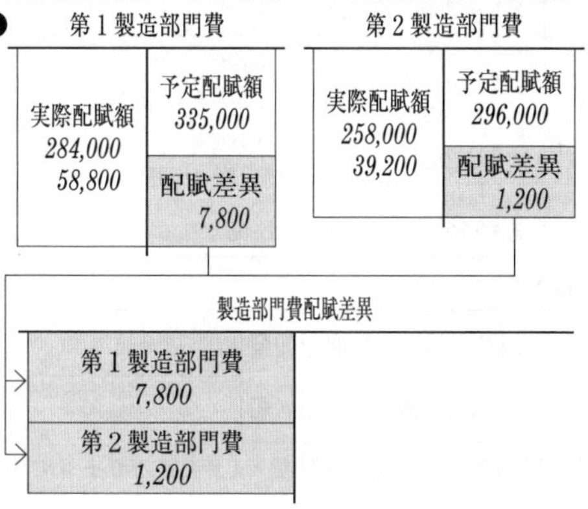

19 月末仕掛品原価の計算 (p.86)

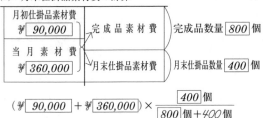

19 1

(1) 月末仕掛品素材費の計算

月初仕掛品素材費 ¥ 90,000	完成品素材費	完成品数量 800 個
当月素材費 ¥ 360,000	月末仕掛品素材費	月末仕掛品数量 400 個

$$(¥90,000 + ¥360,000) \times \frac{400個}{800個 + 400個}$$

= ¥ 150,000

(2) 月末仕掛品加工費の計算

月初仕掛品加工費 ¥ 330,000	完成品加工費	完成品数量 800 個
当月加工費 ¥ 1,270,000	月末仕掛品加工費	月末仕掛品の完成品換算数量 200 個=400個×50%

$$(¥330,000 + ¥1,270,000) \times \frac{400個 \times 50\%}{800個 + 400個 \times 50\%}$$

= ¥ 320,000

(3) 月末仕掛品原価の計算

月末仕掛品素材費 ¥ 150,000 ＋月末仕掛品加工費 ¥ 320,000

= ¥ 470,000

19 2

(1) 月末仕掛品素材費の計算

月初仕掛品素材費 ¥ 120,000	完成品素材費	200 個	完成品 600 個
当月素材費 ¥ 720,000		400 個	
	月末仕掛品素材費	月末仕掛品数量 400 個	

$$¥720,000 \times \frac{400個}{600個 - 200個 + 400個} = ¥360,000$$

(2) 月末仕掛品加工費の計算

月初仕掛品加工費 ¥ 88,000		50 個	完成品 600 個
当月加工費 ¥ 1,500,000	完成品加工費	550 個	
	月末仕掛品加工費	月末仕掛品の完成品換算数量 200 個=400個×50%	

月初仕掛品の完成品換算数量 50 個=200個×25%

$$¥1,500,000 \times \frac{400個 \times 50\%}{600個 - 200個 \times 25\% + 400個 \times 50\%}$$

= ¥ 400,000

(3) 月末仕掛品原価の計算

月末仕掛品素材費 ¥ 360,000 ＋月末仕掛品加工費 ¥ 400,000

= ¥ 760,000

19 3

	計算式	月末仕掛品原価
(1)	$(¥120,000 + ¥88,000 + ¥720,000 + ¥1,500,000) \times \frac{400個 \times 50\%}{600個 + 400個 \times 50\%} = ¥607,000$	¥ 607,000
(2)	$(¥720,000 + ¥1,500,000) \times \frac{400個 \times 50\%}{600個 - 200個 \times 25\% + 400個 \times 50\%} = ¥592,000$	¥ 592,000

19 4

	計算式	月末仕掛品原価
(1)	①$(¥30,100 + ¥186,200) \times \frac{100個}{2,000個 + 100個}$ $= ¥10,300$ ②$(¥60,200 + ¥372,400) \times \frac{100個 \times 60\%}{2,000個 + 100個 \times 60\%}$ $= ¥12,600$ ③¥10,300＋¥12,600＝¥22,900	¥ 22,900
(2)	①$¥186,200 \times \frac{100個}{2,000個 - 200個 + 100個}$ $= ¥9,800$ ②$¥372,400 \times \frac{100個 \times 60\%}{2,000個 - 200個 \times 50\% + 100個 \times 60\%}$ $= ¥11,400$ ③¥9,800＋¥11,400＝¥21,200	¥ 21,200

19 5

(1)	月末仕掛品原価 ¥ 1,085,600 ❶	(2)	完成品原価 ¥ 7,840,000 ❷
(3)	製品単価 ¥ 3,136 ❸		

解説 ❶月末仕掛品素材費 (¥450,000＋¥4,134,000)

$$\times \frac{500個}{2,500個 + 500個} = ¥764,000$$

月末仕掛品加工費 (¥467,600＋¥342,000

$$+ ¥2,240,000 + ¥1,292,000) \times \frac{500個 \times 40\%}{2,500個 + 500個 \times 40\%}$$

＝¥321,600

月末仕掛品原価 ¥764,000＋¥321,600

＝¥1,085,600

❷完成品原価 (¥917,600＋¥4,134,000

＋¥342,000＋¥2,240,000＋¥1,292,000)

－¥1,085,600＝¥7,840,000

❸製品単価 ¥7,840,000÷2,500個＝¥3,136

19 6

(1)	月末仕掛品原価 ¥ 520,000 ❶	(2)	完成品原価 ¥ 3,140,000 ❷
(3)	製品単価 ¥ 1,570 ❸		

解説 ❶月末仕掛品素材費 ¥1,702,000

$$\times \frac{500個}{2,000個 - 200個 + 500個} = ¥370,000$$

月末仕掛品加工費 (¥120,000＋¥1,080,000

＋¥235,000＋¥140,000)

$$\times \frac{500個 \times 40\%}{2,000個 - 200個 \times 50\% + 500個 \times 40\%}$$

＝¥150,000

月末仕掛品原価 ¥370,000＋¥150,000

＝¥520,000

❷完成品原価 仕掛品勘定の借方合計 ¥3,660,000

－¥520,000＝¥3,140,000

❸製品単価 ¥3,140,000÷2,000個＝¥1,570

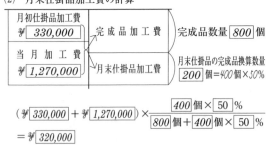

20 単純総合原価計算 (p.91)

20 1

(1)

単純総合原価計算表

令和○年3月分

摘要	素材費	加工費	合計
材料費	720,000	220,000	940,000
労務費	——	1,880,000	1,880,000
経費	——	900,000	900,000
計	720,000	3,000,000	3,720,000
月初仕掛品原価	120,000	176,000	296,000
計	840,000	3,176,000	4,016,000
月末仕掛品原価	❶ 336,000	❷ 794,000	1,130,000
完成品原価	504,000	2,382,000	2,886,000
完成品数量	1,500個	1,500個	1,500個
製品単価	¥ 336	¥ 1,588	¥ 1,924

(2)

借	方	貸	方
製品	2,886,000	仕掛品	2,886,000

解説 ❶月末仕掛品素材費

$$¥840,000\times\frac{1,000個}{1,500個+1,000個}=¥336,000$$

❷月末仕掛品加工費

$$¥3,176,000\times\frac{1,000個\times50\%}{1,500個+1,000個\times50\%}$$

$$=¥794,000$$

20 2

(1)

単純総合原価計算表

令和○年3月分

摘要	素材費	加工費	合計
材料費	720,000	220,000	940,000
労務費	——	1,880,000	1,880,000
経費	——	900,000	900,000
計	720,000	3,000,000	3,720,000
月初仕掛品原価	120,000	176,000	296,000
計	840,000	3,176,000	4,016,000
月末仕掛品原価	❶ 360,000	❷ 800,000	1,160,000
完成品原価	480,000	2,376,000	2,856,000
完成品数量	1,500個	1,500個	1,500個
製品単価	¥ 320	¥ 1,584	¥ 1,904

(2)

借	方	貸	方
製品	2,856,000	仕掛品	2,856,000

解説 ❶月末仕掛品素材費

$$¥720,000\times\frac{1,000個}{1,500個-500個+1,000個}=¥360,000$$

❷月末仕掛品加工費 ¥3,000,000

$$\times\frac{1,000個\times50\%}{1,500個-500個\times25\%+1,000個\times50\%}$$

$$=¥800,000$$

20 3

単純総合原価計算表

令和○年/月分

摘要	素材費	加工費	合計
材料費	3,400,000	180,000	3,580,000
労務費	——	1,400,000	1,400,000
経費	——	720,000	720,000
計	3,400,000	2,300,000	5,700,000
月初仕掛品原価	600,000	500,000	1,100,000
計	4,000,000	2,800,000	6,800,000
月末仕掛品原価	❶ 1,000,000	❷ 400,000	1,400,000
完成品原価	3,000,000	2,400,000	5,400,000
完成品数量	3,000個	3,000個	3,000個
製品単価	¥ 1,000	¥ 800	¥ 1,800

解説 ❶月末仕掛品素材費

$$¥4,000,000\times\frac{1,000個}{3,000個+1,000個}=¥1,000,000$$

❷月末仕掛品加工費

$$¥2,800,000\times\frac{1,000個\times50\%}{3,000個+1,000個\times50\%}=¥400,000$$

20 4

	借	方	貸	方
(1)	仕掛品	❶ 130,000	素材 工場消耗品	100,000 30,000
(2)	仕掛品	❶ 300,000	賃金	300,000
(3)	仕掛品	❶ 70,000	健康保険料	70,000
(4)	仕掛品	❶ 40,000	電力料	40,000

解説 ❶単純総合原価計算を採用している場合，原価要素の消費の仕訳は，必ず，借方「仕掛品」とする。

検定問題 (p.95)

20 5

	借	方	貸	方
(1)	仕掛品	400,000	特許権使用料	400,000
(2)	仕掛品	22,000	減価償却費	22,000
(3)	仕掛品	500,000	特許権使用料	500,000

20 6

(1)

単純総合原価計算表

令和○年/月分

摘要	素材費	加工費	合計
材料費	6,478,000	684,000	7,162,000
労務費	——	❶ 3,600,000	3,600,000
経費	——	❷ 552,000	552,000
計	6,478,000	4,836,000	11,314,000
月初仕掛品原価	1,502,000	410,000	1,912,000
計	7,980,000	5,246,000	13,226,000
月末仕掛品原価	❸ 1,260,000	❹ 366,000	1,626,000
完成品原価	6,720,000	4,880,000	11,600,000
完成品数量	4,000個	4,000個	4,000個
製品/個あたりの原価	¥ 1,680	¥ 1,220	¥ 2,900

(2)

仕掛品勘定の特許権使用料 （ア　の　金　額）	¥	186,000 ❺

解説 ❶¥2,204,000＋¥1,136,000＋¥260,000＝¥3,600,000

❷¥4,836,000－¥3,600,000－¥684,000＝¥552,000

❸¥7,980,000×$\frac{750個}{4{,}000個+750個}$＝¥1,260,000

❹¥5,246,000×$\frac{750個\times40\%}{4{,}000個+750個\times40\%}$＝¥366,000

❺¥552,000－(¥213,000＋¥97,000＋¥56,000)
＝¥186,000

20 7

(1)

	借	方	貸	方
1月11日	健康保険料	159,000	現　　金	318,000
	健康保険料預り金	159,000		
31日⑦	消費材料	6,258,000	素　　材	6,258,000 ❺

(2)

消　費　賃　金

1/31	賃　　金	3,429,000	1/31	仕 掛 品	3,402,000
			〃	賃率差異	27,000
		3,429,000			3,429,000

仕　掛　品

	1/1	前月繰越	972,000	1/31	製　　品	11,260,000
	31	消費材料	6,300,000	〃	次月繰越	1,290,000
	〃	工場消耗品	441,000			
❸	〃	消費賃金	3,402,000			
	〃	健康保険料	159,000			
	〃	諸　　口	1,276,000			
			12,550,000			12,550,000

(3)

単純総合原価計算表

令和○年1月分

摘　　要	素 材 費	加 工 費	合　　計
材　料　費	❶ 6,300,000	❷ 441,000	6,741,000
労　務　費	——	3,561,000	3,561,000
経　　　費	——	❹ 1,276,000	1,276,000
計	6,300,000	5,278,000	11,578,000
月初仕掛品原価	600,000	372,000	972,000
計	6,900,000	5,650,000	12,550,000
月末仕掛品原価	❻ 900,000	❼ 390,000	1,290,000
完成品原価	6,000,000	5,260,000	11,260,000
完成品数量	2,000個	2,000個	2,000個
製品単価	¥ 3,000	¥ 2,630	¥ 5,630

(4)

1月末の賃金未払高	¥	546,000

解説 ❶¥1,500×4,200kg＝¥6,300,000

❷(600個＋6,200個－500個)×¥70＝¥441,000

❸¥1,260×2,700時間＝¥3,402,000

❹¥269,000＋¥76,000＋¥931,000＝¥1,276,000

❺総平均法の単価＝(¥456,000＋¥2,550,000
＋¥3,848,000)÷(300kg
＋1,700kg＋2,600kg)＝¥1,490

¥1,490×4,200kg＝¥6,258,000

❻¥6,300,000×$\frac{300個}{2{,}000個-200個+300個}$＝¥900,000

❼¥5,278,000×$\frac{300個\times50\%}{2{,}000個-200個\times60\%+300個\times50\%}$
＝¥390,000

21 等級別総合原価計算 (p.98)

21 1

等級別総合原価計算表

令和○年1月分

等級別製品	重量	等価係数	完成品数量	積数	等級別製造原価	製品単価
1級製品	450g	3	700個	2,100	1,260,000❸	¥ 1,800❹
2級製品	300〃	2	1,500〃	3,000	1,800,000❺	〃 1,200❻
3級製品	150〃	1	1,400〃	1,400	840,000❼	〃 600❽
		❶		6,500 ❷	3,900,000	

解説 ❶等価係数の計算

1級製品450g：2級製品300g：3級製品150g
＝3：2：1

❷積数＝等価係数×完成品数量

❸¥3,900,000×$\frac{2{,}100}{6{,}500}$＝¥1,260,000

❹¥1,260,000÷700個＝¥1,800

❺¥3,900,000×$\frac{3{,}000}{6{,}500}$＝¥1,800,000

❻¥1,800,000÷1,500個＝¥1,200

❼¥3,900,000×$\frac{1{,}400}{6{,}500}$＝¥840,000

❽¥840,000÷1,400個＝¥600

21 2

(1)

当月完成品総合原価	¥	4,380,000 ❶

(2)

等級別総合原価計算表

令和○年1月分

等級別製品	重量	等価係数	完成品数量	積数	等級別製造原価	製品単価
1級製品	600g	2	2,200個	4,400	1,760,000❹	¥ 800❺
2級製品	450〃	1.5	3,500〃	5,250	2,100,000❻	〃 600❼
3級製品	300〃	1	1,300〃	1,300	520,000❽	〃 400❾
		❷		10,950 ❸	4,380,000❶	

(3)

借	方	貸	方
1　級　製　品	1,760,000	仕　掛　品	4,380,000 ❿
2　級　製　品	2,100,000		
3　級　製　品	520,000		

解説 ❶月初仕掛品原価¥845,000＋当月製造費用
¥4,507,000－月末仕掛品原価¥972,000
＝完成品原価¥4,380,000

❷等価係数の計算

1級製品600g：2級製品450g：3級製品300g
＝2：1.5：1

❸積数＝等価係数×完成品数量

❹¥4,380,000×$\frac{4{,}400}{10{,}950}$＝¥1,760,000

❺¥1,760,000÷2,200個＝¥800

❻¥4,380,000×$\frac{5{,}250}{10{,}950}$＝¥2,100,000

❼¥2,100,000÷3,500個＝¥600

❽ $¥4,380,000 \times \frac{1,300}{10,950} = ¥520,000$

❾ ¥520,000÷1,300個＝¥400

❿等級別製造原価の列から製品が完成したときの仕訳へ。

検定問題 (p.100)

21 3

	借	方	貸	方	
(1)	1 級 製 品 2 級 製 品	2,880,000 1,920,000	仕 掛 品	4,800,000	❶
(2)	1 級 製 品 2 級 製 品	2,400,000 2,000,000	仕 掛 品	4,400,000	❷
(3)	1 級 製 品 2 級 製 品 3 級 製 品	1,584,000 1,650,000 792,000	仕 掛 品	4,026,000	❸
(4)	売 掛 金 売 上 原 価	1,680,000 1,176,000	売 上 1 級 製 品 2 級 製 品	1,680,000 756,000 420,000	❹
(5)	1 級 製 品 2 級 製 品	850,000 975,000	仕 掛 品	1,825,000	❺
(6)	仕 掛 品	380,000	退職給付費用	380,000	❻

解説

❶

	重 量	等価係数	完成品数量	積 数	等級別製造原価
1級製品	300g	1	4,800個	4,800	¥ 2,880,000
2級製品	240g	0.8	4,000個	3,200	¥ 1,920,000
				8,000	¥ 4,800,000

❷

	重 量	等価係数	完成品数量	積 数	等級別製造原価
1級製品	150g	1.5	400個	600	¥ 2,400,000
2級製品	100g	1	500個	500	¥ 2,000,000
				1,100	¥ 4,400,000

❸等級別製造原価の列から製品が完成したときの仕訳へ。

❹売上高は1級製品と2級製品の合計額で仕訳を行い，売上原価は各級ごとに仕訳を行う。

❺

	重 量	等価係数	完成品数量	積 数	等級別製造原価
1級製品	400g	4	850個	3,400	¥ 850,000
2級製品	300g	3	1,300個	3,900	¥ 975,000
				7,300	¥ 1,825,000

❻退職給付費用の消費高
(等級別総合原価計算→仕掛品勘定へ)

21 4

¥	1,600 ❶

解説

等級別総合原価計算表

等級別製品	重量	等価係数	完成品数量	積数	等級別製造原価	製品単価
1級製品	150 g	(1)①	3,000個	(3,000)②	(6,000,000)	¥(2,000)
2級製品	120 〃	(0.8)①	2,050 〃	(1,640)③	(3,280,000)④	〃(❶1,600)⑤
				(4,640)	9,280,000	

①等価係数の計算
1級製品150g：2級製品120g=1：0.8

②1級製品の積数3,000＝①1×3,000個

③2級製品の積数1,640＝①0.8×2,050個

④2級製品の製造原価¥3,280,000

$= 製造原価合計¥9,280,000 \times \frac{③1,640}{積数合計4,640}$

⑤2級製品の製品単価¥1,600❶
＝④¥3,280,000÷2,050個

21 5

¥	360 ❶

解説

等級別総合原価計算表

等級別製品	重量	等価係数	完成品数量	積数	等級別製造原価	製品単価
1級製品	950 g	1.0 ①	2,400個	(2,400)②	(1,440,000)	¥(600)
2級製品	760 〃	0.8 ①	3,600 〃	(2,880)③	(1,728,000)	〃(480)
3級製品	570 〃	(0.6)①	5,000 〃	(3,000)④	(1,800,000)⑤	〃(❶360)⑥
				(8,280)	4,968,000	

①等価係数の計算
1級製品950g：2級製品760g：3級製品570g
＝1：0.8：0.6

②1級製品の積数2,400＝①1×2,400個

③2級製品の積数2,880＝①0.8×3,600個

④3級製品の積数3,000＝①0.6×5,000個

⑤3級製品の製造原価¥1,800,000

$= 製造原価合計¥4,968,000 \times \frac{④3,000}{積数合計8,280}$

⑥3級製品の製品単価¥360❶
＝⑤¥1,800,000÷5,000個

21 6

a	1級製品の製造原価	¥	1,840,000 ❶
b	3級製品の製品単価	¥	160 ❷

解説

等級別総合原価計算表

等級別製品	重量	等価係数	完成品数量	積数	等級別製造原価	製品単価
1級製品	700 g	(1.0)①	4,600個	(4,600)②	(❶1,840,000)⑤	¥(400)
2級製品	490 〃	(0.7)①	3,500 〃	(2,450)③	(980,000)	〃(280)
3級製品	280 〃	(0.4)①	2,100 〃	(840)④	(336,000)⑥	〃(❷160)⑦
				(7,890)	3,156,000	

①等価係数の計算
1級製品700g：2級製品490g：3級製品280g
＝1：0.7：0.4

②1級製品の積数4,600＝①1×4,600個

③2級製品の積数2,450＝①0.7×3,500個

④3級製品の積数840＝①0.4×2,100個

⑤1級製品の製造原価¥1,840,000❶

$= 製造原価合計¥3,156,000 \times \frac{②4,600}{積数合計7,890}$

⑥3級製品の製造原価¥336,000

$= 製造原価合計¥3,156,000 \times \frac{④840}{積数合計7,890}$

⑦3級製品の製品単価¥160❷
＝⑥¥336,000÷2,100個

21 7

a	当月の1級製品の製造原価	¥	2,880,000 ❶
b	当月の2級製品の売上原価	¥	1,964,000 ❷

解説 ❶当月の1級製品の製造原価は，下記の等級別総合原価計算表を作成して求める。

等級別総合原価計算表

等級別製品	重量	等価係数	完成品数量	積数	等級別製造原価	製品単価
1級製品	150 g	1	2,400個	2,400	❶2,880,000	¥ 1,200
2級製品	120 〃	0.8	2,000 〃	1,600	1,920,000	〃 960
				4,000	4,800,000	

❷当月の２級製品の売上原価（先入先出法）

売上数量＝月初棚卸数量＋当月完成品数量－月末棚卸数量

2,050個＝100個＋2,000個－50個

２級製品の売上原価¥1,964,000

＝@¥920×100個（月初棚卸高）＋@¥960×1,950個（当月完成品より）

２級製品

月初製品 100個 (@¥920)	売上原価 100個 1,950個
当月完成品 2,000個 (@¥960)	

×@¥920＝¥　92,000

×@¥960＝¥ 1,872,000

¥ 1,964,000 ❷

21 8

(1)

		借方		貸方		
1月8日		素材	1,716,000	当座預金	628,000	
		工場消耗品	112,000	買掛金	1,200,000	
17日		電力料	287,000	当座預金	492,000	
		保険料	165,000			
		雑費	40,000			
25日		賃金	1,724,000	所得税預り金	103,000	
				健康保険料預り金	62,000	
				当座預金	1,559,000	
31日	①	仕掛品	1,775,000	素材	1,775,000	❶
	②	仕掛品	108,800	工場消耗品	108,800	❷
	③	仕掛品	1,638,000	消費賃金	1,638,000	❸
	④	仕掛品	62,000	健康保険料	62,000	❸
	⑤	仕掛品	673,250	電力料	314,000	
				保険料	27,500	
				減価償却費	297,000	
				雑費	34,750	
	⑥	1級製品	1,584,000	仕掛品	4,026,000	
		2級製品	1,650,000			
		3級製品	792,000			
	⑦	消費賃金	1,652,000	賃金	1,652,000	❺
	⑧	賃率差異	14,000	消費賃金	14,000	❻

(2)

賃金

1/25	諸口	1,724,000	1/1	前月繰越	257,000
31	次月繰越	185,000	31	消費賃金	1,652,000
		1,909,000			1,909,000

仕掛品

1/1	前月繰越	404,200	1/31	諸口	4,026,000
31	素材	1,775,000	〃	次月繰越	635,250
〃	工場消耗品	108,800			
〃	消費賃金	1,638,000			
〃	健康保険料	62,000			
〃	諸口	673,250			
		4,661,250			4,661,250

(3)

単純総合原価計算表

令和○年1月分

摘要	素材費	加工費	合計
材料費	❶ 1,775,000	❷ 108,800	1,883,800
労務費	——	❸ 1,700,000	1,700,000
経費	——	673,250	673,250
計	1,775,000	2,482,050	4,257,050
月初仕掛品原価	139,000	265,200	404,200
計	1,914,000	2,747,250	4,661,250
月末仕掛品原価	❹ 330,000	❹ 305,250	635,250
完成品原価	1,584,000	2,442,000	4,026,000

等級別総合原価計算表

令和○年1月分

等級別製品	容量	等価係数	完成品数量	積数	等級別製造原価	製品単価
1級製品	120L	1.5	800個	1,200	1,584,000	¥ 1,980
2級製品	100 〃	1.25	1,000 〃	1,250	1,650,000	〃 1,650
3級製品	80 〃	1	600 〃	600	792,000	〃 1,320
				3,050	4,026,000	

解説 ❶　素　　材（移動平均法）

素材
前月繰越高 400kg (@¥680)
当月仕入高 2,400kg (@¥715)

$\frac{¥272,000+¥1,716,000}{400kg+2,400kg}$＝@¥710（消費単価）

消費単価@¥710×2,500個＝¥1,775,000（仕掛品勘定へ）

❷　工場消耗品（棚卸計算法）

前月繰越高 130個	消費高 340個
当月仕入高 350個	月末棚卸高 140個

×@¥320＝¥108,800（仕掛品勘定へ）

❸@¥780×2,100時間＝¥1,638,000（仕掛品勘定へ）

❹月末仕掛品原価の計算

仕掛品（素材費）

月初仕掛品 139,000	完成品 2,400個
当月製造費用 1,775,000	月末仕掛品 500個

仕掛品（加工費）

月初仕掛品 265,200	完成品 2,400個
当月製造費用 2,482,050	月末仕掛品 500個×60%

（¥139,000＋¥1,775,000）×$\frac{500個}{2,400個+500個}$

＝¥330,000（素材費）

（¥265,200＋¥2,482,050）×$\frac{500個×60\%}{2,400個+500個×60\%}$

＝¥305,250（加工費）

23 7

(1)

工程別総合原価計算表

令和○年/月分

摘　　要		第/工程	第2工程
工程個別費	素材費	1,817,000	——
	前工程費	——	❸ 2,916,000
	労務費	1,380,000	920,000
	経　費	376,000	352,000
部門共通費配賦額		128,000	112,000
補助部門費配賦額		❶ 156,000	❶ 104,000
当月製造費用		3,857,000	4,404,000
月初仕掛品原価		460,000	1,116,000
計		4,317,000	5,520,000
月末仕掛品原価		❷ 242,000	820,000
工程完成品原価		4,075,000	4,700,000
工程完成品数量		2,500個	2,000個
工程単価		¥ 1,630	¥ 2,350

(2)

第2工程の月末仕掛品原価に含まれる前工程費	¥	640,000 ❹

(3)

第/工程半製品

前月繰越	785,000	第2工程仕掛品	2,916,000
(第1工程仕掛品)	(4,075,000)	売上原価	(1,134,000) ❺
		次月繰越	(810,000)
	(4,860,000)		(4,860,000)

解説 ❶補助部門費（労務¥142,000＋経費¥38,000＋部門共通費¥80,000）＝¥260,000

第1工程　¥260,000×60％＝¥156,000

第2工程　¥260,000×40％＝¥104,000

❷第1工程月末仕掛品原価（平均法による）

第1工程月末仕掛品素材費

$$\frac{\text{(月初仕掛品素材費¥316,000＋当月投入素材費¥1,817,000)}}{\text{(完成品数量2,500個＋月末仕掛品数量200個)}}$$

×月末仕掛品数量200個＝月末仕掛品素材費¥158,000

第1工程月末仕掛品加工費

$$\frac{\text{(月初仕掛品加工費¥144,000＋当月投入加工費¥2,040,000)}}{\text{(完成品数量2,500個＋月末仕掛品完成品換算数量200個×0.5)}}$$

×月末仕掛品完成品換算数量200個×0.5＝月末仕掛品加工費¥84,000

月末仕掛品原価

¥158,000＋¥84,000＝¥242,000

❸資料dより，第2工程に引き継ぐのは1,800個×¥1,620＝¥2,916,000。

❹第2工程月末仕掛品原価に含まれる前工程費（前工程費は始点で全額投入されるので素材と同じ計算方法による）

$$\frac{\text{(月初仕掛品前工程費¥924,000＋当月投入前工程費¥2,916,000)}}{\text{(完成品数量2,000個＋月末仕掛品数量400個)}}$$

×月末仕掛品数量400個＝¥640,000

❺700個×¥1,620＝¥1,134,000

24 総合原価計算における減損・仕損じの処理 (p.121)

24 1

月末仕掛品原価	¥　278,640

解説 月末仕掛品原料費

$$(¥156,000＋¥688,800)×\frac{300\text{kg}}{800\text{kg}＋300\text{kg}}$$

＝¥230,400

月末仕掛品加工費

$$(¥42,000＋¥327,840)×\frac{300\text{kg}×40\%}{800\text{kg}＋300\text{kg}×40\%}$$

＝¥48,240

月末仕掛品原価

¥230,400＋¥48,240＝¥278,640

24 2

月末仕掛品原価	¥　180,810

解説 月末仕掛品原料費

$$(¥157,500＋¥614,250)×\frac{300\text{kg}}{(1,000\text{kg}＋200\text{kg})＋300\text{kg}}$$

＝¥154,350

月末仕掛品加工費

(¥40,500＋¥250,560)

$$×\frac{300\text{kg}×40\%}{(1,000\text{kg}＋200\text{kg})＋300\text{kg}×40\%}＝¥26,460$$

月末仕掛品原価

¥154,350＋¥26,460＝¥180,810

24 3

月末仕掛品原価	¥　463,500

解説 総合原価計算における仕損じの処理は，減損の処理と同じである。

月末仕掛品原料費

(¥270,000＋¥2,762,550)

$$×\frac{1,800\text{kg}}{24,570\text{kg}＋1,800\text{kg}}＝¥207,000$$

月末仕掛品加工費

(¥326,250＋¥6,932,700)

$$×\frac{1,800\text{kg}×50\%}{24,570\text{kg}＋1,800\text{kg}×50\%}＝¥256,500$$

月末仕掛品原価

¥207,000＋¥256,500＝¥463,500

24 4

月末仕掛品原価	¥　462,600

解説 月末仕掛品原料費

$$¥2,773,800×\frac{1,800\text{kg}}{(24,570\text{kg}－2,250\text{kg})＋1,800\text{kg}}$$

＝¥207,000

月末仕掛品加工費

¥6,913,980

$$×\frac{1,800\text{kg}×50\%}{(24,570\text{kg}－2,250\text{kg}×50\%)＋1,800\text{kg}×50\%}$$

＝¥255,600

月末仕掛品原価

¥207,000＋¥255,600＝¥462,600

検定問題 (p.123)

24 5

完成品単価	¥ 3,685

25 副産物・作業くずの処理 (p.124)

25 1

	借	方	貸	方
(1)	副産物	50,000	A組仕掛品	50,000
(2)	現金	56,000	副産物 副産物売却益	50,000 6,000
(3)	副産物 ❶	145,000	第3工程仕掛品	145,000
(4)	作業くず	20,000	第1工程仕掛品	20,000

解説 ❶副産物評価額¥145,000＝見積売却価額¥180,000
－(見積販売費¥10,000＋見積利益¥25,000)

25 2

	借	方	貸	方
(1)	副産物 ❶	60,000	B組仕掛品	60,000
(2)	A組製品 副産物	810,000 60,000	A組仕掛品	870,000
(3)	作業くず	50,000	仕掛品	50,000

解説 ❶副産物評価額¥60,000＝見積売却価額¥80,000
－(見積販売費¥5,000＋見積利益¥15,000)

25 3

	借	方	貸	方
(1)	1級製品 2級製品 副産物	850,000 975,000 152,000	仕掛品	1,977,000 ❶
(2)	第2工程仕掛品 製品 副産物	3,900,000 6,050,000 750,000	第1工程仕掛品 第2工程仕掛品	3,900,000 6,800,000
(3)	製品 副産物	5,220,000 780,000	第3工程仕掛品	6,000,000

解説 ❶

	重量	係数	完成品数量	積数	完成品原価
1級製品	400g	4	850個	3,400	¥ 850,000
2級製品	300g	3	1,300個	3,900	¥ 975,000
				7,300	¥ 1,825,000

完成品の総合原価－副産物
(¥1,977,000－¥152,000)

総合問題 6 (p.126)

6—1

	借	方	貸	方
(1)	第1工程仕掛品 第2工程仕掛品	960,000 320,000	消費材料	1,280,000
(2)	第1工程半製品 第2工程仕掛品	1,700,000 1,360,000	第1工程仕掛品 第1工程半製品	1,700,000 1,360,000
(3)	第2工程仕掛品	600,000	第1工程半製品	600,000
(4)	製品	630,000	第3工程仕掛品	630,000
(5)	第1工程半製品 第2工程仕掛品	4,200,000 3,675,000	第1工程仕掛品 第1工程半製品	4,200,000 3,675,000
(6)	B組製品 副産物	920,000 60,000	B組仕掛品	980,000
(7)	第1工程半製品 副産物	812,000 38,000	第1工程仕掛品	850,000

6—2

(1)

工程別総合原価計算表
令和○年11月分

摘要		第1工程	第2工程
工程個別費	素材費	1,500,000	——
	前工程費	——	❹ 2,250,000
	労務費	385,500	577,500
	経費	——	123,000
部門共通費配賦額		❶ 330,000	❷ 264,000
補助部門費配賦額		❸ 205,500	❸ 205,500
当月製造費用		2,421,000	3,420,000
月初仕掛品原価		621,000	945,000
計		3,042,000	4,365,000
月末仕掛品原価		792,000	❺ 1,530,000
工程完成品原価		2,250,000	2,835,000
工程完成品数量		1,500個	1,350個
工程完成品単価		¥ 1,500	¥ 2,100

(2)

借	方	貸	方
第2工程仕掛品	2,250,000	第1工程仕掛品	2,250,000

(3)

借	方	貸	方
製品	2,835,000	第2工程仕掛品	2,835,000

(4)

第2工程仕掛品

前月繰越	945,000	(製品)	(2,835,000)
労務費	577,500	次月繰越	(1,530,000)
経費	123,000		
部門共通費	(264,000)		
補助部門費	(205,500)		
(第1工程仕掛品)	(2,250,000)		
	(4,365,000)		(4,365,000)

解説 部門共通費の各工程への配賦額は，次のように計算する。

❶(¥210,000＋¥450,000)×50%＝¥330,000

❷(¥210,000＋¥450,000)×40%＝¥264,000

補助部門費の各工程への配賦額は，次のように計算する。

補助部門個別費(¥225,000＋¥120,000)＋補助部門に配賦された部門共通費{(¥210,000＋¥450,000)×10%}＝¥411,000

❸¥411,000×50%＝¥205,500

❹第1工程の完成品原価¥2,250,000は，第2工程の当月製造費用に，前工程費として加算される。

❺前工程費 (¥675,000＋¥2,250,000)

$$\times\frac{900個}{1{,}350個+900個}=¥1{,}170{,}000$$

加工費 (¥577,500＋¥123,000＋¥264,000＋¥205,500＋¥270,000)

$$\times\frac{900個\times50\%}{1{,}350個+900個\times50\%}=¥360{,}000$$

月末仕掛品原価

¥1,170,000＋¥360,000＝¥1,530,000

第7編 製品の完成・販売と決算

26 製品の完成と販売 (p.128)

26 1

	借	方	貸	方
(1)	製品	900,000	仕掛品	900,000
(2)	製品	800,000	仕掛品	800,000
(3)	売掛金 売上原価	2,000,000 1,600,000	売上 製品	2,000,000 1,600,000

26 2

	借	方	貸	方
(1)	製品	770,000	仕掛品	770,000
(2)	売掛金 売上原価	3,000,000 2,250,000	売上 製品	3,000,000 2,250,000
(3)	売上 製品	72,000 55,000	売掛金 売上原価	72,000 55,000

検定問題 (p.129)

26 3

	借	方	貸	方
(1)	売掛金 売上原価	2,160,000 1,800,000	売上 第1工程半製品	2,160,000 1,800,000
(2)	売掛金 売上原価	7,910,000 4,746,000	売上 製品	7,910,000 4,746,000
(3)	売掛金 売上原価	1,391,000 843,000	売上 製品	1,391,000 843,000

27 決算の手続き (p.130)

27 1

	ア	イ		ウ	エ
(1)	5	4	(2)	6	3

27 2

(1)

借	方	貸	方
売上	6,800,000	月次損益	6,800,000
月次損益	5,650,000	売上原価 販売費及び一般管理費	4,900,000 750,000
月次損益	1,150,000	年次損益(または損益)	1,150,000

(2) 月次損益

1/31	売上原価	4,900,000	1/31	売上	6,800,000
〃	販売費及び一般管理費	750,000			
〃	年次損益(または損益)	1,150,000			
		6,800,000			6,800,000

27 3

	借	方	貸	方
(1)	有価証券売却益	260,000	年次損益	260,000
	年次損益	17,000	支払利息	17,000
(2)	年次損益	3,113,000	繰越利益剰余金	3,113,000

(3) 年次損益

支払利息	17,000	月次損益	2,870,000
繰越利益剰余金	3,113,000	有価証券売却益	260,000
	3,130,000		3,130,000

28 財務諸表の作成 (p.132)

28 1

製造原価報告書

Ⅰ 材料費		2,700,000
Ⅱ 労務費		(1,800,000)
Ⅲ 経費		600,000
当期製造費用		(5,100,000)
期首仕掛品棚卸高		300,000
合計		(5,400,000)
期末仕掛品棚卸高		(200,000)
当期製品製造原価		(5,200,000)

損益計算書（一部）

Ⅰ 売上高		7,000,000
Ⅱ 売上原価		
1. 期首製品棚卸高	(500,000)	
2. 当期製品製造原価	(5,200,000)	
合計	(5,700,000)	
3. 期末製品棚卸高	(400,000)	(5,300,000)
売上総利益		(1,700,000)

28 2

製造原価報告書

令和○年4月1日から令和△年3月31日まで

Ⅰ 材料費			
1.（期首材料棚卸高）	(250,000)		
2. 当期材料仕入高	(950,000)		
合計	(1,200,000)		
3.（期末材料棚卸高）	(200,000)		
当期材料費		(1,000,000)	
Ⅱ 労務費			
1. 基本給	(800,000)		
2. 諸手当・福利費	(100,000)		
当期労務費		(900,000)	
Ⅲ 経費			
1. 電力料	(70,000)		
2. 減価償却費	(140,000)		
3. 修繕料	(30,000)		
4. 保管料	(20,000)		
5. 雑費	(10,000)		
当期経費		(270,000)	
当期製造費用			(2,170,000)
（期首仕掛品棚卸高）			(230,000)
合計			(2,400,000)
（期末仕掛品棚卸高）			(400,000)
（当期製品製造原価）			(2,000,000)

28 3

製造原価報告書

Ⅰ 直接材料費		3,100,000
Ⅱ 直接労務費		2,000,000
Ⅲ 直接経費		310,000
Ⅳ 製造間接費	(1,020,000)	
製造間接費配賦差異	(20,000)	(1,000,000)
当期製造費用		(6,410,000)
期首仕掛品棚卸高		(500,000)
合計		(6,910,000)
期末仕掛品棚卸高		(600,000)
当期製品製造原価		(6,310,000)

損益計算書（一部）

Ⅰ 売上高		9,000,000
Ⅱ 売上原価		
1. 期首製品棚卸高	(400,000)	
2. 当期製品製造原価	(6,310,000)	
合計	(6,710,000)	
3. 期末製品棚卸高	(500,000)	
差引	(6,210,000)	
4. 原価差異	(20,000)	(6,230,000)
売上総利益		(2,770,000)

検定問題 (p.135)

28 4

a	¥ 2,488,000 ❶	b	¥ 2,808,000 ❷
c	¥ 5,748,000 ❸		

解説 ❶素材消費高＝¥277,000＋¥1,962,000－¥283,000＝¥1,956,000
工場消耗品消費高＝¥58,000＋¥342,000－¥60,000＝¥340,000
当期材料費＝¥1,956,000＋¥340,000＋¥192,000＝¥2,488,000
❷賃金消費高＝¥1,723,000－¥251,000＋¥247,000＝¥1,719,000
当期労務費＝¥1,719,000＋¥953,000＋¥136,000＝¥2,808,000
❸水道料消費高＝¥18,000＋¥130×2,100㎥＝¥291,000
当期経費＝¥291,000＋¥175,000＝¥466,000
当期製造費用＝当期材料費¥2,488,000＋当期労務費¥2,808,000＋当期経費¥466,000＝¥5,762,000
当期製品製造原価＝¥594,000＋¥5,762,000－¥608,000＝¥5,748,000

28 5

ア	¥ 672,000 ❶	イ	¥ 6,700,000 ❷
ウ	¥ 2,117,000 ❸		

解説 ❶減価償却費(ア)＝Ⅲ経費¥1,880,000－外注加工賃¥740,000－電力料¥420,000－雑費¥48,000＝¥672,000
❷Ⅰ材料費＝素材¥2,240,000＋工場消耗品¥340,000＝¥2,580,000
以下，製造原価報告書を上から下へ計算して当期製品製造原価を求める。

当期製造費用＝￥2,580,000＋￥2,280,000＋￥1,880,000＝￥6,740,000
当期製品製造原価(イ)＝当期製造費用￥6,740,000＋￥期首仕掛品棚卸高￥320,000－￥期末仕掛品棚卸高￥360,000＝￥6,700,000

❸製品勘定の次期繰越はB/Sの製品￥720,000, よって, 製品勘定の売上原価＝貸方合計￥7,243,000－次期繰越￥720,000＝￥6,523,000
売上総利益(ウ)＝Ⅰ売上高￥8,640,000－Ⅱ売上原価￥6,523,000＝￥2,117,000

28 6

a	材料の実際消費高	￥	4,097,000	❶
b	間接労務費の実際発生額	￥	2,260,000	❷
c	売上原価	￥	10,706,000	❸

解説 ❶素材消費高＝￥700,000＋￥3,800,000－￥675,000＝￥3,825,000
工場消耗品消費高＝￥32,000＋￥276,000－￥36,000＝￥272,000
材料の実際消費高＝￥3,825,000＋￥272,000＝￥4,097,000

❷製造間接費勘定の賃金＝￥900×400時間＝￥360,000
間接労務費の実際発生額＝賃金￥360,000＋給料￥1,340,000＋退職給付費用￥412,000＋健康保険料￥148,000＝￥2,260,000

❸水道料の消費高＝￥12,000＋￥120×1,900㎥＝￥240,000
製造間接費勘定の借方合計(実際発生額)＝￥246,000＋￥272,000＋￥360,000＋￥1,340,000＋￥412,000＋￥148,000＋￥240,000＋￥185,000＝￥3,203,000
製造間接費予定配賦額＝￥780×4,100時間＝￥3,198,000
製造間接費配賦差異＝￥3,198,000－￥3,203,000＝▲￥5,000
売上原価＝期首製品棚卸高￥830,000＋当期製品製造原価(仕掛品勘定の製品)￥10,788,000－期末製品棚卸高￥917,000＋製造間接費配賦差異￥5,000＝￥10,706,000

29 本社・工場間の取引 (p.137)

29 1

	本社の仕訳				工場の仕訳				
	借	方	貸	方	借	方	貸	方	
(1)	工場 ❶	380,000	買掛金	380,000	素材	380,000	本社 ❷	380,000	
(2)	工場 ❸	1,350,000	現金 所得税預り金 健康保険料預り金	1,130,000 135,000 85,000	賃金 従業員賞与手当	1,200,000 150,000	本社 ❹	1,350,000	
(3)	仕訳なし				仕掛品 製造間接費	730,000 140,000	素材	870,000	❺
(4)	仕訳なし				仕掛品 製造間接費	810,000 430,000	賃金	1,240,000	❺

解説 ❶本社は素材代金を工場に請求できるので, (借)工場となる。
❷工場は素材代金を本社に支払う借りが生じたものとみて, (貸) 本社とする。
❸本社は工場に対して貸しが生じたものとみて, (借)工場とする。
❹工場は本社に対して借りが生じたものとみて, (貸)本社とする。
❺製造活動であるから工場のみで仕訳する。

29 2

	本社の仕訳				工場の仕訳				
	借	方	貸	方	借	方	貸	方	
(1)	販売費及び一般管理費 ❶	130,000	電力料	130,000	製造間接費 ❷	260,000	電力料	260,000	
(2)	仕訳なし				製品	2,000,000	仕掛品	2,000,000	
(3)	売掛金 売上原価	2,250,000 1,800,000	売上 工場 ❸	2,250,000 1,800,000	本社 ❹	1,800,000	製品	1,800,000	
(4)	工場	1,440,000	建物減価償却累計額	1,440,000	減価償却費	1,440,000	本社	1,440,000	❺

解説 ❶本社での電力料の消費は販売費及び一般管理費となる。

❷工場での電力料の消費は製造間接費となる。

❸本社は工場から製品を送ってもらったので，工場に対する借りとみて，(貸) 工場とする。

❹工場は本社の命令によって，製品を送ったので，この代金が本社に対して貸しとなる。

❺次の仕訳を二つに分けて考える。

(借)減価償却費1,440,000　(貸)建物減価償却累計額1,440,000

↓　↓

工場の元帳にある　本社の元帳にある

↓　↓

工場では　本社では

(借)減価償却費1,440,000　(借)工　場1,440,000

(貸)本　社1,440,000　(貸)建物減価償却累計額1,440,000

29 3

	借	方	貸	方	
(1)	電力料	280,000	本社	280,000	❶
(2)	買掛金	60,000	工場	60,000	❷
(3)	修繕料 工場	100,000 240,000	当座預金	340,000	❸
(4)	減価償却費 工場	570,000 190,000	建物減価償却累計額	760,000	❹

解説 ❶本社が工場の電力料を支払っているので，本社に対する債務の発生となり，(貸) 本社となる。

❷仕入先に対する買掛金が減少し，工場に対する貸しが減少する。

❸修繕料の支払高のうち，工場分については，工場に対し貸しとなるから，(借) 工場となる。

❹工場分の減価償却費は，工場元帳にあるので，(借) 工場とする。

検定問題 (p.139)

29 4

	借	方	貸	方
(1)	減価償却費 工場	1,040,000 1,260,000	建物減価償却累計額	2,300,000
(2)	工場 健康保険料預り金	432,000 432,000	当座預金	864,000
(3)	売掛金 売上原価	5,250,000 3,675,000	売上 工場	5,250,000 3,675,000
(4)	健康保険料	280,000	本社	280,000
(5)	売上原価	1,300,000	工場	1,300,000
(6)	本社	2,750,000	製品	2,750,000
(7)	賃金	2,380,000	本社	2,380,000

29 5

(1)

		借	方	貸	方	
1月6日		仕掛品	600,000	素材	600,000	
9日		素材 工場消耗品	1,275,000 250,000	本社	1,525,000	❶
16日		外注加工賃 電力料 雑費	80,000 150,000 120,000	本社	350,000	
20日		仕掛品	810,000	素材	810,000	❷
22日		製品	2,406,000	仕掛品	2,406,000	❸
25日		本社	2,406,000	製品	2,406,000	
30日		賃金	1,435,000	本社	1,435,000	
31日	①	製造間接費	225,000	工場消耗品	225,000	❹
	②	仕掛品 製造間接費	1,224,000 204,000	賃金	1,428,000	❺
	③	製造間接費	60,000	健康保険料	60,000	
	④	仕掛品 製造間接費	90,000 448,000	外注加工賃 減価償却費 電力料 雑費	90,000 173,000 170,000 105,000	
	⑤	仕掛品	972,000	製造間接費	972,000	
	⑥	賃率差異	12,000	賃金	12,000	
	⑦	製造間接費	35,000	製造間接費配賦差異	35,000	❻

(2)

賃　金

1/30	本社	1,435,000	1/1	前月繰越	187,000
31	次月繰越	192,000	31	諸口	1,428,000
			〃	賃率差異	12,000
		1,627,000			1,627,000

仕　掛　品

1/1	前月繰越	830,000	1/22	製品	2,406,000	❸
6	素材	600,000	31	次月繰越	2,120,000	
20	素材	810,000				
31	賃金	1,224,000				
〃	外注加工賃	90,000				
〃	製造間接費	972,000				
		4,526,000			4,526,000	

(3)

製造指図書#1　原価計算表

直接材料費	直接労務費	製造間接費	集計 摘要	集計 金額	
525,000	170,000	135,000	直接材料費	1,125,000	
600,000	❼ 544,000	❽ 432,000	直接労務費	714,000	
1,125,000	714,000	567,000	製造間接費	567,000	
			製造原価	2,406,000	❸
			完成品数量	150個	
			製品単価	¥ 16,040	

解説 ❶工場会計が独立していることに注意。(貸)本社となる。

❷ $\frac{@¥750\times1,000個+@¥850\times1,500個}{1,000個+1,500個}=@¥810$

@¥810×1,000個=¥810,000

❸原価計算表を完成して，製造原価¥2,406,000を製品勘定へ振り替える。

❹@¥250×(500個+1,000個－600個)＝¥225,000

❺@¥680×800時間＋@¥680×1,000時間＝¥1,224,000

@¥680×300時間＝¥204,000

❻ 製造間接費

(31日①)	225,000	(31日⑤)	972,000
(〃 ②)	204,000		
(〃 ③)	60,000		
(〃 ④)	448,000		
製造間接費配賦差異	35,000		

❼@¥680×800時間＝¥544,000

❽製造間接費予定配賦率 $\frac{¥11,340,000}{21,000時間}=@¥540$

@¥540×800時間＝¥432,000

総合問題 7 (p.142)

7—1

(1)

仕　掛　品

前期繰越	280,000	製　品	(1,880,000)
素　材	(❶ 437,000)	次期繰越	290,000
賃　金	(❷ 423,000)		
外注加工賃	(110,000)		
(製造間接費)	(920,000)		
	(2,170,000)		(2,170,000)

製造間接費

工場消耗品	(69,000)	(仕　掛　品)	(920,000)
賃　金	130,000		
給　料	(220,000)		
従業員賞与手当	230,000		
健康保険料	(41,000)		
電力料	(73,000		
(減価償却費)	54,000		
保管料	(❸ 32,000)		
修繕料	(❹ 44,000)		
雑　費	(❺ 27,000)		
	(920,000)		(920,000)

製　　品

前期繰越	360,000	(売上原価)	(1,790,000)
(仕　掛　品)	(1,880,000)	次期繰越	450,000
	(2,240,000)		(2,240,000)

売上原価

(製　品)	(1,790,000)		

売　　上

		諸　口	2,200,000

(2)

製造原価報告書

三重製作所　令和○年4月1日から令和△年3月31日まで

Ⅰ 材料費			
1. 期首材料棚卸高	(198,000)		
2. (当期材料仕入高)	(488,000)		
合　計	(686,000)		
3. (期末材料棚卸高)	(180,000)		
当期材料費		(506,000)	
Ⅱ 労務費			
1. 基本給	(773,000)		
2. 諸手当・福利費	(271,000)		
(当期労務費)		(1,044,000)	
Ⅲ 経費			
1. 外注加工賃	(110,000)		
2. (電力料)	(73,000)		
3. 減価償却費	54,000		
4. 保管料	(32,000)		
5. (修繕料)	(44,000)		
6. 雑費	(27,000)		
当期経費		(340,000)	
(当期製造費用)			(1,890,000)
(期首仕掛品棚卸高)			(280,000)
合　計			(2,170,000)
期末仕掛品棚卸高			(290,000)
当期製品製造原価			(1,880,000)

(3)

損益計算書(一部)

三重製作所　令和○年4月1日から令和△年3月31日まで

Ⅰ 売上高			2,200,000
Ⅱ 売上原価			
1. 期首製品棚卸高	360,000		
2. (当期製品製造原価)		(1,880,000)	
合　計		(2,240,000)	
3. 期末製品棚卸高		(450,000)	(1,790,000)
売上総利益			(410,000)

(4)

a	材　料 ¥ 180,000	b	製　品 ¥ 450,000
c	仕掛品 ¥ 290,000		

解説 ❶¥177,000＋¥410,000－¥150,000＝¥437,000

❷(¥575,000－¥95,000＋¥73,000)－¥130,000＝¥423,000

❸¥33,000＋¥3,000－¥4,000＝¥32,000

❹¥35,000＋¥7,000＋¥2,000＝¥44,000

❺¥30,000－¥2,000－¥1,000＝¥27,000

30 標準原価計算(1) (p.144)

30 1

(1)	完成品の標準原価		@¥4,300×900個=¥3,870,000	¥ 3,870,000
(2)	月末仕掛品の標準原価	直接材料費	@¥2,100×200個=¥420,000	¥ 420,000
		直接労務費	@¥1,200×100個分=¥120,000	¥ 120,000
		製造間接費	@¥1,000×100個分=¥100,000	¥ 100,000
			計	¥ 640,000

30 2

(1)	完成品の標準原価	¥ 5,800,000 ❶	(2)	月初仕掛品の標準原価	¥ 573,000 ❷
(3)	月末仕掛品の標準原価	¥ 448,000 ❸			

解説 ❶@¥5,800×1,000個=¥5,800,000

❷直接材料費 @¥2,500×150個= ¥375,000
直接労務費 @¥1,800×150個×40%= 108,000
製造間接費 @¥1,500×150個×40%= 90,000
月初仕掛品の標準原価 ¥573,000

❸直接材料費 @¥2,500×100個= ¥250,000
直接労務費 @¥1,800×100個×60%= 108,000
製造間接費 @¥1,500×100個×60%= 90,000
月末仕掛品の標準原価 ¥448,000

30 3

(1)	直接材料費に対する当月投入量	950個	❶
(2)	加工費に対する当月投入量	1,000個	❷

解説 ❶ 仕 掛 品

❷ 仕 掛 品

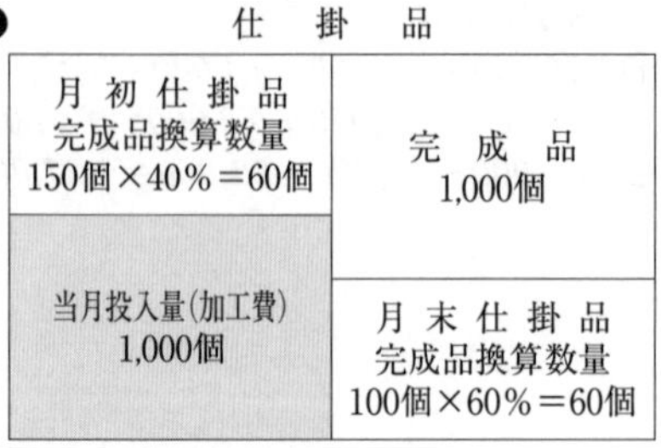

月 初 仕 掛 品
完成品換算数量
150個×40%=60個
完 成 品
1,000個
当月投入量(加工費)
1,000個
月 末 仕 掛 品
完成品換算数量
100個×60%=60個

31 標準原価計算(2) (p.146)

31 1

当月投入量	900個	❶
当月投入量に対する標準消費数量	3,600kg	❷

(1)	直接材料費差異	(借)¥ 41,500	(2)	材料消費価格差異	(借)¥ 36,500
(3)	材料消費数量差異	(借)¥ 5,000 ❸			

解説 ❶ 仕 掛 品

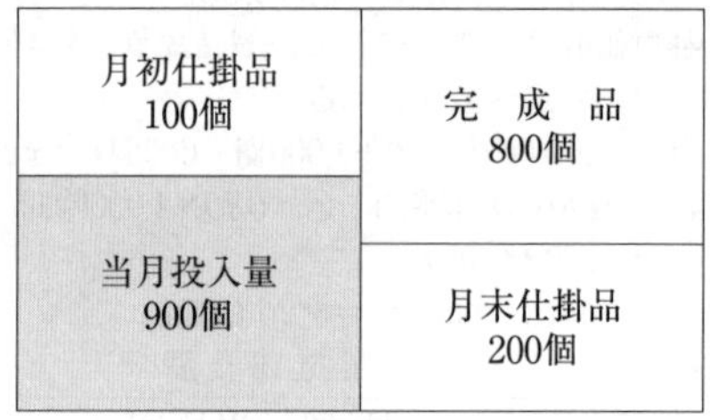

❷ 4 kg×900個=3,600kg

❸

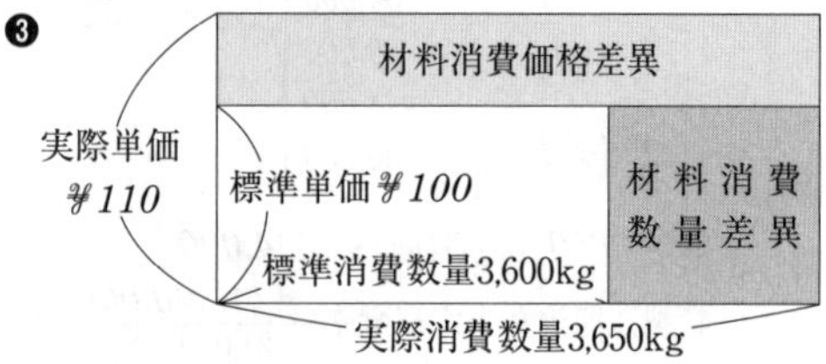

直接材料費差異
@¥100×3,600kg−¥401,500=−¥41,500(借方差異)
材料消費価格差異
(@¥100−@¥110)×3,650kg=−¥36,500(借方差異)
材料消費数量差異
(3,600kg−3,650kg)×@¥100=−¥5,000(借方差異)

31 2

当月投入量	1,060個	❶
当月投入量に対する標準直接作業時間	2,120時間	❷

(1)	直接労務費差異	(−)¥ 4,500	(2)	賃率差異	(−)¥ 10,500
(3)	作業時間差異	(+)¥ 6,000 ❸			

解説 ❶ 仕 掛 品

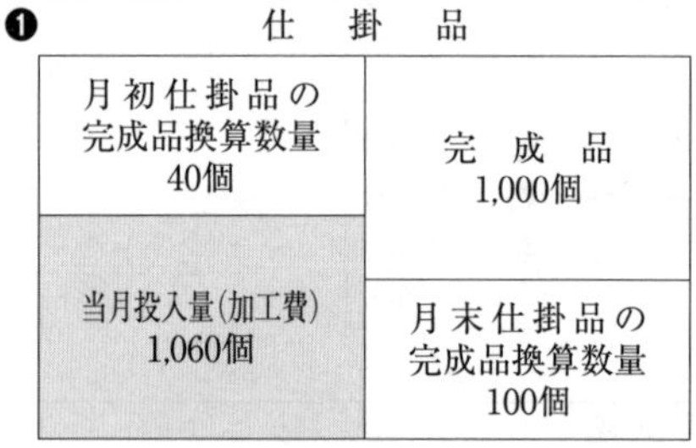

❷ 2 時間×1,060個=2,120時間

❸

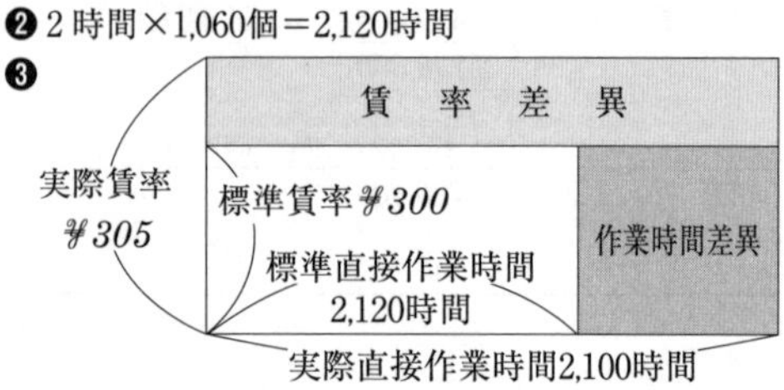

直接労務費差異
@¥300×2,120時間−¥640,500=−¥4,500

賃率差異
(@¥300−@¥305)×2,100時間＝−¥10,500
作業時間差異
(2,120時間−2,100時間)×@¥300＝¥6,000

31 3

(1) ❶	標準直接材料費	¥ 1,050,000
	直接材料費差異	¥ 3,500 (不利)
	材料消費価格差異	¥ 21,500 (有利)
	材料消費数量差異	¥ 25,000 (不利)
(2) ❷	標準直接労務費	¥ 570,000
	直接労務費差異	¥ 39,000 (不利)
	賃率差異	¥ 29,000 (不利)
	作業時間差異	¥ 10,000 (不利)

解説 ❶ 仕掛品

月初仕掛品 100個	完成品 900個
当月投入量 1,050個	月末仕掛品 250個

標準直接材料費　¥1,000×1,050個＝¥1,050,000
標準消費数量　2kg×1,050個＝2,100kg

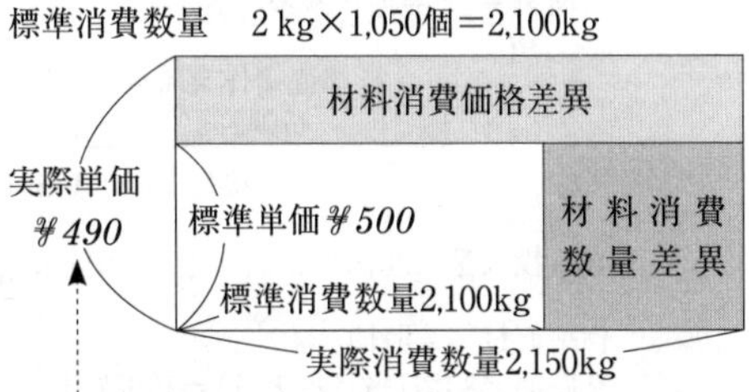

¥1,053,500÷2,150kg＝@¥490
直接材料費差異
@¥500×2,100kg−¥1,053,500＝−¥3,500
材料消費価格差異
(@¥500−@¥490)×2,150kg＝¥21,500
材料消費数量差異
(2,100kg−2,150kg)×@¥500＝−¥25,000

❷ 仕掛品

月初仕掛品の完成品換算数量 50個	完成品 900個
当月投入量(加工費) 950個	月末仕掛品の完成品換算数量 100個

標準直接労務費　@¥600×950個＝¥570,000
標準直接作業時間　3時間×950個＝2,850時間

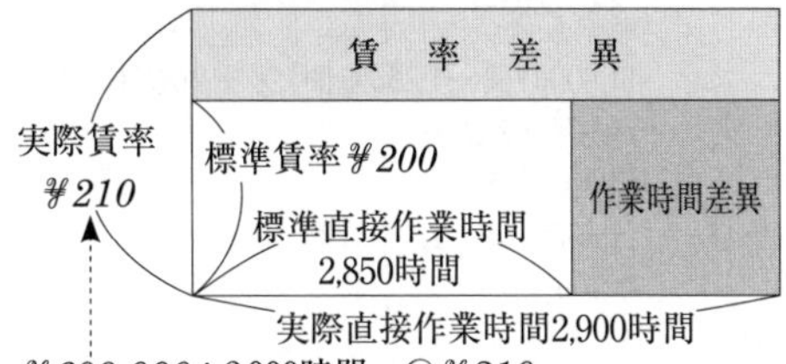

¥609,000÷2,900時間＝@¥210
直接労務費差異
@¥200×2,850時間−¥609,000＝−¥39,000
賃率差異
(@¥200−@¥210)×2,900時間＝−¥29,000
作業時間差異
(2,850時間−2,900時間)×@¥200＝−¥10,000

31 4

当月投入量	900 個	❶
当月投入量に対する標準直接作業時間	1,800 時間	❷
製造間接費差異	¥ 21,300 (不利)	❸
予算差異	¥ 14,100 (不利)	❸
能率差異	¥ 12,000 (不利)	❸
操業度差異	¥ 4,800 (有利)	❸

解説 ❶ 仕掛品

月初仕掛品の完成品換算数量 120個	完成品 940個
当月投入量(加工費) 900個	月末仕掛品の完成品換算数量 80個

❷ 2時間×900個＝1,800時間
❸

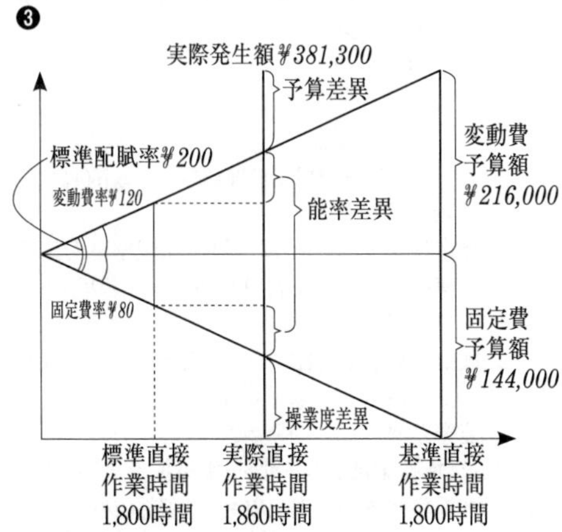

固定費率　$\frac{¥144,000}{1,800時間}$＝¥80
製造間接費差異
@¥400×900個−¥381,300(実際発生額)
＝−¥21,300
予算差異
(¥120(変動費率)×1,860時間
＋¥144,000)−¥381,300＝−¥14,100

能率差異
(1,800時間－1,860時間)×￥200(標準配賦率)
＝－￥12,000
操業度差異
(1,860時間－1,800時間)×￥80(固定費率)
＝￥4,800

31 5

当月投入量	1,450 個 ❶
当月投入量に対する標準直接作業時間	5,800 時間 ❷
製造間接費差異	￥ 400,000 (不利) ❸
予算差異	￥ 50,000 (有利) ❸
能率差異	￥ 75,000 (不利) ❸
操業度差異	￥ 375,000 (不利) ❸

解説 ❶

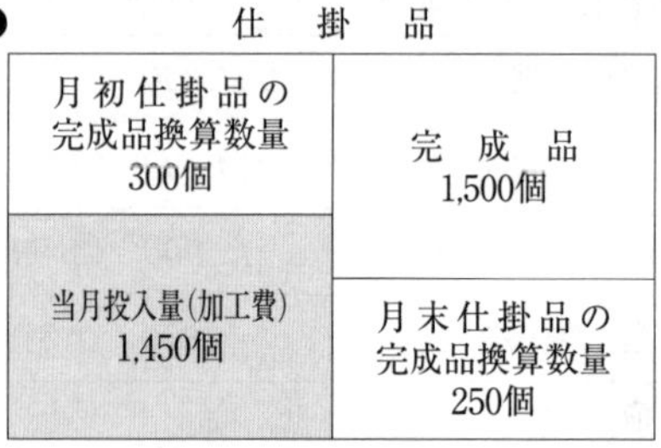

❷ 4時間×1,450個＝5,800時間

❸

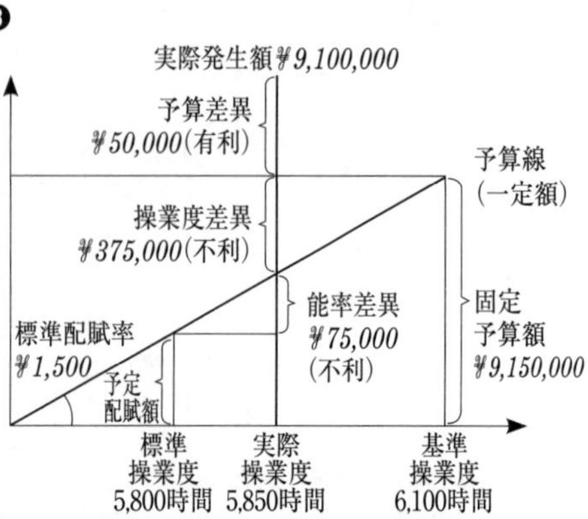

製造間接費差異
標準操業度5,800時間×標準配賦率￥1,500
－実際発生額￥9,100,000＝－￥400,000
予算差異
固定予算額￥9,150,000－実際発生額￥9,100,000
＝￥50,000
能率差異
(標準操業度5,800時間－実際操業度5,850時間)
×標準配賦率￥1,500＝－￥75,000
操業度差異
(実際操業度5,850時間－基準操業度6,100時間)
×標準配賦率￥1,500＝－￥375,000

31 6

材料消費価格差異	￥ 8,400 (不利) ❶
材料消費数量差異	￥ 1,000 (有利) ❶
賃率差異	￥ 1,750 (有利) ❷
作業時間差異	￥ 1,000 (不利) ❷
予算差異	￥ 3,750 (有利) ❸
能率差異	￥ 1,500 (不利) ❸
操業度差異	￥ 1,250 (不利) ❸

解説 ❶

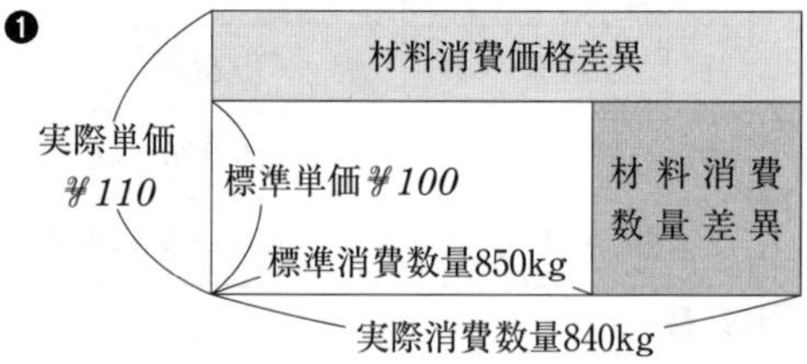

当月投入量　80個＋15個－10個＝85個
標準消費数量　10kg×85個(当月投入量)＝850kg
材料消費価格差異
(@￥100－@￥110)×840kg＝－￥8,400
材料消費数量差異
(850kg－840kg)×@￥100＝￥1,000

❷

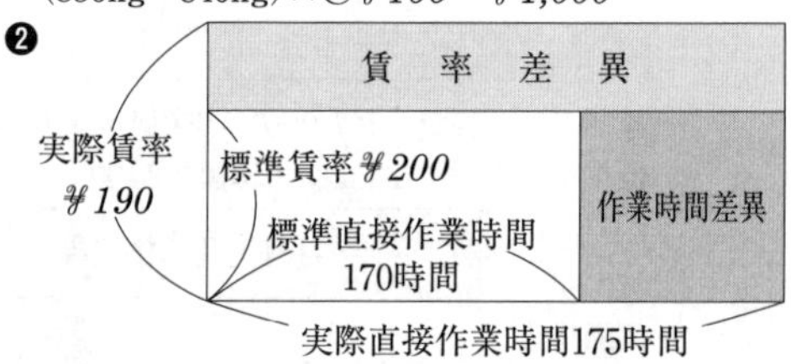

当月投入量　80個＋15個×$\frac{2}{3}$－10個×$\frac{1}{2}$＝85個
標準直接作業時間
2時間×85個(当月投入量)＝170時間
賃率差異
(@￥200－@￥190)×175時間＝￥1,750
作業時間差異
(170時間－175時間)×@￥200＝－￥1,000

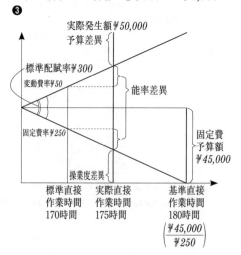

❸

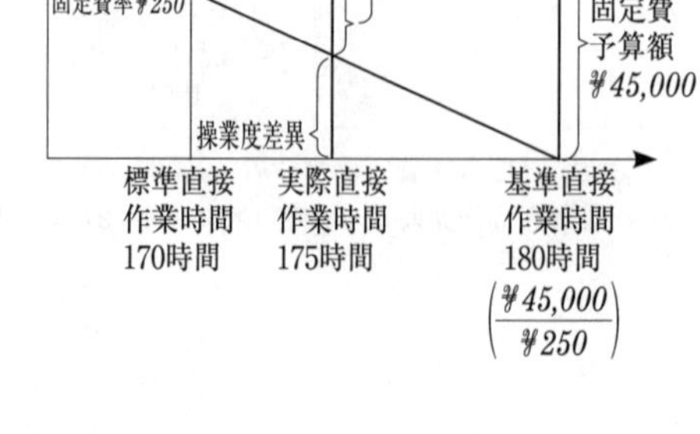

固定費率

¥300(標準配賦率) − ¥50(変動費率) = ¥250

予算差異

(¥50(変動費率)×175時間＋¥45,000) − ¥50,000

= ¥3,750

能率差異

(170時間 − 175時間) × ¥300(標準配賦率)

= − ¥1,500

操業度差異

(175時間−180時間) × ¥250(固定費率) = − ¥1,250

31 7

仕　掛　品

前月繰越	7,200	製　品	(80,000) ❶
材　料	(27,500)	諸　口	(3,100) ❷
労務費	(29,200)	次月繰越	10,800
製造間接費	(30,000)		
	(93,900)		(93,900)

損益計算書(一部)

令和○年○月○日から令和△年△月△日まで

Ⅰ 売上高		117,000
Ⅱ 売上原価		
1. 期首製品棚卸高	(2,000) ❸	
2. 当期製品製造原価	(80,000) ❶	
合　計	(82,000)	
3. 期末製品棚卸高	(1,000) ❹	
標準売上原価	(81,000)	
4. 原価差異	(3,100)	(84,100)
売上総利益		(32,900)

解説 ❶製品１個あたりの標準原価¥1,000×80個

= ¥80,000

❷貸借の差額で求める。

❸¥1,000×２個 = ¥2,000

❹¥1,000×１個 = ¥1,000

31 8

材　料

前月繰越	18,000	仕掛品	(57,000)
買掛金	61,000	諸　口	(3,900)
		次月繰越	(18,100)
	(79,000)		(79,000)

労務費

当座預金	29,300	前月繰越	9,600
次月繰越	(10,000)	仕掛品	(28,800)
		諸　口	(900)
	(39,300)		(39,300)

製造間接費

諸　口	58,200	仕掛品	(57,600)
		諸　口	(600)
	58,200		(58,200)

仕　掛　品

❶ 前月繰越	(21,000)	製　品	(150,000)
材　料	(57,000)	次月繰越	(14,400) ❷
労務費	(28,800)		
製造間接費	(57,600)		
	(164,400)		(164,400)

製　品

❿ 前月繰越	(15,000)	売上原価	(135,000)
仕掛品	(150,000)	次月繰越	(30,000) ⓫
	(165,000)		(165,000)

材料消費価格差異

❸ 材　料	2,900		

材料消費数量差異

❹ 材　料	1,000		

賃率差異

❺ 労務費	2,700		

作業時間差異

		労務費	1,800 ❻

予算差異

❼ 製造間接費	1,200		

能率差異

		製造間接費	3,600 ❽

操業度差異

❾ 製造間接費	3,000		

解説 ❶@¥600×20個＋@¥300×20個×50%＋@¥600×20個×50% = ¥21,000

❷@¥600×15個＋@¥300×15個×40%＋@¥600×15個×40% = ¥14,400

❸❹

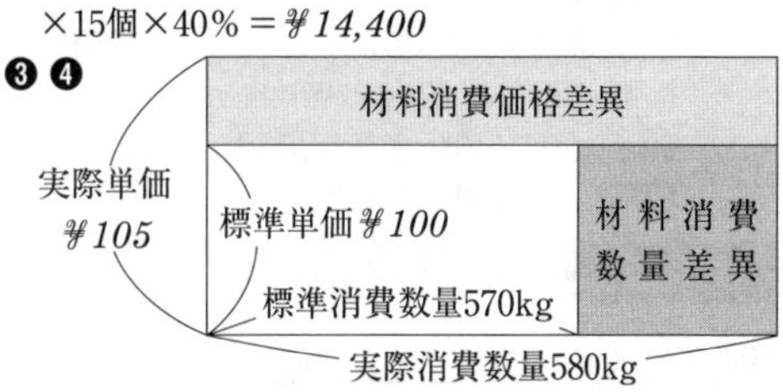

当月投入量　100個＋15個 − 20個 = 95個

標準消費数量　6 kg×95個 = 570kg

材料消費価格差異

(@¥100 − @¥105) × 580kg = − ¥2,900(借方差異)

材料消費数量差異

(570kg − 580kg) × @¥100 = − ¥1,000(借方差異)

❺❻

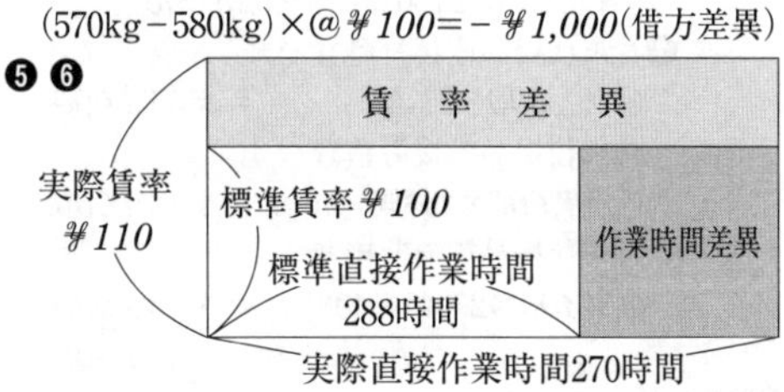

当月投入量

100個＋15個×40% − 20個×50% = 96個

標準直接作業時間　3 時間×96個 = 288時間

賃率差異

(@¥100 − @¥110) × 270時間 = − ¥2,700(借方差異)

作業時間差異

(288時間 − 270時間) × @¥100 = ¥1,800(貸方差異)

❼❽❾

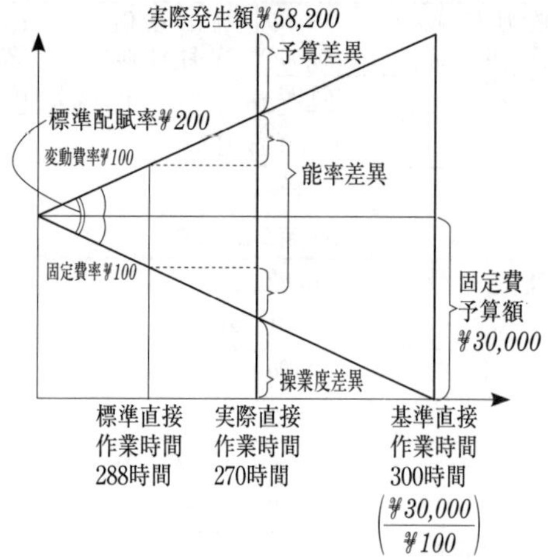

標準配賦率＝変動費率＋固定費率だから，
￥200＝￥100＋固定費率　　固定費率＝￥100
予算差異
(￥100(変動費率)×270時間＋￥30,000)
－￥58,200＝－￥1,200(借方差異)
能率差異
(288時間－270時間)×￥200(標準配賦率)
＝￥3,600(貸方差異)
操業度差異
(270時間－300時間)×￥100(固定費率)
＝－￥3,000(借方差異)
❿￥1,500×10個＝￥15,000
⓫￥1,500×20個＝￥30,000

検定問題　(p.152)

31 9

(1)	ア	4	イ	2	(2)	ア	7	イ	3

31 10

		❶			❷
a	完成品の標準原価	￥ 9,625,000	b	月末仕掛品の標準原価	￥ 575,000

解説 ❶製品１個あたりの標準原価×完成品数量
@￥3,500×2,750個＝￥9,625,000
❷月末仕掛品直接材料費
@￥1,500×250個　　　＝￥375,000
月末仕掛品直接労務費
@￥1,600×250個×40%　＝￥160,000
月末仕掛品製造間接費
@￥400×250個×40%　　＝￥ 40,000
合計　￥575,000

31 11

a	月末仕掛品の標準直接材料費	￥ 207,000		❶
b	材料消費数量差異	￥ 46,000	(不利)	❷

解説 ❶製品１個あたりの標準直接材料費×月末仕掛品数量
@￥2,300×90個＝￥207,000
❷標準消費数量　440個×2kg＝880kg
(880kg－920kg)×@￥1,150＝－￥46,000
マイナスなので不利差異となる。

31 12

a	月末仕掛品の標準直接労務費	￥ 120,000		❶
b	賃率差異	￥ 57,000	(不利)	❷

解説 ❶製品１個あたりの標準直接労務費×月末仕掛品完成品換算数量
@￥3,000×100個×40%＝￥120,000
❷(標準賃率－実際賃率)×実際直接作業時間
(￥1,000－￥1,020)×2,850時間＝－￥57,000
マイナスなので不利差異となる。

31 13

a	完成品の標準原価	￥ 6,390,000		❶
b	材料消費価格差異	￥ 31,000	(有利)	❷
c	直接労務費差異	￥ 42,000	(有利)	❸

解説 ❶@￥7,100×900個＝￥6,390,000
❷(標準単価－実際単価)×実際消費数量
(@￥650－@￥640)×3,100kg＝￥31,000
プラスなので有利差異となる。
❸当月投入量に対する標準直接作業時間を求める。
(900個＋200個×40%－300個×50%)×３時間
＝2,490時間
直接労務費差異＝標準賃率×(標準直接作業時間－実際直接労務費)
@￥800×2,490時間－@￥750×2,600時間
＝￥42,000
プラスなので有利差異となる。

31 14

a	完成品の標準原価	￥ 22,400,000		❶
b	直接材料費差異	￥ 67,000	(有利)	❷
c	能率差異	￥ 60,000	(不利)	❸

解説 ❶完成品数量1,600個×標準原価@￥14,000
＝￥22,400,000
❷当月投入量1,700個×標準直接材料費@￥5,600
－実際消費数量13,700kg×実際単価@￥690
＝￥67,000
プラスなので有利差異となる。
❸製造間接費の当月投入量
1,600個＋500個×40%－400個×50%＝1,600個
標準直接作業時間
1,600個×３時間＝4,800時間
能率差異
(標準操業度4,800時間－実際操業度4,850時間)
×標準配賦率￥1,200＝－￥60,000
マイナスなので不利差異となる。

31 15

a	月末仕掛品の標準原価	￥ 816,000		❶
b	作業時間差異	￥ 102,000	(不利)	❷
c	予算差異	￥ 2,000	(有利)	❸

解説 ❶@￥2,000×200個＋@￥3,400×200個×40%
＋@￥1,800×200個×40%＝￥816,000

❷❸

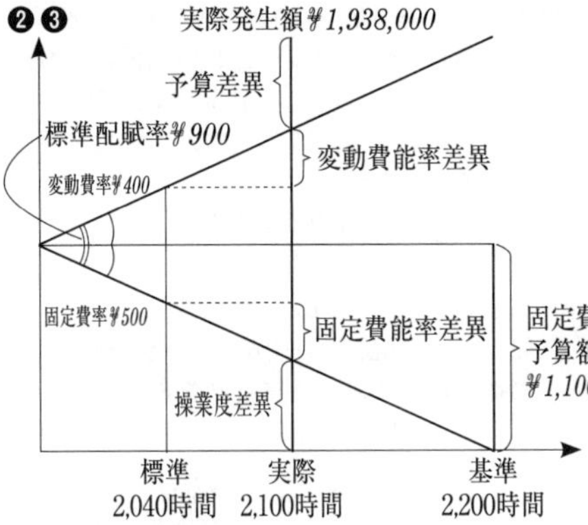

労務費の当月投入量
1,000個＋200個×40％－100個×60％＝1,020個
標準直接作業時間　1,020個×２時間＝2,040時間
作業時間差異
(2,040時間－2,100時間)×￥*1,700*＝－￥*102,000*
マイナスなので不利差異となる。
予算差異
￥*400*×2,100時間＋￥*1,100,000*－￥*1,938,000*
＝￥*2,000*
プラスなので有利差異となる。

31 16

a	￥	*6,432,000* ❶	b	￥	*101,000* ❷
c	￥	*9,000* ❸			

解説 ❶完成品数量960個×標準原価@￥*6,700*
＝￥*6,432,000*
❷材料消費価格差異
(標準@￥*380*－実際@￥*400*)
×実際消費数量5,050kg＝－￥*101,000*
不利差異なので，
(借)材料消費価格差異 *101,000*　(貸)仕 掛 品 *101,000*
と仕訳し，仕掛品勘定の貸方に￥*101,000*が転記される。
❸労務費の当月投入量
960個＋150個×60％－140個×50％＝980個
標準直接作業時間
980個×３時間＝2,940時間
作業時間差異
(標準2,940時間－実際2,950時間)
×標準賃率￥*900*＝－￥*9,000*
不利差異なので，
(借)作業時間差異　*9,000*　(貸)仕 掛 品　*9,000*
と仕訳し，仕掛品勘定の貸方に￥*9,000*が転記される。

第９編 直接原価計算

32 直接原価計算(1)　(p.155)

32 1

損 益 計 算 書

Ⅰ 売 上 高		(*150,000*)	❶
Ⅱ (変動売上原価)		(*60,000*)	❷
変動製造マージン		(*90,000*)	
Ⅲ 変動販売費		(*25,000*)	❸
(貢 献 利 益)		(*65,000*)	
Ⅳ 固 定 費			
1. 固定製造間接費	(*48,000*)		
2. 固定販売費及び一般管理費	(*10,000*)	(*58,000*)	
営 業 利 益		(*7,000*)	

解説 ❶売 上 高　@￥*3,000*×50個＝￥*150,000*
❷変動売上原価　@￥*1,200*×50個＝￥ *60,000*
❸変 動 販 売 費　@￥ *500*×50個＝￥ *25,000*

32 2

(1)　全部原価計算損益計算書

売 上 高	(*175,000*)	❶
売 上 原 価	(*96,250*)	❷
売 上 総 利 益	(*78,750*)	
販売費及び一般管理費	(*36,500*)	❸
営 業 利 益	(*42,250*)	

(2)　直接原価計算損益計算書

売 上 高		(*175,000*)	
変 動 売 上 原 価		(*70,000*)	❹
変動製造マージン		(*105,000*)	
変 動 販 売 費		(*17,500*)	❺
貢 献 利 益		(*87,500*)	
固定製造間接費	(*30,000*)		
固定販売費及び一般管理費	(*19,000*)	(*49,000*)	
営 業 利 益		(*38,500*)	

解説 (1)　全部原価計算の場合
❶売上高　@￥*500*×350個＝￥*175,000*
❷製品１個あたりの変動製造原価　@￥*200*
製品１個あたりの固定製造間接費
￥*30,000*÷400個＝@￥*75*
売上原価　(@￥*200*＋@￥*75*)×350個＝￥*96,250*
❸販売費及び一般管理費
@￥*50*×350個＋￥*19,000*＝￥*36,500*
(2)　直接原価計算の場合
❹変動売上原価　@￥*200*×350個＝￥*70,000*
❺変動販売費　@￥*50*×350個＝￥*17,500*

検定問題　(p.157)

32 3

ア	4	イ	2

32 4

a	X製品／個あたりの変動販売費	￥	*540*	❶
b	販売数量が２倍になったときの営業利益	￥	*1,890,000*	❷

解説 変動売上原価(1個あたり)

変動売上原価¥3,078,000÷1,800個＝¥1,710

変動販売費(1個あたり)

¥972,000÷1,800個＝¥540❶

販売数量が2倍(3,600個)のときの損益計算書

損益計算書

Ⅰ	売上高	10,800,000	(¥3,000×3,600個)
Ⅱ	変動売上原価	6,156,000	(¥1,710×3,600個)
	変動製造マージン	4,644,000	
Ⅲ	変動販売費	1,944,000	(¥540×3,600個)
	貢献利益	2,700,000	
Ⅳ	固定費	810,000	(変動しない)
	営業利益	1,890,000	❷

32 5

a	販売数量が2倍になったときの貢献利益	¥	2,160,000	❶
b	販売数量が2,000個のときの営業利益	¥	240,000	❷

解説 変動売上原価

¥3,600,000－¥1,710,000＝¥1,890,000

変動売上原価(1個あたり)

¥1,890,000÷1,800個＝¥1,050

変動販売費

¥1,710,000－¥1,080,000＝¥630,000

変動販売費(1個あたり)

¥630,000÷1,800個＝¥350

販売数量が2倍(3,600個)のときの損益計算書

損益計算書

Ⅰ	売上高	7,200,000	(¥2,000×3,600個)
Ⅱ	変動売上原価	3,780,000	(¥1,050×3,600個)
	変動製造マージン	3,420,000	
Ⅲ	変動販売費	1,260,000	(¥350×3,600個)
	貢献利益	2,160,000	❶
Ⅳ	固定費	960,000	(変動しない)
	営業利益	1,200,000	

販売数量が2,000個のときの損益計算書

損益計算書

Ⅰ	売上高	4,000,000	(¥2,000×2,000個)
Ⅱ	変動売上原価	2,100,000	(¥1,050×2,000個)
	変動製造マージン	1,900,000	
Ⅲ	変動販売費	700,000	(¥350×2,000個)
	貢献利益	1,200,000	
Ⅳ	固定費	960,000	(変動しない)
	営業利益	240,000	❷

33 直接原価計算(2) (p.158)

33 1

(1)	損益分岐点の売上高	¥	96,000	❶
(2)	目標利益¥300,000をあげるために必要な売上高	¥	576,000	❷

解説 販売数量が1,000個のときの損益計算書

損益計算書 (比率)

Ⅰ	売上高	400,000	1
Ⅱ	変動費	150,000	0.375
	貢献利益	250,000	0.625
Ⅲ	固定費	60,000	
	営業利益	190,000	

❶売上高と総原価(変動費＋固定費)の金額が一致している点を損益分岐点といい，損益分岐点における営業利益(貢献利益－固定費)は¥0になる。このとき，損益分岐点の売上高は固定費÷貢献利益率で求めることができる。

変動費率 $\frac{¥150(変動費)}{¥400(販売単価)}$＝0.375

貢献利益率 1－0.375＝0.625

売上高 ¥60,000÷0.625＝¥96,000

損益分岐点における損益計算書

損益計算書 (比率)

Ⅰ	売上高	96,000	1	÷0.625
Ⅱ	変動費	36,000	0.375	
	貢献利益	60,000	0.625	
Ⅲ	固定費	60,000		
	営業利益	0		

❷固定費は常に¥60,000発生するので，目標とする営業利益¥300,000をあげるためには¥360,000の貢献利益が必要である。このとき，目標利益をあげるために必要な売上高は(固定費＋目標利益)÷貢献利益率で求めることができる。

売上高 (¥60,000＋¥300,000)÷0.625＝¥576,000

目標営業利益が¥300,000となる損益計算書

損益計算書 (比率)

Ⅰ	売上高	576,000	1	÷0.625
Ⅱ	変動費	216,000	0.375	
	貢献利益	360,000	0.625	
Ⅲ	固定費	60,000		
	営業利益	300,000		

33 2

(1)	損益分岐点の月間売上高	¥	300,000	❶
(2)	目標利益¥700,000をあげるために必要な月間売上高	¥	1,700,000	❷

解説 ❶変動費率 $\frac{¥250(変動費)}{¥500(販売単価)}$＝0.5

貢献利益率 1－0.5＝0.5

売上高 ¥150,000÷0.5＝¥300,000

損益分岐点における損益計算書

損益計算書 (比率)

Ⅰ	売上高	300,000	1	÷0.5
Ⅱ	変動費	150,000	0.5	
	貢献利益	150,000	0.5	
Ⅲ	固定費	150,000		
	営業利益	0		

❷売上高 (¥150,000＋¥700,000)÷0.5＝¥1,700,000

目標営業利益が¥700,000となる損益計算書

損益計算書 (比率)

Ⅰ	売上高	1,700,000	1	÷0.5
Ⅱ	変動費	850,000	0.5	
	貢献利益	850,000	0.5	
Ⅲ	固定費	150,000		
	営業利益	700,000		

33 3

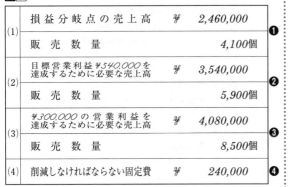

(1)	損益分岐点の売上高	¥ 2,460,000	❶
	販売数量	4,100個	
(2)	目標営業利益¥540,000を達成するために必要な売上高	¥ 3,540,000	❷
	販売数量	5,900個	
(3)	¥300,000の営業利益を達成するために必要な売上高	¥ 4,080,000	❸
	販売数量	8,500個	
(4)	削減しなければならない固定費	¥ 240,000	❹

解説 ❶変動費率 $\frac{¥300(変動費)}{¥600(販売単価)}$=0.5

貢献利益率　1−0.5=0.5

売上高　¥1,230,000÷0.5=¥2,460,000

販売数量　¥2,460,000÷¥600=4,100個

損益分岐点における損益計算書

損益計算書　(比率)

Ⅰ 売上高	2,460,000	1	
Ⅱ 変動費	1,230,000	0.5	÷0.5
貢献利益	1,230,000	0.5	
Ⅲ 固定費	1,230,000		
営業利益	0		

❷売上高　(¥1,230,000+¥540,000)÷0.5
=¥3,540,000

販売数量　¥3,540,000÷¥600=5,900個

目標営業利益が¥540,000となる損益計算書

損益計算書　(比率)

Ⅰ 売上高	3,540,000	1	
Ⅱ 変動費	1,770,000	0.5	÷0.5
貢献利益	1,770,000	0.5	
Ⅲ 固定費	1,230,000		
営業利益	540,000		

❸販売単価　¥600−¥600×20%=¥480

変動費率 $\frac{¥300(変動費)}{¥480(販売単価)}$=0.625

貢献利益率　1−0.625=0.375

売上高　(¥1,230,000+¥300,000)÷0.375
=¥4,080,000

販売数量　¥4,080,000÷¥480=8,500個

目標営業利益が¥300,000となる損益計算書

損益計算書　(比率)

Ⅰ 売上高	4,080,000	1	
Ⅱ 変動費	2,550,000	0.625	÷0.375
貢献利益	1,530,000	0.375	
Ⅲ 固定費	1,230,000		
営業利益	300,000		

❹販売単価¥480 販売数量7,000個の場合の損益計算書

損益計算書　(比率)

Ⅰ 売上高	3,360,000	1	
Ⅱ 変動費	2,100,000	0.625	÷0.375
貢献利益	1,260,000	0.375	
Ⅲ 固定費	1,230,000		
営業利益	30,000		

よって，営業利益を当期と同じ¥270,000にするためには，固定費を¥240,000削減しなければならない。

固定費を¥240,000削減した場合の損益計算書

損益計算書

Ⅰ 売上高	3,360,000	
Ⅱ 変動費	2,100,000	
貢献利益	1,260,000	
Ⅲ 固定費	990,000	(¥1,230,000−¥240,000)
営業利益	270,000	

検定問題 (p.160)

33 4

(1)	ア	2	イ	4	(2)	ア	6	イ	8

33 5

a	売上高が¥5,500,000のときの営業利益	¥ 1,370,000	❶
b	損益分岐点の売上高	¥ 2,075,000	❷
c	目標営業利益¥1,500,000を達成するための販売数量	5,825 個	❸

解説 売上高が¥5,000,000のときの損益計算書

損益計算書　(比率)

売上高	5,000,000	1
変動費	3,000,000	0.6
貢献利益	2,000,000	0.4
固定費	830,000	
営業利益	1,170,000	

❶売上高¥5,500,000における損益計算書

損益計算書　(比率)

売上高	5,500,000	1	
変動費	3,300,000	0.6	¥5,500,000×0.6
貢献利益	2,200,000	0.4	¥5,500,000×0.4
固定費	830,000		
営業利益	1,370,000		

❷損益分岐点における売上高

¥830,000÷0.4=¥2,075,000

損益計算書　(比率)

売上高	2,075,000	1	
変動費	1,245,000	0.6	¥830,000÷0.4
貢献利益	830,000	0.4	
固定費	830,000		
営業利益	0		

❸目標営業利益¥1,500,000を達成するための販売数量

(¥1,500,000+¥830,000)÷0.4=¥5,825,000
(売上高)

¥5,825,000÷¥1,000=5,825個

目標営業利益が¥1,500,000となる損益計算書

損益計算書　(比率)

売上高	5,825,000	1	
変動費	3,495,000	0.6	¥2,330,000÷0.4
貢献利益	2,330,000	0.4	
固定費	830,000		
営業利益	1,500,000		

33 6

a	販売数量が3,600個のときの営業利益	¥ 3,822,000	❶
b	損益分岐点の売上高	¥ 5,250,000	❷
c	目標営業利益¥5,460,0000を達成するための販売数量	4,500個	❸

解説 ❶販売数量が3,600個のときの損益計算書

損益計算書　（比率）

売上高	12,600,000	1	¥3,500×3,600個
変動費	6,048,000	0.48	(¥1,230＋¥450)×3,600個
貢献利益	6,552,000	0.52	
固定費	2,730,000		
営業利益	3,822,000		

❷損益分岐点における売上高

¥2,730,000÷0.52＝¥5,250,000

❸目標営業利益¥5,460,000を達成するための販売数量

(¥5,460,000＋¥2,730,000)÷0.52＝¥15,750,000
（売上高）

¥15,750,000÷¥3,500＝4,500個

33 7

a	¥ 4,050,000	❶	b	¥ 6,750,000	❷
c	2,200個	❸			

解説 売上高が¥9,000,000のときの損益計算書

損益計算書　（比率）

売上高	9,000,000	1	¥4,500×2,000個
変動費	5,760,000	0.64	¥4,860,000＋¥900,000
貢献利益	3,240,000	0.36	
固定費	2,430,000		
営業利益	810,000		

❶販売数量が2倍（売上高¥18,000,000）になったときの損益計算書

損益計算書　（比率）

売上高	18,000,000	1	
変動費	11,520,000	0.64	¥18,000,000×0.64
貢献利益	6,480,000	0.36	
固定費	2,430,000		
営業利益	4,050,000		

❷損益分岐点における売上高

¥2,430,000÷0.36＝¥6,750,000

❸目標営業利益¥1,134,000を達成するための販売数量

(¥1,134,000＋¥2,430,000)÷0.36
＝¥9,900,000（売上高）

¥9,900,000÷¥4,500＝2,200個

33 8

a	¥ 4,000,000	❶	b	840個	❷
c	¥ 3,750,000	❸			

解説 変動費率

¥3,500（1個あたりの変動費）÷¥5,000（販売単価）＝0.7

貢献利益率

1－0.7＝0.3

❶損益分岐点における売上高

¥1,200,000÷0.3＝¥4,000,000

❷目標営業利益¥60,000を達成するための販売数量

(¥60,000＋¥1,200,000)÷0.3＝¥4,200,000
（売上高）

¥4,200,000÷¥5,000＝840個

❸変動費率

¥3,400（1個あたりの変動費）÷¥5,000（販売単価）
＝0.68

貢献利益率

1－0.68＝0.32

¥1,200,000÷0.32＝¥3,750,000

33 9

a	¥ 12,300,000	❶	b	1,150個	❷
c	4％	❸			

解説 ❶ 損益計算書　（比率）

売上高	32,000,000	1	¥10,000×3,200個
変動費	12,800,000	0.4	¥4,000×3,200個
貢献利益	19,200,000	0.6	
固定費	6,900,000		
営業利益	12,300,000		

❷損益分岐点の販売数量

¥6,900,000÷0.6＝¥11,500,000（売上高）

¥11,500,000÷¥10,000＝1,150個

❸変動費を@¥4,180に変更しても営業利益¥12,000,000を計上するためには，固定費を減額しなければならない。

損益計算書　（比率）

売上高	32,000,000	1	¥10,000×3,200個
変動費	13,376,000	0.418	¥4,180×3,200個
貢献利益	18,624,000	0.582	
固定費	x		
営業利益	12,000,000		

x＝¥6,624,000

$$\frac{¥6{,}900{,}000-¥6{,}624{,}000}{¥6{,}900{,}000}=0.04$$

固定費は¥6,900,000の4％である¥276,000を減額した¥6,624,000にならなければ，営業利益¥12,000,000は達成できない。

34 発展学習　高低点法　(p.162)

問題

単位あたりの変動費	¥	950／時間	❶
月間固定費	¥	860,000	❷

解説 最高点　3月（1,080時間）

最低点　1月（960時間）

2月（850時間）は正常な操業度の範囲ではないので，最低点にはならない。

❶単位あたりの変動費

$$\frac{¥1{,}886{,}000-¥1{,}772{,}000}{1{,}080\text{時間}-960\text{時間}}=¥950／\text{時間}$$

❷固定費

¥1,886,000－1,080時間×¥950＝¥860,000

35 発展学習　損益分岐点比率と安全余裕率　(p.163)

問題

損益分岐点比率	64　%	❶
安全余裕率	36　%	❷

解説　変動費率

$\frac{¥130\times625個}{¥125,000}=0.65$

貢献利益率

1－0.65＝0.35

損益分岐点における売上高

¥28,000÷0.35＝¥80,000

損益分岐点売上高における損益計算書

損益計算書　(比率)

売上高	80,000	1
変動費	52,000	0.65
貢献利益	28,000	0.35
固定費	28,000	
営業利益	0	

¥28,000÷0.35

❶損益分岐点比率

$\frac{¥80,000}{¥125,000}\times100=64\%$

❷安全余裕率

$\frac{¥125,000-¥80,000}{¥125,000}\times100=36\%$

総合問題 9　(p.164)

9—1

(1)	材料消費価格差異	(借)	¥　3,800	❶
(2)	材料消費数量差異	(貸)	¥　5,000	❷
(3)	賃率差異	(貸)	¥　9,800	❸
(4)	作業時間差異	(借)	¥　3,000	❹
(5)	予算差異	(借)	¥　2,000	❺
(6)	能率差異	(借)	¥　2,500	❻
(7)	操業度差異	(借)	¥　3,000	❼

仕　掛　品

❽	前月繰越	(37,500)	製品	(650,000) ❾
	材料	(98,800)	材料消費価格差異	(3,800)
	賃金	(284,200)	(作業時間)差異	(3,000)
	製造間接費	(250,000)	(予算)差異	(2,000)
	材料消費数量差異	(5,000)	(能率)差異	(2,500)
	(賃率)差異	(9,800)	(操業度)差異	(3,000)
			次月繰越	(21,000) ❿
		(685,300)		(685,300)

解説　❶❷

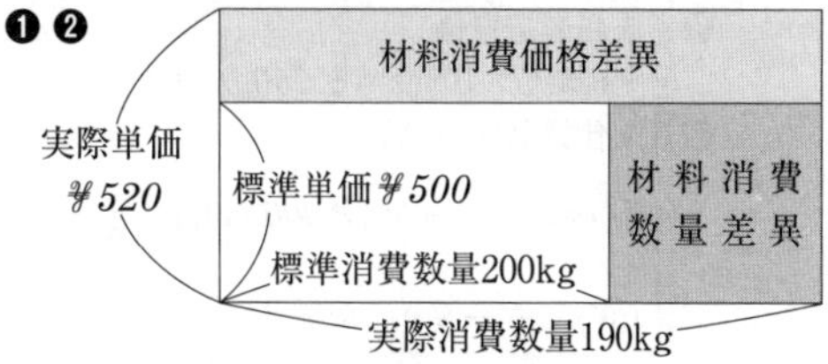

当月投入量　100台＋10台－10台＝100台

標準消費数量　2kg×100台＝200kg

材料消費価格差異

(@¥500－@¥520)×190kg＝－¥3,800(借方差異)

材料消費数量差異

(200kg－190kg)×@¥500＝¥5,000(貸方差異)

❸❹

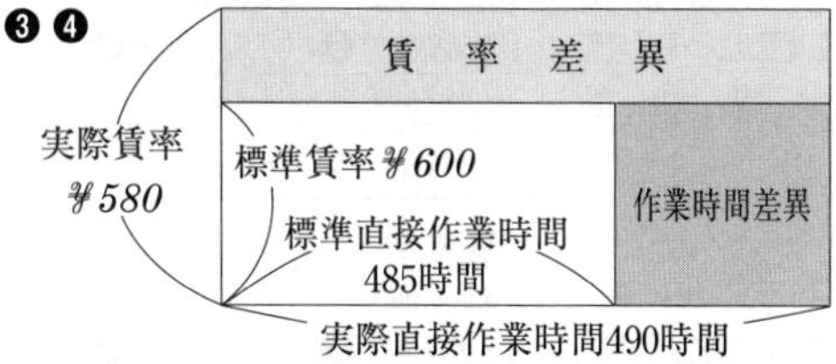

当月投入量　100台＋10台×$\frac{1}{5}$－10台×$\frac{1}{2}$＝97台

標準直接作業時間　5時間×97台＝485時間

賃率差異

(@¥600－@¥580)×490時間＝¥9,800(貸方差異)

作業時間差異

(485時間－490時間)×@¥600＝－¥3,000(借方差異)

❺❻❼

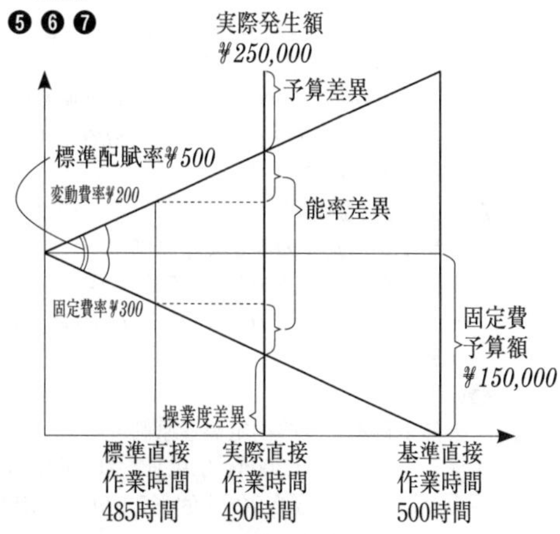

固定費率　$\frac{¥150,000}{500時間}$＝@¥300

予算差異

(@¥200(変動費率)×490時間＋¥150,000)

－¥250,000＝－¥2,000(借方差異)

能率差異

(485時間－490時間)×@¥500(標準配賦率)

＝－¥2,500(借方差異)

操業度差異

(490時間－500時間)×@¥300(固定費率)

＝－¥3,000(借方差異)

❽月初仕掛品製造原価

@¥1,000×10台＋@¥3,000×10台×$\frac{1}{2}$＋@¥2,500

×10台×$\frac{1}{2}$＝¥37,500

❾完成品製造原価

@¥6,500×100台＝¥650,000

❿月末仕掛品製造原価

$@¥1,000×10台+@¥3,000×10台×\frac{1}{5}+@¥2,500×10台×\frac{1}{5}＝¥21,000$

9—2

(1) 損益計算書(全部原価計算)

	第1期	第2期	第3期
売上高	(5,000,000) ❶	(5,000,000) ❶	(5,500,000) ❷
売上原価	(3,200,000) ❸	(3,000,000) ❹	(3,300,000) ❺
売上総利益	(1,800,000)	(2,000,000)	(2,200,000)
販売費及び一般管理費	(1,550,000) ❻	(1,550,000) ❻	(1,600,000) ❼
営業利益	(250,000)	(450,000)	(600,000)

(2) 損益計算書(直接原価計算)

	第1期	第2期	第3期
Ⅰ 売上高	(5,000,000)	(5,000,000)	(5,500,000)
Ⅱ 変動売上原価	(2,000,000) ❽	(2,000,000) ❽	(2,200,000) ❾
変動製造マージン	(3,000,000)	(3,000,000)	(3,300,000)
Ⅲ 変動販売費	(500,000) ❿	(500,000) ❿	(550,000) ⓫
貢献利益	(2,500,000)	(2,500,000)	(2,750,000)
Ⅳ 固定費	(2,250,000) ⓬	(2,250,000) ⓬	(2,250,000) ⓬
営業利益	(250,000)	(250,000)	(500,000)

解説 (1) 全部原価計算の場合

❶売上高(1,2期) @¥5,000×1,000個＝¥5,000,000

❷売上高(3期) @¥5,000×1,100個＝¥5,500,000

❸売上原価(1期)

製品1個あたりの変動製造原価 @¥2,000

製品1個あたりの固定製造原価

¥1,200,000÷1,000個(生産量)＝@¥1,200

売上原価 (@¥2,000+@¥1,200)×1,000個＝¥3,200,000

❹売上原価(2期)

製品1個あたりの固定製造原価

¥1,200,000÷1,200個(生産量)＝@¥1,000

売上原価 (@¥2,000+@¥1,000)×1,000個＝¥3,000,000

❺売上原価(3期)

製品1個あたりの固定製造原価

¥1,200,000÷1,200個(生産量)＝@¥1,000

売上原価 (@¥2,000+@¥1,000)×1,100個＝¥3,300,000

期首の製品と当期製造した製品の製造原価はともに@¥3,000(@¥2,000+@¥1,000)である。

❻販売費及び一般管理費(1,2期)

@¥500×1,000個＋¥1,050,000＝¥1,550,000

❼販売費及び一般管理費(3期)

@¥500×1,100個＋¥1,050,000＝¥1,600,000

(2) 直接原価計算の場合

❽変動売上原価(1,2期)

@¥2,000×1,000個＝¥2,000,000

❾変動売上原価(3期)

@¥2,000×1,100個＝¥2,200,000

❿変動販売費(1,2期)

@¥500×1,000個＝¥500,000

⓫変動販売費(3期)

@¥500×1,100個＝¥550,000

⓬固定費 ¥1,200,000+¥1,050,000=¥2,250,000

9—3

(1)	損益分岐点の売上高	¥	1,200,000 ❶
(2)	目標利益¥480,000をあげるために必要な売上高	¥	2,000,000 ❷

解説 ❶変動費率 $\frac{¥200(変動費)}{¥500(販売単価)}=0.4$

貢献利益率 1－0.4＝0.6

売上高 ¥720,000÷0.6＝¥1,200,000

損益分岐点における損益計算書

損益計算書 (比率)

	金額	比率
Ⅰ 売上高	1,200,000	1
Ⅱ 変動費	480,000	0.4
貢献利益	720,000	0.6
Ⅲ 固定費	720,000	
営業利益	0	

÷0.6

❷売上高 (¥720,000+¥480,000)÷0.6=¥2,000,000

目標営業利益が¥480,000となる損益計算書

損益計算書 (比率)

	金額	比率
Ⅰ 売上高	2,000,000	1
Ⅱ 変動費	800,000	0.4
貢献利益	1,200,000	0.6
Ⅲ 固定費	720,000	
営業利益	480,000	

÷0.6

36 仕訳の問題 (p.166)

36 1

	借	方	貸	方	
(1)	材料消費価格差異	*38,000*	消費材料	*38,000*	❶
(2)	仕掛品	*450,000*	特許権使用料	*450,000*	❷
(3)	売上原価	*52,000*	製造間接費配賦差異	*52,000*	❸
(4)	1級製品 2級製品	*750,000* *540,000*	仕掛品	*1,290,000*	❹
(5)	第2工程仕掛品 製品	*2,720,000* *3,400,000*	第1工程仕掛品 第2工程仕掛品	*2,720,000* *3,400,000*	❺
(6)	売掛金 売上原価	*945,000* *675,000*	売上 工場	*945,000* *675,000*	❻

解説 ❶a．予定消費高の計算

@¥840×3,800個＝¥3,192,000

b．実際消費単価と実際消費高の計算

$$\frac{¥492,000+¥3,078,000}{600個+3,600個}=@¥850$$

@¥850×3,800個＝¥3,230,000

c．材料消費価格差異の計上

a予定消費高¥3,192,000とb実際消費高¥3,230,000との差額¥38,000を材料消費価格差異勘定の借方に振り替えるとともに，消費材料勘定の貸方に記入する。

消費材料

b実際 3,230,000	a予定 3,192,000
	c差異 38,000

❷単純総合原価計算を採用しているので，消費高を仕掛品勘定に振り替える。

$$月割額による消費高\ \frac{¥5,400,000}{12か月}=¥450,000$$

❸実際発生額が予定配賦額より¥6,000多いので，製造間接費勘定は以下のようになっている。

製造間接費

実際	予定
	差異 6,000

借方残高¥6,000を製造間接費配賦差異勘定に振り替えた仕訳

(借)製造間接費配賦差異 6,000　(貸)製造間接費 6,000

これを転記すると，製造間接費配賦差異勘定は次のようになる。

製造間接費配賦差異

前月繰越 46,000	
製造間接費 6,000	

借方残高¥52,000を売上原価勘定に振り替える。

❹1級製品と2級製品の等価係数は1：0.8となる。

よって積数は，1級製品　1×500個＝500

2級製品　0.8×450個＝360

1級製品の製造原価

$$¥1,290,000\times\frac{500}{500+360}=¥750,000$$

2級製品の製造原価

$$¥1,290,000\times\frac{360}{500+360}=¥540,000$$

❺第1工程の完成品原価を第2工程仕掛品勘定の借方に振り替えるとともに，第2工程(最終工程)の完成品原価を製品勘定の借方に振り替える。

❻工場では次の仕訳を行う。

(借)本　社 675,000　(貸)製　品 675,000

36 2

	借	方	貸	方	
(1)	仕掛品	*78,000*	製造間接費	*78,000*	
(2)	仕掛品	*870,000*	従業員賞与手当	*870,000*	❶
(3)	A組仕掛品 B組仕掛品	*392,000* *308,000*	組間接費	*700,000*	❷
(4)	売上原価	*8,000*	材料消費価格差異	*8,000*	❸
(5)	第1工程半製品 第2工程仕掛品 製品	*2,350,000* *2,800,000* *3,280,000*	第1工程仕掛品 第1工程半製品 第2工程仕掛品	*2,350,000* *2,800,000* *3,280,000*	❹
(6)	健康保険料	*320,000*	本社	*320,000*	❺

解説 ❶単純総合原価計算を採用しているので，月割額を仕掛品勘定に振り替える。

$$月割額\ \frac{¥5,220,000}{6か月}=¥870,000$$

❷A組間接費配賦額

$$¥700,000\times\frac{¥275,000+¥348,000+¥161,000}{(¥275,000+¥348,000+¥161,000)+(¥225,000+¥252,000+¥139,000)}$$

(A組直接費)　(B組直接費)

＝¥392,000

B組間接費配賦額

$$¥700,000\times\frac{¥225,000+¥252,000+¥139,000}{(¥275,000+¥348,000+¥161,000)+(¥225,000+¥252,000+¥139,000)}$$

(A組直接費)　(B組直接費)

＝¥308,000

❸a．仮に消費材料勘定を設けている場合，当月の記入は次のようになる。

消費材料

実際	予定
差異 3,000	

b．これにより差異の¥3,000を，材料消費価格差異勘定の貸方に振り替えると次のようになる。

材料消費価格差異

前月繰越 11,000	3,000
	残高 8,000

c．上記の材料消費価格差異勘定の残高¥8,000を売上原価勘定に振り替えると次のようになる。
(借)売上原価 8,000　(貸)材料消費価格差異 8,000

❹a．第1工程の完成品原価¥2,350,000を第1工程半製品勘定の借方に振り替える。
b．第2工程に投入した原価¥2,800,000を，第1工程半製品勘定から第2工程仕掛品勘定の借方に振り替える。
c．第2工程(最終工程)の完成品原価¥3,280,000を製品勘定の借方に振り替える。

❺工場は，製造活動に関する勘定(健康保険料勘定)を設け，本社との貸借関係を処理するため本社勘定を用いている。
[参考：本社の仕訳]
(借)健康保険料預り金 320,000　(貸)当座預金など 640,000
　　工　場 320,000

36 3

	借	方	貸	方	
(1)	仕掛品	380,000	外注加工賃 減価償却費	210,000 170,000	❶
(2)	第1製造部門費 第2製造部門費	416,000 184,000	動力部門費 工場事務部門費	408,000 192,000	❷
(3)	棚卸減耗損	25,000	素材	25,000	❸
(4)	売掛金 売上原価	1,125,000 900,000	売上 第1工程半製品	1,125,000 900,000	❹
(5)	売上原価	9,000	賃率差異	9,000	❺
(6)	賃金	1,736,000	本社	1,736,000	❻

解説 ❶単純総合原価計算を採用しているので，消費高を仕掛品勘定に振り替える。
❷第1製造部門への配賦額
¥416,000＝¥272,000＋¥144,000
第2製造部門への配賦額
¥184,000＝¥136,000＋¥48,000
動力部門費の配賦
配賦率　¥8.5＝¥408,000÷(第1部門40kW×800時間＋第2部門32kW×500時間)
第1製造部門への配賦額
¥272,000＝¥8.5×40kW×800時間
第2製造部門への配賦額
¥136,000＝¥8.5×32kW×500時間
工場事務部門費の配賦
配賦率　¥12,000＝¥192,000÷(第1部門12人＋第2部門4人)
第1製造部門への配賦額
¥144,000＝¥12,000×12人
第2製造部門への配賦額
¥48,000＝¥12,000×4人
❸a．素材の棚卸減耗高の計算
帳簿有高
前月繰越2,000kg＋仕入3,200kg＋仕入4,800kg－消費8,200kg＝1,800kg
実地棚卸数量は1,760kgなので，不足分40kgが棚卸減耗高となる。

b．総平均法による消費単価

$$\frac{2{,}000\text{kg}\times¥605+3{,}200\text{kg}\times¥615+4{,}800\text{kg}\times¥640}{2{,}000\text{kg}+3{,}200\text{kg}+4{,}800\text{kg}}$$

＝@¥625
c．¥25,000＝@¥625×40kg

❹売り上げた第1工程半製品の原価は売上原価勘定に振り替える。

❺a．仮に消費賃金勘定を設けている場合，当月の記入は次のようになる。

消　費　賃　金

借方	貸方
実際	予定
	差異 2,000

b．これにより差異の¥2,000を，賃率差異勘定の借方に振り替えると次のようになる。

賃　率　差　異

借方	貸方
前月繰越 7,000	残高 9,000
2,000	

c．上記の賃率差異勘定の残高¥9,000を売上原価勘定に振り替えると次のようになる。
(借)売上原価 9,000　(貸)賃率差異 9,000

❻工場は，製造活動に関する勘定(賃金勘定)を設け，また本社との貸借関係を処理するため本社勘定を用いている。

36 4

	借	方	貸	方	
(1)	仕掛品	54,000	保険料	54,000	❶
(2)	材料消費価格差異	21,000	消費材料	21,000	❷
(3)	賃金 従業員賞与手当	1,860,000 256,000	所得税預り金 健康保険料預り金 当座預金	55,000 36,000 2,025,000	❸
(4)	A組仕掛品 B組仕掛品	435,000 315,000	組間接費	750,000	❹
(5)	製品	8,400,000	第2工程仕掛品	8,400,000	❺
(6)	減価償却費 工場	528,000 384,000	建物減価償却累計額	912,000	❻

解説 ❶単純総合原価計算を採用しているので，月割額を仕掛品勘定に振り替える。

月割額　$¥54{,}000=\dfrac{¥648{,}000}{12\text{か月}}$

❷a．消費材料勘定の記録は次のとおりである。

消　費　材　料

借方	貸方
実際消費高 455,000 (@¥650×700個)	予定消費高 434,000 (@¥620×700個)
	差異 21,000

b．上記の借方差異¥21,000を，材料消費価格差異勘定の借方に振り替えると次のようになる。

材料消費価格差異

借方	貸方
21,000	

よって，次の仕訳となる。

(借)材料消費価格差異 21,000　(貸)消費材料 21,000

❸諸手当は従業員賞与手当勘定で処理する。

❹配賦率の計算

組間接費¥750,000÷(A組3,480時間＋B組2,520時間)＝@¥125

A組仕掛品への配賦額

¥435,000＝@¥125×3,480時間

B組仕掛品への配賦額

¥315,000＝@¥125×2,520時間

❺最終工程での完成品なので，第2工程仕掛品勘定から製品勘定の借方に振り替える。

❻本社分の減価償却費

¥912,000－¥384,000＝¥528,000

建物減価償却累計額　¥912,000（本社が設けている）

工場分の減価償却費¥384,000は，工場との貸借関係を表す「工場」勘定で処理する。

［参考：工場側の仕訳］

(借)減価償却費 384,000　(貸)本　　社 384,000

37 総合原価計算の問題 (p.170)

37 1

(1)

単純総合原価計算表

令和○年1月分

摘　　要	素材費	加工費	合　計
材料費	4,023,000	386,000	4,409,000
労務費	――	4,135,000	4,135,000
経費	――	1,197,000	1,197,000
計	4,023,000	5,718,000	9,741,000
月初仕掛品原価	480,000	354,000	834,000
計	4,503,000	6,072,000	10,575,000
月末仕掛品原価	❶ 553,000	❷ 322,000	875,000
完成品原価	3,950,000	5,750,000	9,700,000
完成品数量	5,000個	5,000個	5,000個
製品/個あたりの原価	¥ 790	¥ 1,150	¥ 1,940

(2)

仕掛品勘定の特許権使用料（ア　の　金　額）	¥ 327,000	❸

解説　単純総合原価計算表の素材費欄の材料費には素材を，加工費欄の材料費には工場消耗品を，労務費には賃金・従業員賞与手当・健康保険料の合計額を，経費には特許権使用料・減価償却費・電力料・雑費の合計額を記入する。

当月製造費用と月初仕掛品原価の合計から，月末仕掛品原価を差し引いて完成品原価を算出する。

❶平均法によるので，素材費の総製造費用（月初仕掛品原価＋当月製造費用）を完成品数量と月末仕掛品数量で比例配分して求める。

$$(¥480,000+¥4,023,000)\times\frac{700個}{5,000個+700個}$$

＝¥553,000

❷加工費の総製造費用（月初仕掛品原価＋当月製造費用）を完成品数量と月末仕掛品完成品換算数量で比例配分して求める。

$$(¥354,000+¥5,718,000)\times\frac{700個\times40\%}{5,000個+700個\times40\%}$$

＝¥322,000

❸当月経費＝当月加工費－(当月材料費＋当月労務費)

¥1,197,000＝¥5,718,000－(¥386,000＋¥4,135,000)

仕掛品勘定の特許権使用料

当月経費－(減価償却費＋電力料＋雑費)

¥1,197,000－(¥525,000＋¥247,000＋¥98,000)

＝¥327,000

37 2

(1)

組別総合原価計算表

令和○年6月分

摘　　要		A　組	B　組
組直接費	素材費	3,402,000	2,508,000
	加工費	4,584,000	3,256,000
組間接費	加工費	❶ 936,000	❶ 624,000
当月製造費用		8,922,000	6,388,000
月初仕掛品原価	素材費	763,000	705,000
	加工費	638,000	393,000
計		10,323,000	7,486,000
月末仕掛品原価	素材費	❷ 378,000	528,000
	加工費	345,000	❸ 388,000
完成品原価		9,600,000	6,570,000
完成品数量		5,000個	2,000個
製品単価		¥ 1,920	¥ 3,285

(2)

A組仕掛品

前月繰越	1,401,000	(A組製品)	(9,600,000)
素材	3,402,000	次月繰越	(723,000)
労務費	(3,744,000)		
経費	(840,000)		
(組間接費)	(936,000)		
	(10,323,000)		(10,323,000)

解説　❶組間接費の配賦（直接労務費法）

組間接費　¥1,560,000＝¥207,000＋¥738,000＋¥615,000

A組への配賦額

$$¥1,560,000\times\frac{A組¥3,744,000}{A組¥3,744,000+B組¥2,496,000}$$

＝¥936,000

B組への配賦額

$$¥1,560,000\times\frac{B組¥2,496,000}{A組¥3,744,000+B組¥2,496,000}$$

＝¥624,000

❷A組の月末仕掛品原価　素材費（先入先出法）

$$¥3,402,000\times\frac{500個}{5,000個-1,000個+500個}=¥378,000$$

❸B組の月末仕掛品原価　加工費（先入先出法）

¥3,256,000＋¥624,000

$$\times\frac{400個\times50\%}{2,000個-500個\times40\%+400個\times50\%}$$

＝¥388,000

37 3

(1)

工程別総合原価計算表

令和○年8月分

摘　　要		第1工程	第2工程
工程個別費	素材費	4,311,000	――
	前工程費	――	❸ 8,255,000
	労務費	2,070,000	855,000
	経費	512,000	274,000
部門共通費配賦額		845,000	318,000
補助部門費配賦額		❶ 792,000	❶ 648,000
当月製造費用		8,530,000	10,350,000
月初仕掛品原価		1,116,000	1,744,000
計		9,646,000	12,094,000
月末仕掛品原価		❷ 956,000	2,094,000
工程完成品原価		8,690,000	10,000,000
工程完成品数量		2,750個	2,500個
工程完成品単価		¥ 3,160	¥ 4,000

(2)

第2工程の月末仕掛品原価に含まれる前工程費	¥ 1,890,000	❹

(3)

第1工程半製品

前月繰越	3,993,000	第2工程仕掛品	8,255,000
(第1工程仕掛品)	(8,690,000)	売上原価	(1,270,000) ❺
		次月繰越	(3,158,000)
	(12,683,000)		(12,683,000)

解説 ❶補助部門費の配賦額

¥702,000＋¥540,000＋¥198,000＝¥1,440,000

第1工程への配賦額

¥1,440,000×55％＝¥792,000

第2工程への配賦額

¥1,440,000×45％＝¥648,000

❷第1工程の月末仕掛品原価　素材費（平均法）

$$(¥792,000+¥4,311,000)\times\frac{400個}{2,750個+400個}$$

＝¥648,000

第1工程の月末仕掛品原価　加工費（平均法）

$$(¥324,000+¥2,070,000+¥512,000+¥845,000+¥792,000)\times\frac{400個\times50\%}{2,750個+400個\times50\%}=¥308,000$$

❸第2工程の前工程費

¥8,255,000＝@¥3,175×2,600個

❹
$$(¥1,510,000+¥8,255,000)\times\frac{600個}{2,500個+600個}$$

＝¥1,890,000

❺売上原価

¥1,270,000＝@¥3,175×400個

37 4

(1)

単純総合原価計算表

令和○年1月分

摘　　要	素材費	加工費	合　計
材料費	2,244,000	❶ 329,000	2,573,000
労務費	――	❷ 3,798,000	3,798,000
経費	――	❸ 1,048,000	1,048,000
計	2,244,000	5,175,000	7,419,000
月初仕掛品原価	510,000	747,000	1,257,000
計	2,754,000	5,922,000	8,676,000
月末仕掛品原価	❺ 432,000	❻ 504,000	936,000
完成品原価	2,322,000	5,418,000	7,740,000
完成品数量	2,400kg	2,400kg	2,400kg
製品1個あたりの原価	¥ 967.5	¥ 2,257.5	¥ 3,225

(2)

仕掛品勘定の減価償却費（アの金額）	¥ 325,000	❹

解説 ❶工場消耗品　¥329,000

❷労務費　¥3,798,000＝賃金¥3,264,000＋退職給付費用¥451,000＋健康保険料¥83,000

❸経費　¥1,048,000＝当月加工費¥5,175,000－(❶材料費＋❷労務費)

❹減価償却費　¥325,000＝❸経費－(電力料＋雑費)

❺月末仕掛品原価　素材費（平均法）

$$(¥510,000+¥2,244,000)\times\frac{480kg}{2,400kg+180kg+480kg}$$

＝¥432,000

❻月末仕掛品原価　加工費（平均法）

$$(¥747,000+¥5,175,000)\times\frac{480kg\times50\%}{2,400kg+180kg+480kg\times50\%}$$

＝¥504,000

37 5

(1)

組別総合原価計算表

令和○年6月分

摘　　要		A　組	B　組
組直接費	素材費	2,231,000	1,716,780
	加工費	1,048,800	1,537,200
組間接費	加工費	❶ 342,000	❶ 378,000
当月製造費用		3,621,800	3,631,980
月初仕掛品原価	素材費	425,000	312,000
	加工費	150,000	180,000
計		4,196,800	4,123,980
月末仕掛品原価	素材費	388,000	❸ 447,300
	加工費	❷ 136,800	211,680
完成品原価		3,672,000	3,465,000
完成品数量		4,800kg	3,600kg
製品単価		¥ 765	¥ 962.5

(2)

A組仕掛品

	前月繰越	575,000	(A組製品)	(3,672,000) ❺
	素材	2,231,000	次月繰越	(524,800)
	労務費	785,800		
	経費	263,000		
❹	(組間接費)	(342,000)		
		(4,196,800)		(4,196,800)

解説 ❶組間接費の配賦額

A組　（¥456,000＋¥264,000）

$\times \frac{1,425時間}{1,425時間＋1,575時間}$＝¥342,000

B組　（¥456,000＋¥264,000）

$\times \frac{1,575時間}{1,425時間＋1,575時間}$＝¥378,000

❷A組月末仕掛品原価　加工費（先入先出法）

（¥1,048,800＋¥342,000）

$\times \frac{800kg×60\%}{4,800kg－1,000kg×40\%＋800kg×60\%}$

＝¥136,800

❸B組月末仕掛品原価　素材費（先入先出法）

¥1,716,780$\times \frac{1,050kg}{3,600kg－800kg＋180kg＋1,050kg}$

＝¥447,300

❹組間接費配賦の仕訳

（借）A組仕掛品　342,000　（貸）組間接費　720,000
　　B組仕掛品　378,000

❺製品完成時の仕訳

（借）A組製品 3,672,000　（貸）A組仕掛品 3,672,000

37 6

(1) 仕　掛　品

前月繰越	（827,000）	諸　　口	5,810,000
素　　材	3,426,000	次月繰越	（725,000）
工場消耗品	171,000		
賃　　金	1,512,000		
給　　料	175,000		
健康保険料	64,000		
減価償却費	215,000		
修　繕　料	（❶ 118,000）		
雑　　費	27,000		
	（6,535,000）		（6,535,000）

(2) 等級別総合原価計算表

令和○年4月分

等級別製品	重量	等価係数	完成品数量	積数	等級別製造原価	製品単価
1級製品	3,000 g	1.0	8,000個	8,000	2,800,000 ❹	¥350 ❺
2級製品	2,400〃	0.8	7,000〃	5,600	1,960,000 ❹	〃280 ❺
3級製品	1,500〃	0.5	6,000〃	3,000	1,050,000 ❹	〃175 ❺
		❷		16,600	5,810,000	
				❸		

(3) 3　級　製　品

前月繰越	144,000	（売上原価）	（1,089,000）❻
仕　掛　品	（1,050,000）	次月繰越	（105,000）
	（1,194,000）		（1,194,000）

解説 ❶修繕料　¥118,000＝当月支払高¥120,000－前月未払高¥8,000＋当月未払高¥6,000

❷等価係数

1級の3,000 gを1.0とした場合，2級の2,400 gは0.8，3級の1,500 gは0.5。

❸積数＝等価係数×完成品数量

1級　1.0×8,000＝8,000
2級　0.8×7,000＝5,600
3級　0.5×6,000＝3,000

❹完成品総合原価¥5,810,000÷積数合計16,600＝350

等級別製造原価

1級　¥2,800,000＝350×8,000
2級　¥1,960,000＝350×5,600
3級　¥1,050,000＝350×3,000

❺製品単価＝等級別製造原価÷完成品数量

1級　¥350＝¥2,800,000÷8,000個
2級　¥280＝¥1,960,000÷7,000個
3級　¥175＝¥1,050,000÷6,000個

❻3級製品の売上原価（先入先出法）

¥1,089,000＝¥180×800個＋¥175×5,400個

38 適語選択の問題 (p.176)

38 1

ア	5	イ	3	ウ	4	エ	3
オ	4	カ	2	キ	5	ク	3

38 2

ア	4	イ	2	ウ	3	エ	5
オ	2	カ	5	キ	5	ク	4

39 計算の問題 (p.178)

39 1

a	実際個別賃率によるX製品（製造指図書#1）の直接労務費	¥	265,000
b	実際平均賃率によるX製品（製造指図書#1）の直接労務費	¥	262,000
c	予定賃率によるX製品（製造指図書#1）の直接労務費	¥	270,000

解説 a．実際個別賃率によるX製品の直接労務費

従業員Aの賃金（@¥1,400×125時間）＋従業員Bの賃金（@¥1,200×75時間）＝¥265,000

b．実際平均賃率によるX製品の直接労務費

実際平均賃率（@¥1,400×220時間＋@¥1,200×180時間）÷400時間×（125時間＋75時間）＝¥262,000

c．予定賃率によるX製品の直接労務費

予定賃率（¥6,561,000÷4,860時間）×（125時間＋75時間）＝¥270,000

39 2

a	直接労務費 ¥ 1,946,000	b	製造間接費の実際発生額 ¥ 1,224,000
c	売上原価 ¥ 5,792,000		

解説 a．直接労務費

当期支払高¥2,265,000－前期未払高¥298,000＋当期未払高¥264,000－製造間接費勘定の賃金（間接賃金）¥285,000＝¥1,946,000

b．製造間接費の実際発生額

工場消耗品消費高（¥18,000＋¥276,000－¥32,000）＋間接賃金¥285,000＋給料¥342,000＋電力料測定高¥135,000＋減価償却費¥200,000＝¥1,224,000

c．売上原価

期首製品棚卸高¥884,000＋当期製品製造原価¥5,814,000－期末製品棚卸高¥921,000＋製造間接費配賦差異¥15,000＝¥5,792,000

39 3

a	1級製品の製造原価	¥	600,000 ❸
b	3級製品の製品単価	¥	125 ❹

解説

等級別総合原価計算表

令和○年○月分

等級別製品	重量	等価係数	完成品数量	積数	等級別製造原価	製品単価
1級製品	700 g	1.0	2,400個	2,400	*600,000* ❸	￥*250*
2級製品	560 〃	0.8	2,800 〃	2,240	*560,000*	〃 *200*
3級製品	350 〃	0.5	3,200 〃	1,600	*400,000*	〃 *125* ❹
		❶		6,240	*1,560,000*	
				❷		

❶等価係数
1級の700 g を1.0とした場合，2級の560 g は0.8，3級の350 g は0.5。

❷積数＝等価係数×完成品数量
1級　1.0×2,400＝2,400
2級　0.8×2,800＝2,240
3級　0.5×3,200＝1,600

❸完成品総合原価￥*1,560,000*÷積数合計6,240＝250
1級製品の製造原価
￥*600,000*＝250×2,400

❹3級製品の製造原価
￥*400,000*＝250×1,600
3級製品の製品単価
￥*125*＝￥*400,000*÷3,200個

39 4

ア	￥	*225,000*	イ	￥	*270*

解説

等級別総合原価計算表

令和○年／月分

等級別製品	重量	等価係数	完成品数量	積数	等級別製造原価	製品単価
1級製品	150 g	(1)	500 個	(500)	(*225,000*)	￥(*450*)
2級製品	120 g	0.8	(700) 〃	(560)	(*252,000*)	〃 *360*
3級製品	90 g	0.6	(800) 〃	(480)	*216,000*	〃 (*270*)
				1,540	*693,000*	

ア．1級製品の等価係数は1。
積数　500＝等価係数1×完成品数量500個
等級別製造原価合計￥*693,000*÷積数合計1,540＝450
450×積数500＝￥*225,000*

イ．製造原価合計との差額で，2級製品製造原価は￥*252,000*。
2級製品の完成品数量　700個＝￥*252,000*÷製品単価￥*360*
2級製品の積数　560＝0.8×700個
積数合計1,540との差額で3級製品の積数は480。
3級製品の完成品数量　800個＝積数480÷等価係数0.6
3級製品の製品単価　￥*270*＝完成品原価￥*216,000*÷完成品数量800個

39 5

a	当期材料費	￥	*4,279,000*
b	当期労務費	￥	*5,325,000*
c	当期経費	￥	*899,000*
d	当期製品製造原価	￥	*10,667,000*

解説　a．当期材料費
(￥*984,000*＋￥*3,580,000*－￥*1,035,000*)＋(￥*168,000*＋￥*756,000*－￥*174,000*)＝￥*4,279,000*

b．当期労務費
(￥*4,620,000*－￥*115,000*＋￥*123,000*)＋賃率差異￥*60,000*＋給料￥*637,000*＝￥*5,325,000*

c．当期経費
外注加工賃(￥*353,000*＋￥*32,000*－￥*12,000*)＋電力料測定高￥*276,000*＋減価償却費￥*250,000*＝￥*899,000*

d．当期製品製造原価
期首仕掛品棚卸高￥*1,240,000*＋当期材料費￥*4,279,000*＋当期労務費￥*5,325,000*＋当期経費￥*899,000*－期末仕掛品棚卸高￥*1,076,000*＝￥*10,667,000*

39 6

a	完成品の標準原価	￥	*9,216,000*
b	直接材料費差異	￥	*19,000* (不利)
c	作業時間差異	￥	*24,000* (不利)

解説　a．完成品の標準原価
製品1個あたりの標準原価￥*7,680*×完成品数量1,200個＝￥*9,216,000*

b．標準直接材料消費数量
製品1個あたりの標準直接材料消費数量3 kg×当月投入量1,200個＝3,600kg
標準直接材料費@￥*560*×3,600kg－実際直接材料費￥*2,035,000*＝－￥*19,000*(不利差異)

c．標準直接作業時間
製品1個あたりの標準直接作業時間2時間×当月投入量1,220個＝2,440時間
作業時間差異
標準単価@￥*1,200*×(標準直接作業時間2,440時間－実際直接作業時間2,460時間)＝－￥*24,000*(不利差異)

39 7

a	月末仕掛品の標準原価	￥	*2,130,000*
b	直接労務費差異	￥	*120,000* (不利)
c	予算差異	￥	*52,000* (不利)

解説　a．月末仕掛品の標準原価
直接材料費標準原価(@￥*4,000*×300個)＋直接労務費標準原価(@￥*3,000*×300個×50%)＋製造間接費標準原価(@￥*3,200*×300個×50%)＝￥*2,130,000*

b．標準直接作業時間
製品1個あたりの標準直接作業時間2時間×当月投入量(800個＋300個×50%－200個×40%)＝1,740時間
直接労務費差異
標準直接労務費@￥*1,500*×1,740時間－実際直接労務費￥*2,730,000*＝－￥*120,000*(不利差異)

c．変動費率
￥*1,239,000*÷1,770時間＝￥*700*
予算差異

(変動費率¥700×実際直接作業時間1,750時間＋固定費予算額¥1,593,000)－実際製造間接費発生額¥2,870,000＝－¥52,000(不利差異)

39 8

a	販売数量が5,500個のときの営業利益	¥	315,000
b	損益分岐点の販売数量		4,800個
c	目標営業利益¥540,000を達成するための売上高	¥	7,500,000

解説 a．販売数量が5,500個のときの営業利益
(@¥1,250－@¥450－@¥350)×5,500個
＝¥2,475,000
¥2,475,000－¥1,470,000－¥690,000
＝¥315,000

b．損益分岐点の販売数量
(@¥1,250－@¥450－@¥350)
＝@¥450（1個あたりの貢献利益）
(¥1,470,000＋¥690,000)÷@¥450＝4,800個

c．目標営業利益¥540,000を達成するための売上高
(固定費(¥1,470,000＋¥690,000)＋営業利益¥540,000)÷@¥450×@¥1,250＝¥7,500,000

39 9

a	販売数量が8,000個のときの貢献利益	¥	2,880,000
b	損益分岐点の売上高	¥	3,000,000
c	目標営業利益¥720,000を達成するための売上高	¥	5,400,000

解説 a．貢献利益率
(¥4,800,000－¥2,160,000－¥1,200,000)
÷¥4,800,000＝0.3
販売数量が8,000個のときの貢献利益
売上高¥4,800,000÷4,000個＝¥1,200(販売単価)
¥1,200×8,000個×0.3＝¥2,880,000

b．損益分岐点の売上高
固定費¥900,000÷0.3＝¥3,000,000

c．目標営業利益¥720,000を達成するための売上高
(固定費¥900,000＋営業利益¥720,000)÷0.3
＝¥5,400,000

39 10

月末仕掛品原価	¥	300,000

解説 正常減損が製造工程の終点で発生しているため，正常減損費は完成品がすべて負担する。よって，正常減損は完成品に含めて計算する。

素材費(先入先出法)＝当月素材費

$$\times\frac{\text{月末仕掛品数量}}{(\text{完成品数量}+\text{正常減損数量}-\text{月初仕掛品数量})+\text{月末仕掛品数量}}$$

$$¥1{,}996{,}800\times\frac{300\text{kg}}{(3{,}180\text{kg}+40\text{kg}-400\text{kg})+300\text{kg}}$$

＝¥192,000

加工費(先入先出法)＝当月加工費

$$\times\frac{\text{月末仕掛品完成品換算数量}}{(\text{完成品数量}+\text{正常減損数量}-\text{月初仕掛品完成品換算数量})+\text{月末仕掛品完成品換算数量}}$$

$$¥1{,}920{,}000\times\frac{300\text{kg}\times60\%}{(3{,}180\text{kg}+40\text{kg}-400\text{kg}\times50\%)+300\text{kg}\times60\%}$$

＝¥108,000

月末仕掛品原価
素材費¥192,000＋加工費¥108,000＝¥300,000

39 11

月末仕掛品原価	¥	346,000

解説 正常減損が製造工程の始点で発生しているため，正常減損費は完成品と月末仕掛品の両方で負担する。よって，正常減損は最初から投入しなかったものとして計算する。

素材費(平均法)＝(月初素材費＋当月素材費)

$$\times\frac{\text{月末仕掛品数量}}{\text{完成品数量}+\text{月末仕掛品数量}}$$

$$(¥234{,}000+¥1{,}260{,}000)\times\frac{200\text{kg}}{1{,}600\text{kg}+200\text{kg}}$$

＝¥166,000

加工費(平均法)＝(月初加工費＋当月加工費)

$$\times\frac{\text{月末仕掛品完成品換算数量}}{\text{完成品数量}+\text{月末仕掛品完成品換算数量}}$$

$$(¥302{,}000+¥2{,}758{,}000)\times\frac{200\text{kg}\times50\%}{1{,}600\text{kg}+200\text{kg}\times50\%}$$

＝¥180,000

月末仕掛品原価
¥166,000＋¥180,000＝¥346,000

39 12

予算差異	¥	70,000	(貸方)

解説 変動費率＝変動費予算額÷基準操業度
@¥700＝¥1,400,000÷2,000時間
予算差異＝(変動費率×実際直接作業時間＋固定費予算額)－実際製造間接費発生額
(@¥700×1,860時間＋¥1,960,000)－¥3,192,000
＝¥70,000(貸方差異)

39 13

仕掛品―直接労務費

前月繰越	336,000	製品	(1,920,000)②
労務費	(①2,122,800)	賃率差異	(34,800)
		作業時間差異	(72,000)
		次月繰越	432,000②
	(2,458,800)		(2,458,800)

解説 パーシャル・プランによる記帳法なので，①実際原価，②標準原価で記入する。
賃率差異＝(標準賃率－実際賃率)×実際直接作業時間
(@¥1,200－@¥1,220)×1,740時間
＝－¥34,800(借方差異)
作業時間差異＝標準賃率×(標準直接作業時間－実際直接作業時間)
@¥1,200×(1,680時間－1,740時間)
＝－¥72,000(借方差異)

39 14

損益計算書

神奈川製作所　令和○年4月1日から令和○年4月30日まで

Ⅰ	売上高		(4,500,000)
Ⅱ	変動売上原価		(2,625,000)
	変動製造マージン		(1,875,000)
Ⅲ	変動販売費		(375,000)
	(貢献利益)		(1,500,000)
Ⅳ	固定製造間接費	(840,000)	
	固定販売費及び一般管理費	(210,000)	(1,050,000)
	営業利益		(450,000)

解説 売上高

販売単価¥1,800×販売数量2,500個＝¥4,500,000

変動売上原価

変動製造費(製品１個あたり)¥1,050×販売数量2,500個＝¥2,625,000

変動製造マージン

売上高¥4,500,000－変動売上原価¥2,625,000＝¥1,875,000

変動販売費

変動販売費(製品１個あたり)¥150×販売数量2,500個＝¥375,000

貢献利益

変動製造マージン¥1,875,000－変動販売費¥375,000＝¥1,500,000

営業利益

貢献利益¥1,500,000－固定費(¥840,000＋¥210,000)＝¥450,000

39 15

損益計算書

新潟製作所　令和○年4月1日から令和○年4月30日まで

Ⅰ 売上高		(4,860,000)
Ⅱ 売上原価		
1. 期首製品棚卸高	(864,000)	
2. 当期製品製造原価	(3,960,000)	
合計	(4,824,000)	
3. 期末製品棚卸高	(1,080,000)	
標準売上原価	(3,744,000)	
4. 原価差異	((－) 4,000)	(3,740,000)
売上総利益		(1,120,000)

解説 原価差異

＋¥4,000(貸方差異)＝標準売上原価¥3,744,000－実際売上原価¥3,740,000

この場合，標準売上原価＞実際売上原価となり，この原価差異は有利差異（＋）である。ただし，売上原価からは逆に減算（－）される。

40 個別原価計算の問題 (p.184)

40 1

(1)

	借方		貸方		
6月14日	仕掛品	1,156,000	素材	1,156,000	❶

(2)

消費賃金

6/30	賃金	2,562,000	6/30	諸口	2,520,000	❷
			〃	賃率差異	42,000	
		2,562,000			2,562,000	

製造間接費

6/30	工場消耗品	252,000	6/30	諸口	1,175,000
〃	消費賃金	90,000			
〃	健康保険料	134,000			
〃	諸口	699,000			
		1,175,000			1,175,000

第1製造部門費

6/30	製造間接費	524,000	6/30	仕掛品	648,000	❸
〃	諸口	123,000				
〃	製造部門費配賦差異	1,000				
		648,000			648,000	

製造部門費配賦差異

	6/1	前月繰越	4,000	6/30	第1製造部門費	1,000	❹
❹	30	第2製造部門費	3,000	〃	次月繰越	6,000	
			7,000			7,000	

(3) 製造指図書#1

原価計算表

直接材料費	直接労務費	製造間接費				集計	
		部門	時間	配賦率	金額	摘要	金額
1,152,000	360,000	第1	400	540	216,000	直接材料費	1,152,000
	❺ 1,260,000	第1	300	540	162,000	直接労務費	1,620,000
	1,620,000	第2	1,100	350	385,000	製造間接費	763,000
					763,000	製造原価	3,535,000
						完成品数量	50個
						製品単価	¥ 70,700

(4)

6月中の実際平均賃率	¥ 915	❻

解説 ❶移動平均法による消費高

$$\frac{\text{前月繰越¥384,000＋購入高¥1,350,000}}{\text{前月繰越数量300個＋購入数量900個}}$$

＝@¥1,445

@1,445×800個＝¥1,156,000

❷賃金予定消費高

(#1 1,400時間＋#2 1,300時間＋間接作業100時間)×@¥900＝¥2,520,000

❸第１製造部門への予定配賦(予定配賦率)

年間予定額¥7,452,000÷年間予定直接作業時間13,800時間＝@¥540

@¥540×(#1 300時間＋#2 900時間)＝¥648,000

❹各製造部門費勘定から製造部門費配賦差異勘定への振り替え

(借)第1製造部門費 1,000　(貸)製造部門費配賦差異 1,000

製造部門費配賦差異 3,000　第2製造部門費 3,000

❺@¥900×(#1 300時間＋#2 1,100時間)＝¥1,260,000

❻6月中の実際平均賃率 $=\frac{\text{1か月間の実際賃金総額}}{\text{1か月間の実際総作業時間}}$

$¥915=\frac{¥2,562,000}{\text{1,400時間}+\text{1,300時間}+\text{100時間}}$
（#1）（#2）（間接）

40 2

(1)

	借　　方		貸　　方	
6月13日	仕掛品	769,000	素材	769,000 ❶
30日①	製造間接費	68,000	工場消耗品	68,000

(2)

消費賃金

6/30	賃金	2,671,000	6/30	諸口	2,640,000 ❷
			〃	賃率差異	31,000
		2,671,000			2,671,000

製造部門費配賦差異

6/1	前月繰越	5,000	6/30	第1製造部門費	4,000
30	第2製造部門費	12,000	〃	次月繰越	13,000
		17,000			17,000

(3)

部門費振替表

直接配賦法　　　令和○年6月分

部門費	配賦基準	金額	製造部門		補助部門	
			第1部門	第2部門	動力部門	修繕部門
部門費計		803,000	404,000	207,000	120,000	72,000
動力部門費	kW数×運転時間数	120,000	❸ 78,000	42,000		
修繕部門費	修繕回数	72,000	54,000	❹ 18,000		
配賦額合計		192,000	132,000	60,000		
製造部門費合計		803,000	536,000	267,000		

(4)

製造指図書#1　　原価計算表

直接材料費	直接労務費	製造間接費				集計	
		部門	時間	配賦率	金額	摘要	金額
1,028,000	336,000	第1	280	450	126,000	直接材料費	1,028,000
	1,260,000	第1	400	❺ 450	180,000	直接労務費	1,596,000
	1,596,000	第2	650	300	195,000	製造間接費	501,000
					501,000	製造原価	3,125,000
						完成品数量	50個
						製品単価	¥ 62,500

(5)

月末仕掛品原価	¥ 2,389,000 ❻

解説 ❶先入先出法による。
前月繰越120個×@¥1,500＋6/6購入380個×@¥1,550＝¥769,000

❷賃金予定消費高
（#1 1,050時間＋#2 1,000時間＋間接作業150時間）×@¥1,200＝¥2,640,000

❸動力部門費の配賦

$¥120,000\times\frac{80\text{kW}\times 650\text{時間}}{80\text{kW}\times 650\text{時間}+70\text{kW}\times 400\text{時間}}$
＝¥78,000

❹修繕部門費の配賦

$¥72,000\times\frac{3\text{回}}{9\text{回}+3\text{回}}=¥18,000$

❺第1製造部門費の予定配賦率

$\frac{¥6,750,000}{15,000\text{時間}}=@¥450$

❻月末仕掛品原価（製造指図書＃2の原価）
6/13素材¥769,000＋6/30②賃金¥1,200,000（@¥1,200×1,000時間）＋6/30③第1製造部門費¥360,000（@¥450×800時間）＋6/30③第2製造部門費¥60,000（@¥300×200時間）
＝¥2,389,000

40 3

(1)

	借　　方		貸　　方	
6月30日①	製造間接費	195,000	工場消耗品	195,000 ❶

(2)

消費賃金

6/30	賃金	3,025,000	6/30	諸口	3,000,000 ❷
			〃	賃率差異	25,000
		3,025,000			3,025,000

仕掛品

6/1	前月繰越	4,564,000	6/26	製品	7,420,000
12	素材	3,614,000	〃	次月繰越	4,807,000
30	消費賃金	2,760,000			
〃	外注加工賃	185,000			
❸ 〃	製造間接費	1,104,000			
		12,227,000			12,227,000

製造間接費

❶ 6/30	工場消耗品	195,000	6/30	仕掛品	1,104,000 ❸
〃	消費賃金	240,000	〃	製造間接費配賦差異	6,000
〃	健康保険料	154,000			
〃	諸口	521,000			
		1,110,000			1,110,000

(3)

製造指図書#1　　原価計算表

直接材料費	直接労務費	製造間接費	集計 摘要	集計 金額
3,724,000	600,000	240,000	直接材料費	3,724,000
	❹2,040,000	❺ 816,000	直接労務費	2,640,000
	2,640,000	1,056,000	製造間接費	1,056,000
			製造原価	7,420,000
			完成品数量	50個
			製品単価	¥ 148,400

(4)

予算差異	¥ 14,000（借方・(貸方)） ❻

解説 ❶(前月繰越350個＋6/8購入1,200個－6/30月末棚卸数量250個)×@¥150＝¥195,000

❷賃金予定消費高
(#1 1,700時間＋#2 600時間＋間接作業200時間)×@¥1,200＝¥3,000,000

❸製造間接費予定配賦額
年間予定額¥13,824,000÷年間予定直接作業時間28,800時間＝@¥480
@¥480×(#1 1,700時間＋#2 600時間)
＝¥1,104,000

❹@¥1,200×#1 1,700時間＝¥2,040,000

❺@¥480×#1 1,700時間＝¥816,000

❻予算差異
(変動費率×実際直接作業時間＋固定費予算額)
－実際製造間接費発生額
(@¥280×2,300時間＋¥480,000)－¥1,110,000
＝¥14,000(貸方差異)

5 材料費の計算⑵(消費高の計算)

学習の要点

1 材料の消費と記帳

材料倉庫に保管されている材料は，出庫伝票によって製造現場に払い出され，製品の製造のために消費される。

材料消費の記帳にあたり，出庫伝票に製造指図書番号の記入があれば直接材料費を意味し，その消費高は仕掛品勘定の借方に振り替える。また，出庫伝票に製造指図書番号の記入がなければ間接材料費を意味し，その消費高は製造間接費勘定の借方に振り替える。

2 材料消費高の計算

材料消費高＝消費単価×消費数量

⑴ 消費数量の計算

① 継続記録法……材料の受け入れ，払い出しのつど，材料元帳・材料棚札などに数量を継続的に記入し，払出数量を消費数量とする方法。

② 棚卸計算法……月末などに実地棚卸を行って消費数量を求める方法。

消費数量＝(繰越数量＋受入数量)－実地棚卸数量

⑵ 消費単価の計算

① 原 価 法……㋐ 先入先出法 ㋑ 移動平均法 ㋒ 総平均法

② 予定価格法……将来の一定期間における取得価格を予想することによって定めた消費単価で，消費高を計算する方法。

3 予定価格法による場合の記帳

⑴ 消費材料勘定を設ける方法

① 予定価格による予定消費高を**消費材料勘定**の貸方と仕掛品勘定・製造間接費勘定の借方に記入する。

② 実際価格による実際消費高を消費材料勘定の借方と素材勘定の貸方に記入する。

③ 消費材料勘定に生じた差額（予定消費高と実際消費高との差額）を月末に**材料消費価格差異勘定**に振り替える。なお，材料消費価格差異勘定の残高は，会計期末に売上原価勘定に振り替える。

例1 予定消費高を計上したとき

① 素材の予定消費高は¥240,000である。うち，直接材料費は¥200,000で，残額は間接材料費である。

(借) 仕 掛 品 200,000 (貸) 消費材料 240,000
　　 製造間接費 40,000

例2 実際消費高を計上したとき

② 素材の実際消費高は¥250,000であった。

(借) 消費材料 250,000 (貸) 素　　材 250,000

例3 予定消費高と実際消費高との差額を材料消費価格差異勘定に振り替えたとき

③ 予定消費高と実際消費高との差額を，月末に材料消費価格差異勘定に振り替えた。

(借) 材料消費価格差異 10,000 (貸) 消費材料 10,000

消　費　材　料

借方	貸方
②実際消費高 250,000	①予定消費高 240,000
	③差額 10,000

―振替→

材料消費価格差異

借方	貸方
③差額 10,000	

⑵　消費材料勘定を設けない方法
　①　予定価格による予定消費高を素材勘定の貸方と仕掛品勘定・製造間接費勘定の借方に記入する。
　②　予定消費高と実際消費高との差額を**材料消費価格差異勘定**に振り替える。

5 1　次の取引の仕訳を示しなさい。
⑴　素材¥380,000を消費した。ただし，出庫伝票には製造指図書番号#1が記入されている。
⑵　材料を次のとおり消費した。
　　買入部品　¥30,000　　燃　　料　¥13,000　　工場消耗品　¥25,000
　　消耗工具器具備品　¥12,000
　ただし，買入部品の出庫伝票には，製造指図書番号#3が記入されている。

	借　　方	貸　　方
⑴		
⑵		

5 2　次の取引の仕訳を示しなさい。
⑴　素材¥330,000を，製造指図書番号#1用として¥300,000　残額を間接材料として消費した。
⑵　買入部品50個　@¥1,200を，製造指図書番号#2のために消費した。
⑶　当月の工場消耗品の消費高は，¥35,000であった。(間接材料)

	借　　方	貸　　方
⑴		
⑵		
⑶		

5 3　素材Aの受け入れ・払い出しの記録は次のとおりである。これを材料元帳に⑴先入先出法・⑵移動平均法・⑶総平均法によって記入し，それぞれの消費高を計算しなさい。

資　　料

6月 1日	前月繰越	400kg	@¥400	¥160,000
3日	受入高	400〃	〃〃420	¥168,000
6日	払出高	600〃		
18日	受入高	800〃	〃〃450	¥360,000
24日	払出高	700〃		

(1)

材　料　元　帳

先入先出法　　　　素　材　A　　　　単位：kg

令和○年		摘　要	受　入			払　出			残　高		
			数量	単価	金　額	数量	単価	金　額	数量	単価	金　額

先入先出法による消費高　¥

(2)

材　料　元　帳

移動平均法　　　　素　材　A　　　　単位：kg

令和○年		摘　要	受　入			払　出			残　高		
			数量	単価	金　額	数量	単価	金　額	数量	単価	金　額

移動平均法による消費高　¥

(3)

材　料　元　帳

総平均法　　　　素　材　A　　　　単位：kg

令和○年		摘　要	受　入			払　出			残　高		
			数量	単価	金　額	数量	単価	金　額	数量	単価	金　額

総平均法による消費高　¥

5-4 次の取引の仕訳を示しなさい。ただし，消費材料勘定を設けている。

(1) 素材の予定消費高は¥450,000である。うち，直接材料費は¥350,000で，残額は間接材料費である。

(2) 素材の実際消費高は¥443,000であった。

(3) 予定消費高と実際消費高との差額を，月末に材料消費価格差異勘定に振り替えた。

(4) 材料消費価格差異勘定の貸方残高¥7,000を，会計期末に売上原価勘定に振り替えた。

	借　方	貸　方
(1)		
(2)		
(3)		
(4)		

5-5 次の資料により，必要な取引の仕訳を示し，下記の勘定に転記しなさい。

ただし，i　月初棚卸高は次のとおりである。

素　材　1,000個　@¥470　¥470,000

ii　素材の消費高の計算には，@¥480の予定価格を用いている。

iii　消費材料勘定を設けている。勘定の記入は，相手科目・金額を示すこと。

iv　当月末が会計期末にあたる。

(1) 当月仕入高(掛け)　素　材　2,000個　@¥500　¥1,000,000

(2) 当月消費数量　製造指図書#1用　2,500個　機械修理用　100個

(3) 当月実際価格による消費高　消費単価の計算は総平均法による。

(4) 予定消費高と実際消費高との差額を，月末に材料消費価格差異勘定に振り替えた。

(5) 材料消費価格差異勘定の借方残高を，会計期末に売上原価勘定に振り替えた。

	借　方	貸　方
(1)		
(2)		
(3)		
(4)		
(5)		

素　材

前月繰越　470,000	

消費材料

材料消費価格差異

	前月繰越　11,000

売上原価

5-6 次の取引の仕訳を示しなさい。ただし，素材勘定だけで処理する方法によっている。

⑴ 素材の予定消費高は¥560,000である。うち，直接材料費は¥400,000で，残額は間接材料費である。

⑵ 素材の実際消費高は¥563,000であった。よって，予定消費高と実際消費高との差額を，月末に材料消費価格差異勘定に振り替えた。

⑶ 材料消費価格差異勘定の借方残高¥3,000を，会計期末に売上原価勘定に振り替えた。

	借　　方	貸　　方
⑴		
⑵		
⑶		

5-7 次の資料により，必要な取引の仕訳を示し，下記の勘定に転記しなさい。

ただし，ⅰ 素材の消費高の計算には，@¥770の予定価格を用いている。
　　　　ⅱ 消費材料勘定を設けていない。勘定の記入は，相手科目・金額を示すこと。
　　　　ⅲ 当月末が会計期末にあたる。

⑴ 当月仕入高(掛け)　素　材　2,000個　@¥750　¥1,500,000

⑵ 当月消費数量　製造指図書#1用　1,800個　機械修理用　100個

⑶ 当月実際価格による消費高は¥1,425,000であった。よって，予定消費高と実際消費高との差額を，月末に材料消費価格差異勘定に振り替えた。

⑷ 材料消費価格差異勘定の貸方残高を，会計期末に売上原価勘定に振り替えた。

	借　　方	貸　　方
⑴		
⑵		
⑶		
⑷		

素　　材

前月繰越	370,000	

材料消費価格差異

前月繰越	21,000	

売　上　原　価

検定問題

5-8 次の取引の仕訳を示しなさい。

(1) 青森製作所の素材に関する資料は次のとおりであった。よって，予定価格による消費高と実際価格による消費高との差額を消費材料勘定から材料消費価格差異勘定に振り替えた。ただし，素材の予定価格は1個につき¥2,540であり，実際消費単価の計算は総平均法によっており，当月消費数量は2,100個であった。 第94回

6月 1日	前月繰越	400個	1個につき	¥2,500	¥1,000,000
10日	受け入れ	1,000〃	〃	¥2,510	¥2,510,000
20日	受け入れ	1,200〃	〃	¥2,535	¥3,042,000

(2) 北海道工業株式会社は，会計期末にあたり，材料消費価格差異勘定の残高を売上原価勘定に振り替えた。なお，材料消費価格差異勘定の前月繰越高は，¥4,000（貸方）であり，当月の素材の実際消費高は予定消費高より¥9,000多く，この額は材料消費価格差異勘定に振り替えられている。 第93回

(3) 宮崎工業株式会社は，会計期末にあたり，材料消費価格差異勘定の残高を売上原価勘定に振り替えた。なお，材料消費価格差異勘定の前月繰越高は¥13,000（借方）であり，当月の素材の実際消費高は予定消費高より¥4,000少なく，この額は材料消費価格差異勘定に振り替えられている。 第91回

(4) 東北製作所の素材に関する資料は次のとおりであった。よって，予定価格による消費高と実際価格による消費高との差額を消費材料勘定から材料消費価格差異勘定に振り替えた。ただし，素材の予定価格は@¥400であり，実際消費単価の計算は総平均法によっている。 第89回

前月繰越高	300個	@¥380	¥114,000
当月仕入高	1,200〃	〃〃430	¥516,000
当月消費数量	800〃		

(5) 栃木工業株式会社は，会計期末にあたり，材料消費価格差異勘定の残高を売上原価勘定に振り替えた。なお，材料消費価格差異勘定の前月繰越高は，¥9,000（貸方）であり，当月の素材の実際消費高は予定消費高より¥8,000少なく，この額は材料消費価格差異勘定に振り替えられている。 第87回

(6) 神奈川工業株式会社は，会計期末にあたり，材料消費価格差異勘定の残高を売上原価勘定に振り替えた。なお，材料消費価格差異勘定の前月繰越高は¥7,000（借方）であり，当月の素材の実際消費高は予定消費高より¥6,000少なく，この額は材料消費価格差異勘定に振り替えられている。 第84回

(7) 滋賀製作所の素材に関する資料は次のとおりであった。よって，予定価格による消費高と実際価格による消費高との差額を素材勘定から材料消費価格差異勘定に振り替えた。ただし，素材の予定価格は@¥760であり，実際消費単価の計算は総平均法によっている。 第82回

前月繰越高	1,500個	@¥710	¥1,065,000
当月仕入高	9,000〃	〃〃780	¥7,020,000
当月消費数量	8,500〃		

	借　方	貸　方
(1)		
(2)		
(3)		
(4)		
(5)		
(6)		
(7)		

6 労務費の計算(1)(支払高の計算)

学習の要点

1 労務費の分類

(1) **賃金**……製造現場の従業員に支払われる給与で，基本賃金のほか割増賃金（残業手当その他）なども含まれる。

(2) **給料**……工場長・技師・工場事務員などに支払われる給与をいう。

(3) **雑給**……臨時雇いの従業員などに支払われる給与をいう。

(4) **従業員賞与手当**……工場従業員に支払われる賞与(ボーナス)，および家族手当・住宅手当などの諸手当をいう。

(5) **退職給付費用**……工場従業員の退職後に支給される退職給付の当期見積額をいう。

(6) **福利費**……健康保険料・雇用保険料などの社会保険料のうち，事業主が負担する工場従業員に関係する部分をいう。

これらの労務費のうち，賃金については，直接作業を行う従業員に対するものは**直接労務費**となり，間接作業を行う従業員に対するものは**間接労務費**となる。給料・雑給・従業員賞与手当・退職給付費用・福利費は，ふつう**間接労務費**となる。

2 賃金支払高の計算

(1) 賃金支払高の総額の計算

基本賃金に，残業手当などの割増賃金や，家族手当・住宅手当などの諸手当を加えたものが賃金支払高の総額である。

賃金支払高の総額＝基本賃金＋割増賃金＋諸手当

(2) 賃金の正味支払高の計算

従業員に実際に支給されるのは，賃金支払高の総額から，所得税や健康保険料などを控除した金額（正味支払高）である。

正味支払高＝(基本賃金＋割増賃金＋諸手当)－(所得税＋健康保険料など)

3 賃金を支払ったときの記帳

例 賃金を支払ったとき　賃金￥300,000と諸手当￥80,000の支払いにあたり，所得税￥50,000および健康保険料￥20,000を控除した正味支払高￥310,000を当座預金から支払った。

(借)	賃金	300,000	(貸)	所得税預り金	50,000
	従業員賞与手当	80,000		健康保険料預り金	20,000
				当座預金	310,000

6-1 次の取引の仕訳を示しなさい。

賃金¥250,000と諸手当¥70,000の支払いにあたり，所得税¥30,000および健康保険料¥10,000を控除した正味支払高¥280,000を当座預金から支払った。

借　　方	貸　　方

6-2 次の賃金を支払ったときの仕訳を示し，下記の勘定に転記しなさい。なお，正味支払高¥1,670,000は当座預金から支払った。

基本賃金　¥1,500,000　　割増賃金　¥250,000　　諸 手 当　¥180,000
控 除 額　¥260,000（内訳：所得税¥175,000　健康保険料¥85,000）

借　　方	貸　　方

賃　　金

従業員賞与手当

6-3 次の仕訳を示し，下記の勘定に転記して締め切りなさい。また，賃金当月未払高を求めなさい。

(1)　賃 金 総 額　　¥2,780,000（小切手払い）
　　　　うち，控除額　所得税　¥216,000　　健康保険料　¥72,000

(2)　賃金消費高　　直接賃金　¥2,570,000　　間接賃金　¥227,000

	借　　方	貸　　方
(1)		
(2)		

賃　　金

	前 月 繰 越　　245,000

賃金当月未払高　¥

検定問題

6-4 次の取引の仕訳を示しなさい。

⑴ 沖縄工業株式会社は，本月分の賃金を次のとおり当座預金から支払った。ただし，諸手当は賃金勘定に含めないで処理する。 第94回改題

賃金総額 ¥2,173,000　諸手当 ¥462,000
うち，控除額　所得税 ¥154,000　健康保険料 ¥91,000

⑵ 本月分の賃金¥3,946,000について，所得税額¥317,000および健康保険料¥283,000を控除した正味支払額を当座預金から支払った。 第93回改題

⑶ 賃金を次のとおり当座預金から支払った。 第92回改題

賃金総額 ¥3,550,000
うち，控除額　所得税 ¥274,000　健康保険料 ¥143,000

⑷ 賃金を次のとおり当座預金から支払った。 第91回改題

賃金総額 ¥4,800,000
うち，控除額　所得税 ¥510,000　健康保険料 ¥314,000

⑸ 本月分の賃金支払高は次のとおりであった。よって，正味支払高を当座預金から支払った。ただし，諸手当は賃金勘定に含めないで処理している。 第82回改題

基本賃金 ¥1,276,000　諸手当 ¥256,000
うち，控除額　所得税 ¥125,000　健康保険料 ¥56,000

	借方	貸方
⑴		
⑵		
⑶		
⑷		
⑸		

7 労務費の計算(2)(消費高の計算)

学習の要点

1 賃金消費高の計算

賃金消費高は，1時間あたりの消費賃率に作業時間をかけて計算する。

賃金消費高＝消費賃率×作業時間

消費賃率には，実際賃率を用いる方法と予定賃率を用いる方法がある。

(1) 実際賃率を用いる方法

① **実際個別賃率**……賃金支払高の計算に用いた各従業員ごとの賃率を用いる。

② **実際平均賃率**……1か月間の実際賃金総額を実際総作業時間で割って求めた平均賃率を用いる。

(2) 予定賃率を用いる方法

原価計算を迅速に行うため，将来の一定期間に予想される予定賃金総額を予定総作業時間で割って求めた，**予定賃率**（予定平均賃率）を用いる。

2 賃金を消費したときの記帳

賃金消費の記帳にあたり，作業時間票に製造指図書番号の記入があれば**直接労務費**を意味し，その消費高は仕掛品勘定の借方に振り替える。また，作業時間票に製造指図書番号の記入がなければ**間接労務費**を意味し，その消費高は製造間接費勘定の借方に振り替える。

3 予定賃率による賃金消費高の記帳

(1) 消費賃金勘定を設ける方法

① 予定賃率による予定消費高を，**消費賃金勘定**の貸方と仕掛品勘定・製造間接費勘定の借方に記入する。

② 実際賃率による実際消費高を，賃金勘定の貸方と消費賃金勘定の借方に記入する。

③ 消費賃金勘定に生じた差額（予定消費高と実際消費高との差額）を，月末に**賃率差異勘定**に振り替える。なお，賃率差異勘定の残高は，会計期末に売上原価勘定に振り替える。

例1 賃金の予定消費高を計上したとき　予定賃率による予定消費高は¥650,000である。うち，直接賃金は¥500,000で，残額は間接賃金である。

(借)	仕掛品	500,000	(貸) 消費賃金	650,000
	製造間接費	150,000		

例2 賃金の実際消費高を計上したとき　賃金の実際消費高は¥635,000であった。

(借)	消費賃金	635,000	(貸) 賃金	635,000

例3 予定消費高と実際消費高との差額を賃率差異勘定に振り替えたとき　予定消費高と実際消費高との差額を，月末に賃率差異勘定に振り替えた。

(借)	消費賃金	15,000	(貸) 賃率差異	15,000

(2) 消費賃金勘定を設けない方法

① 予定賃率による消費高を，賃金勘定の貸方と仕掛品勘定・製造間接費勘定の借方に記入する。

② 予定消費高と実際消費高との差額を，月末に賃率差異勘定に振り替える。

4 賃金以外の労務費の計算と記帳

(1) **給料・雑給**……支払高をそのまま消費高とする。

(2) **従業員賞与手当**……賞与は予定支払高の月割額を，諸手当は支払額を消費高とする。

(3) **退職給付費用**……会計期末に見積り計上する金額の月割額を消費高とする。

(4) **福利費**……健康保険料などの事業主負担分を消費高とする。

なお，賃金以外のこれらの労務費の消費高は，すべて**製造間接費**として処理する。

7-1 次の取引の仕訳を示しなさい。

(1) 次の資料から賃金を消費した。

作業時間票 /5枚　　実際平均賃率 ¥850

作業時間票の集計による合計作業時間 700時間

内訳：直接作業時間 600時間（製造指図書番号の記入あり）

間接作業時間 /00時間（製造指図書番号の記入なし）

(2) 賃金の当月消費高は次のとおりであった。ただし，/時間につき¥600の実際平均賃率を用いている。

製造指図書#/ 500時間　　製造指図書#2 750時間　　間接作業 /00時間

	借　方	貸　方
(1)		
(2)		

7-2 次の取引の仕訳を示し，消費賃金勘定・賃率差異勘定に転記して締め切りなさい。

(1) 予定賃率による予定消費高は¥680,000である。うち，直接賃金は¥530,000で，残額は間接賃金である。

(2) 賃金の実際消費高は¥687,000であった。

(3) 予定消費高と実際消費高との差額を，月末に賃率差異勘定に振り替えた。

(4) 賃率差異勘定の借方残高¥3,000を，会計期末に売上原価勘定に振り替えた。

	借　方	貸　方
(1)		
(2)		
(3)		
(4)		

消　費　賃　金

賃　率　差　異

	前月繰越 4,000

7-3 次の取引の仕訳を示し，賃金勘定・消費賃金勘定に転記して締め切りなさい。

(1) 当月分の賃金を，次のとおり当座預金から支払った。
賃金総額　¥875,000
うち，控除額　所得税　¥57,000　健康保険料　¥34,000

(2) 予定賃率による賃金の消費高は¥840,000である。うち，直接賃金は¥750,000で，残額は間接賃金である。

(3) 実際賃率による賃金の消費高は¥836,000であった。

(4) 予定賃率による消費高と実際賃率による消費高との差額を，月末に賃率差異勘定に振り替えた。

	借　方	貸　方
(1)		
(2)		
(3)		
(4)		

賃　金

	前月繰越　110,000

消費賃金

7-4 次の取引の仕訳を示しなさい。

(1) 給料支払帳の記入から，当月の給料の消費高¥180,000を製造間接費として計上した。

(2) 従業員賞与手当の月割額を製造間接費として計上した。ただし，上半期(6か月)の支払予定額は¥1,800,000である。

(3) 退職給付費用の月割額を製造間接費として計上した。ただし，会計期末に予定されている年間計上額は¥4,800,000である。

(4) 健康保険料の事業主負担額¥55,000を，製造間接費として計上した。

(5) 健康保険料(従業員負担分¥30,000を含む)¥60,000を当座預金から支払った。

	借　方	貸　方
(1)		
(2)		
(3)		
(4)		
(5)		

7-5 次の取引の仕訳を示しなさい。ただし，賃金勘定だけで処理する方法によっている。また，賃金勘定と賃率差異勘定に転記し，賃金勘定については締め切りなさい。

(1) 賃金¥1,450,000を，当座預金から支払った。

(2) 予定賃率による賃金の消費高は¥1,420,000である。うち，直接賃金は¥1,250,000で，残額は間接賃金である。

(3) 実際賃率による賃金の消費高は¥1,445,000であった。よって，予定賃率による消費高と実際賃率による消費高との差額を，月末に賃率差異勘定に振り替えた。

	借　方	貸　方
(1)		
(2)		
(3)		

賃　金

	前月繰越　295,000

賃率差異

7-6 次の取引の仕訳を示しなさい。ただし，消費賃金勘定を設けている。

(1) 当月分の賃金を次のとおり当座預金から支払った。

賃金総額　¥4,150,000

うち，控除額　所得税　¥357,000　健康保険料　¥245,000

(2) 予定賃率による賃金の消費高　予定賃率は1時間あたり¥750

製造指図書#1　3,000時間　製造指図書#2　2,000時間　間接作業　600時間

(3) 賃金の実際消費高は¥4,215,000であった。

(4) 予定消費高と実際消費高との差額を，月末に賃率差異勘定に振り替えた。

	借　方	貸　方
(1)		
(2)		
(3)		
(4)		

7-7 次の取引の仕訳を示しなさい。

(1) 賃金の当月消費高は次のとおりであった。ただし，1時間あたり¥600の予定賃率を用いており，消費賃金勘定を設けている。

製造指図書#11　1,000時間　製造指図書#12　700時間　間接作業　150時間

(2) 賃金消費高を計算するため，作業時間票を集計したところ，次のとおりであった。ただし，1時間あたり¥450の予定賃率を用い，賃金勘定だけで処理する方法を用いている。

製造指図書#1　800時間　製造指図書#2　600時間　間接作業　200時間

(3) 当月の賃金実際消費高を計上した。ただし，賃金前月未払高¥180,000　賃金当月支払総額¥1,260,000　賃金当月未払高¥150,000であり，消費賃金勘定を設けている。

(4) 予定消費高と実際消費高との差額を，月末に消費賃金勘定から賃率差異勘定に振り替えた。ただし，①予定賃率は1時間あたり¥650　②作業時間4,000時間　③実際消費高¥2,580,000である。

(5) 当月の賃金の予定消費高と実際消費高との差額を賃率差異勘定に振り替えた。ただし，消費賃金勘定を設けている。また，①作業時間2,500時間　②予定賃率は1時間あたり¥450　③実際賃率は1時間あたり¥465である。

(6) 当月の賃金実際消費高が¥1,758,000と判明したので，予定消費高との差額を賃率差異勘定に振り替えた。ただし，賃金予定消費高は¥1,740,000であり，賃金勘定だけで処理する方法を用いている。

(7) 会計期末に賃率差異勘定の借方残高¥58,000を売上原価勘定に振り替えた。

(8) 会計期末に賃率差異勘定の残高を売上原価勘定に振り替えた。ただし，当期における賃金の予定消費高は¥6,580,000であり，賃金の実際消費高は¥6,535,000であった。

(9) 会計期末にあたり，賃率差異勘定の残高を売上原価勘定に振り替えた。なお，賃率差異勘定の前月繰越高は¥4,000（貸方）であり，当月の賃金の実際消費高は予定消費高より少なく，この差額の¥3,000は賃率差異勘定に振り替えられている。

	借　　方	貸　　方
(1)		
(2)		
(3)		
(4)		
(5)		
(6)		
(7)		
(8)		
(9)		

検定問題

7-8 次の取引の仕訳を示しなさい。

(1) 当月の賃金予定消費高を次の作業時間によって計上した。ただし，1時間につき¥1,200の予定賃率を用いて計算し，消費賃金勘定を設けて記帳している。 第94回改題

製造指図書#1　270時間　製造指図書#2　690時間
製造指図書#3　470時間　間 接 作 業　150時間

(2) 当月の賃金予定消費高を次の作業時間によって計上した。ただし，1時間につき¥1,500の予定賃率を用いて計算し，消費賃金勘定を設けている。 第93回改題

製造指図書#1　1,250時間　製造指図書#2　1,010時間　間接作業　340時間

(3) 水戸産業株式会社は，会計期末にあたり，賃率差異勘定の残高を売上原価勘定に振り替えた。なお，賃率差異勘定の前月繰越高は¥5,000（貸方）であり，当月の賃金の実際消費高は予定消費高より少なく，この差額の¥3,000は賃率差異勘定に振り替えられている。 第90回

(4) 徳島産業株式会社は，会計期末にあたり，賃率差異勘定の残高を売上原価勘定に振り替えた。なお，賃率差異勘定の前月繰越高は¥10,000(貸方)であり，当月の賃金の予定消費高¥1,250,000と実際消費高¥1,285,000との差額は賃率差異勘定に振り替えられている。 第83回

(5) 会計期末にあたり，賃率差異勘定の残高を売上原価勘定に振り替えた。なお，賃率差異勘定の前月繰越高は¥5,000（貸方）であり，当月の賃金の実際消費高は予定消費高より多く，この差額の¥9,000は賃率差異勘定に振り替えられている。 第69回

(6) 健康保険料の事業主負担分¥79,000を計上した（間接労務費）。 第94回改題

(7) 岩手製作所は，月末に工場の従業員に対する賞与の月割額を計上した（間接労務費）。なお，半年分の賞与の支払予定額は¥3,480,000である。 第89回改題

(8) 青森製作所は，工場の従業員に対する退職給付費用について，月末に当月分の消費高¥380,000を計上した（間接労務費）。 第80回改題

	借　　方	貸　　方
(1)		
(2)		
(3)		
(4)		
(5)		
(6)		
(7)		
(8)		

8 経費の計算

学習の要点

1 経費の分類

原価要素のうち，材料費と労務費以外のものを**経費**という。経費のうち，外注加工賃と特許権使用料などは**直接経費**となり，そのほかのものは大部分が**間接経費**となる。

2 経費の消費高の計算と記帳

経費は，消費高の計算方法の違いによって，**支払経費**・**月割経費**・**測定経費**に分けられる。

(1) **支払経費**……原則として，その月の支払高を消費高とする経費である。(経費支払表)

ただし，前月と当月に未払高や前払高があるときは，次のように支払高に加減して，当月の消費高を計算する。

前月の前払高……当月支払高にプラス
前月の未払高……　〃　　マイナス
当月の前払高……　〃　　マイナス
当月の未払高……　〃　　プラス

当月消費高＝当月支払高＋(前月前払高 当月未払高)－(前月未払高 当月前払高)

例……外注加工賃・厚生費・修繕料・旅費交通費・通信費・保管料・雑費など

例1 支払経費の消費高を計上したとき

外注加工賃の当月消費高を，製造指図書#/用として計上した。ただし，当月支払高は¥/80,000　当月未払高は¥30,000である。

(借)仕　掛　品 2/0,000　**(貸)外注加工賃** 2/0,000

(2) **月割経費**……1年または一会計期間などで計算された総額を，月数で割って計算した額を消費高とする経費である。(経費月割表)

例……特許権使用料・減価償却費・賃借料・保険料・租税公課・棚卸減耗損など

例2 月割経費の消費高を計上したとき

保険料の月割額を当月消費高として計上した。ただし，/年分の保険料は¥/20,000である。

(借)製造間接費 /0,000　**(貸)保　険　料** /0,000

(3) **測定経費**……計量器などで測定した額を消費高とする経費である。(経費測定表)

例……電力料・ガス代・水道料など

例3 測定経費の消費高を計上したとき

電力料の当月消費高を計上した。ただし，当月支払高は¥70,000で，当月測定高は¥80,000である。

(借)製造間接費 80,000　**(貸)電　力　料** 80,000

例4 まとめて経費の消費高を計上したとき

当月の経費の消費高を計上した。なお，特許権使用料以外のものは，すべて間接経費である。

支払経費　修繕料¥26,000　保管料¥33,000
月割経費　特許権使用料¥/20,000
測定経費　水道料¥//,000

(借)仕　掛　品	/20,000	**(貸)特許権使用料**	/20,000
製造間接費	70,000	**修　繕　料**	26,000
		保　管　料	33,000
		水　道　料	//,000

8-1 次の経費を，支払経費・月割経費・測定経費のいずれかに分類し，番号で答えなさい。

(1) 修 繕 料	(2) 電 力 料	(3) 通 信 費	(4) 保 険 料	(5) 減価償却費
(6) 賃 借 料	(7) 旅費交通費	(8) 特許権使用料	(9) ガ ス 代	(10) 租税公課
(11) 外注加工賃	(12) 棚卸減耗損	(13) 水 道 料	(14) 厚 生 費	(15) 雑 費

支払経費		月割経費	
測定経費			

8-2 次の資料によって経費支払表を作成し，消費高を計上したときの仕訳を示しなさい。なお，当月消費高は各自計算すること。

外注加工賃	当月支払高 ¥500,000	前月前払高 ¥30,000	当月前払高 ¥50,000
修 繕 料	当月支払高 ¥ 70,000	前月未払高 ¥30,000	当月未払高 ¥15,000
旅費交通費	当月支払高 ¥150,000	前月前払高 ¥20,000	当月未払高 ¥10,000

経 費 支 払 表

令和○年6月分　　NO. 25

費　目	当月支払高	前月 前払高	前月 未払高	当月 前払高	当月 未払高	当月消費高
外注加工賃						
修 繕 料						
旅費交通費						

借　方	貸　方

8-3 次の取引の仕訳を示しなさい。

(1) 外注加工賃¥120,000を現金で支払った。

(2) 月末にあたり，減価償却費の月割額¥20,000を，製造間接費とした。

(3) 決算にあたり，機械装置の減価償却費¥150,000を計上した。

(4) 当月の経費の消費高は次のとおりであった。なお，外注加工賃以外のものは，すべて間接経費である。

支払経費	外注加工賃	¥50,000		
月割経費	保 険 料	¥10,000	棚卸減耗損	¥2,000
測定経費	ガ ス 代	¥ 6,000		

	借　方	貸　方
(1)		
(2)		
(3)		
(4)		

8-4 次の各経費の消費高を計算しなさい。

(1) 外注加工賃　当月支払高 ¥346,000　前月前払高 ¥58,000　当月前払高 ¥62,000
(2) 修　繕　料　当月支払高 ¥115,000　前月未払高 ¥27,000　当月未払高 ¥24,000
(3) 特許権使用料　支　払　高 ¥156,000(6か月分)
(4) 保　険　料　支　払　高 ¥ 36,000(1年分)
(5) 減価償却費　月　割　額 ¥　9,000
(6) 電　力　料　当月支払高 ¥ 56,000　当月測定高 ¥54,500

(1)	外注加工賃　¥	(2)	修　繕　料　¥
(3)	特許権使用料　¥	(4)	保　険　料　¥
(5)	減価償却費　¥	(6)	電　力　料　¥

8-5 次の取引の仕訳を示しなさい。

(1) 外注加工賃の当月消費高を，製造指図書#1用として計上した。ただし，当月支払高は¥270,000で，前月未払高は¥35,000　当月未払高は¥42,000である。
(2) 月末に製造指図書#3用として，特許権使用料の月割額を消費高として計上した。ただし，半年分の特許権使用料は¥2,160,000である。
(3) 修繕料の当月消費高を計上した。ただし，当月支払高は¥75,000で，前月前払高は¥28,000　当月前払高は¥19,000である。
(4) 水道料の当月消費高を計上した。ただし，当月支払高は¥58,000で，当月測定高は¥64,000である。

	借　方	貸　方
(1)		
(2)		
(3)		
(4)		

8-6 山形製作所のある原価計算期間における製造に関する資料によって，次の金額を求めなさい。

a．当月労務費　b．外注加工賃消費高　c．修繕料消費高　d．電力料消費高

資　料

i 賃　金　前月未払高 ¥ 85,000　当月支払高 ¥955,000　当月未払高 ¥90,000
ii 給　料　当月消費高 ¥180,000
iii 従業員賞与手当　当月消費高 ¥ 50,000
iv 外注加工賃　前月前払高 ¥ 72,000　当月支払高 ¥287,000　当月前払高 ¥84,000
v 修　繕　料　前月未払高 ¥ 26,000　当月支払高 ¥104,000　当月未払高 ¥22,000
vi 電　力　料　当月支払高 ¥217,000　当月測定高 ¥238,000
vii 減価償却費　当月消費高 ¥ 85,000
viii 雑　費　当月消費高 ¥ 57,000

a	当月労務費　¥	b	外注加工賃消費高　¥
c	修繕料消費高　¥	d	電力料消費高　¥

検定問題

8-7 次の取引の仕訳を示しなさい。

(1) 京都製作所は，当月分の製造経費の消費高を次のとおり計上した。なお，外注加工賃以外のものは，すべて間接経費である。 第82回改題

外注加工賃 ¥180,000　修繕料 ¥95,000　電力料 ¥22,000

(2) 香川製作所は，当月分の水道料の消費高¥215,000を計上した（間接経費）。ただし，このうち20%は販売部の消費高として，販売費及び一般管理費勘定で処理する。 第76回改題

(3) 新潟製作所は，月末に工場の機械に対する減価償却費の月割額を消費高として計上した（間接経費）。ただし，1年分の減価償却費は¥264,000である。 第92回改題

(4) 富山製作所では，月末に特許権使用料の月割額を計上した（直接経費）。ただし，1年分の特許権使用料は¥4,800,000である。 第93回改題

	借方	貸方
(1)		
(2)		
(3)		
(4)		

8-8 静岡製作所の下記の資料により，製造原価報告書に記載する次の金額を求めなさい。 第81回

a. 当期材料費　b. 当期経費　c. 当期製品製造原価

資料

① 素材 期首棚卸高 ¥341,000 当期仕入高 ¥1,176,000 期末棚卸高 ¥378,000
② 工場消耗品 期首棚卸高 ¥62,000 当期仕入高 ¥328,000 期末棚卸高 ¥58,000
③ 賃金 当期予定消費高 ¥□ 当期実際消費高 ¥1,082,000
予定賃率を用いており，賃率差異勘定の借方に¥22,000の残高がある。
④ 給料 当期消費高 ¥250,000
⑤ 外注加工賃 前期前払高 ¥14,000 当期支払高 ¥127,000 当期前払高 ¥9,000
⑥ 電力料 当期支払高 ¥113,000 当期測定高 ¥115,000
⑦ 減価償却費 当期消費高 ¥95,000
⑧ 仕掛品 期首棚卸高 ¥396,000 期末棚卸高 ¥420,000

a	当期材料費 ¥	b	当期経費 ¥
c	当期製品製造原価 ¥		

総合問題 2

2-1 次の取引の仕訳を示しなさい。

(1) 素材の消費高を計算するために，出庫伝票を集計したところ，次のとおりであった。ただし，@¥550の予定価格を用い，消費材料勘定を設けている。

製造指図書#1　1,200個　製造指図書#2　600個　機械修理用　150個

(2) 那覇製作所の素材に関する資料は次のとおりであった。よって，予定価格による消費高と実際価格による消費高との差額を素材勘定から材料消費価格差異勘定に振り替えた。ただし，素材の予定価格は@¥480であり，実際消費単価の計算は先入先出法によっている。

前月繰越高	2,000個	@¥450	¥ 900,000
当月仕入高	8,000〃	〃〃500	¥4,000,000
当月消費数量	8,500〃		

(3) 会計期末にあたり，材料消費価格差異勘定の残高を売上原価勘定に振り替えた。なお，材料消費価格差異勘定の前月繰越高は¥5,000（借方）であり，当月の素材の消費高は予定消費高より¥2,000多く，この額は材料消費価格差異勘定に振り替えられている。

(4) 月末における買入部品の実地棚卸数量は580個であった。よって，次の当月の資料にもとづいて，買入部品勘定の残高を修正した。消費単価の計算は総平均法によっている。

前月繰越高	500個	@¥1,200	¥ 600,000
当月仕入高	1,500〃	〃〃1,300	¥1,950,000
当月消費数量	1,400〃		

(5) 当月分の賃金を次のとおり当座預金から支払った。

賃金総額　¥1,350,000　諸手当　¥287,000（賃金勘定に含めないで処理している）
うち，控除額　所得税　¥98,000　健康保険料　¥64,000

(6) 会計期末にあたり，賃率差異勘定の残高を売上原価勘定に振り替えた。なお，賃率差異勘定の前月繰越高は¥6,000（貸方）であり，当月の賃金の実際消費高は予定消費高より少なく，この差額の¥3,000は賃率差異勘定に振り替えられている。

(7) 個別原価計算を採用している香川製作所は，当月分の水道料の消費高¥250,000を計上した。ただし，このうち20%は販売部の消費高として，販売費及び一般管理費勘定で処理する。

	借　方	貸　方
(1)		
(2)		
(3)		
(4)		
(5)		
(6)		
(7)		

22 御殿場工業株式会社では個別原価計算を採用し，従業員Ａと従業員Ｂによって当月からＸ製品(製造指図書#1)とＹ製品(製造指図書#2)の製造をおこなっている。下記の資料から次の金額を求めなさい。

a．実際個別賃率によるＸ製品(製造指図書#1)の直接労務費
b．実際平均賃率によるＸ製品(製造指図書#1)の直接労務費
c．予定賃率によるＸ製品(製造指図書#1)の直接労務費

資　　料

① 当社は作業時間1時間につき，従業員Ａに¥1,000　従業員Ｂに¥1,400の賃金を支払っている。

② 当月実際作業時間

	直接作業時間		間接作業時間	総作業時間
	製造指図書#1	製造指図書#2		
従業員Ａ	65時間	100時間	5時間	170時間
従業員Ｂ	135時間	90時間	5時間	230時間

③ 当社の1年間の予定賃金総額は¥5,820,000　予定総作業時間は4,850時間である。

a	実際個別賃率によるＸ製品(製造指図書#1)の直接労務費　¥	b	実際平均賃率によるＸ製品(製造指図書#1)の直接労務費　¥
c	予定賃率によるＸ製品(製造指図書#1)の直接労務費　¥		

23 所沢製作所の下記の勘定記録と資料により，次の金額を求めなさい。ただし，会計期間は原価計算期間と一致しているものとする。

a．直接労務費　　b．製造間接費　　c．売上原価

仕　掛　品

前期繰越	580,000	製　品	5,418,000
素　材	2,038,000	次期繰越	(　　　)
賃　金	(　　　)		
外注加工賃	269,000		
製造間接費	(　　　)		
	(　　　)		(　　　)

製造間接費

工場消耗品	(　　　)	仕掛品	(　　　)
賃　金	275,000		
給　料	367,000		
電力料	(　　　)		
減価償却費	250,000		
	(　　　)		(　　　)

資　　料

① 工場消耗品　期首棚卸高 ¥ 15,000　当期仕入高 ¥ 314,000　期末棚卸高 ¥ 23,000
② 賃　　金　前期未払高 ¥235,000　当期支払高 ¥2,154,000　当期未払高 ¥227,000
③ 電 力 料　当期支払高 ¥117,000　当期測定高 ¥ 112,000
④ 製　　品　期首棚卸高 ¥762,000　期末棚卸高 ¥ 853,000

a	直接労務費　¥	b	製造間接費　¥
c	売上原価　¥		

2-4 次の連続した取引の仕訳を示し，各勘定に転記して締め切りなさい。

ただし，i　前月繰越高は，次のとおりである。

素　　材	400個	@¥750	¥300,000
工場消耗品	80〃	〃〃150	¥ 12,000
賃　　金(未払高)			¥158,000
仕　掛　品			¥458,000

ii　素材の消費高の計算は移動平均法により，工場消耗品の消費数量の計算は棚卸計算法によっている。

iii　賃金の消費高の計算には，作業時間1時間につき¥600の予定賃率を用いている。

iv　勘定記入は相手科目と金額を記入すること。

取　　　引

(1)　素材および工場消耗品を次のとおり買い入れ，代金は掛けとした。

素　　材	1,600個	@¥800	¥1,280,000
工場消耗品	500〃	〃〃150	¥　75,000

(2)　素材を次のとおり消費した。
　　直接材料　1,400個　　間接材料　300個

(3)　次の経費を当座預金から支払った。
　　外注加工賃　¥250,000　　電力料　¥85,000　　雑　　費　¥48,000

(4)　賃金を次のとおり当座預金から支払った。
　　賃金総額　¥1,250,000
　　　うち，控除額　　所得税　¥95,000　　健康保険料　¥62,000

(5)　工場消耗品の月末棚卸数量は180個であった。よって，消費高を計上した。(間接材料)

(6)　当月の賃金予定消費高を，次の作業時間によって計上した。(消費賃金勘定を設けている。)
　　直接作業時間　1,800時間　　間接作業時間　300時間

(7)　健康保険料の事業主負担額¥62,000を計上した。

(8)　当月の経費消費高を，次のとおり計上した。ただし，外注加工賃のみ直接経費である。
　　外注加工賃　¥260,000　　電力料　¥84,000
　　減価償却費　¥ 50,000　　雑　　費　¥47,000

(9)　製造間接費¥720,000を仕掛品勘定に振り替えた。

(10)　製品¥3,200,000が完成した。

(11)　当月の賃金未払高は¥160,000であったので，賃金実際消費高を計上した。

(12)　賃金の予定消費高と実際消費高との差額を，賃率差異勘定に振り替えた。

	借　　　　方	貸　　　　方
(1)		
(2)		
(3)		

(4)		
(5)		
(6)		
(7)		
(8)		
(9)		
(10)		
(11)		
(12)		

素　材

前月繰越	300,000	

工場消耗品

前月繰越	12,000	

賃　金

	前月繰越	158,000

消費賃金

仕掛品

前月繰越	458,000	

製造間接費

9 原価計算表

学習の要点

1 個別原価計算

個別原価計算は，種類の異なる特定の製品を個別的に受注生産する製造業で用いられる方法である。

2 原価計算表

製造指図書ごとに，各製品の製造原価を集計するために作成する表を**原価計算表**という。

3 個別原価計算の手続き

製品ごとに製造指図書を発行し，指図書ごとに原価計算表を作成する → 原価計算表（製造直接費は各製造指図書に賦課する。製造間接費は一定の基準で各製造指図書に配賦する。） → **製品が完成したら，製造原価を算出する**

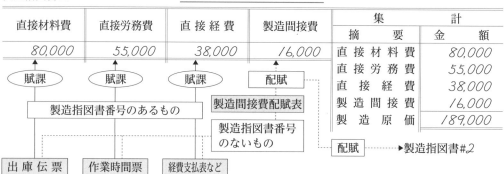

4 原価計算表の記入方法

製造指図書#1　　　　原　価　計　算　表

直接材料費	直接労務費	直接経費	製造間接費	集計	
				摘要	金額
80,000	55,000	38,000	16,000	直接材料費	80,000
				直接労務費	55,000
				直接経費	38,000
				製造間接費	16,000
				製造原価	189,000

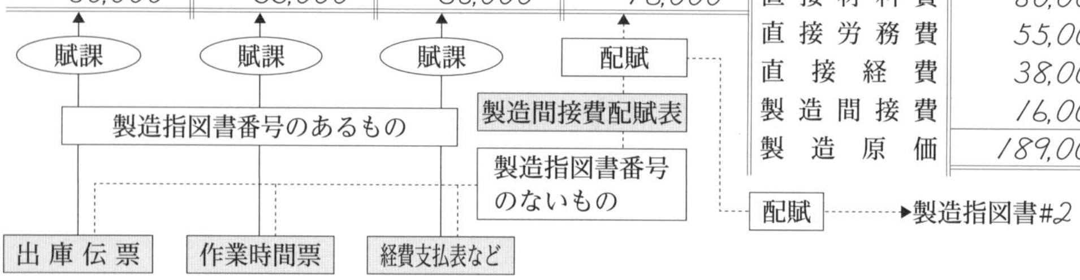

9-1 製造指図書#101の製造に関する次の資料によって，原価計算表を完成しなさい。

6月10日	直接材料費	¥50,000	20日	直接材料費	¥70,000
	直接労務費	40,000		直接労務費	45,000
	直接経費	10,000		直接経費	30,000
			30日	製造間接費配賦額	90,000

原　価　計　算　表

製造指図書 #101	着手　令和○年6月1日	命令数量 100個
製品名 電卓	完成日　令和○年6月20日	完成数量 100個
規格 TS-40		単価（¥　　　）

直接材料費			直接労務費			直接経費			製造間接費			集計	
日付	摘要	金額	日付	摘要	金額	日付	摘要	金額	日付	摘要	金額	摘要	金額
												直接材料費	
												直接労務費	
												直接経費	
												製造間接費	
												製造原価	

10 原価元帳と仕掛品勘定

学習の要点

1 原価元帳と仕掛品勘定

仕掛品勘定からは製造原価の総額を知ることができ，原価計算表からは，製造指図書別の製造原価を知ることができる。そこで原価計算表をつづりあわせて原価元帳（製造元帳）を作成すれば仕掛品勘定の内訳明細を示す補助簿を作ることができる。

2 原価元帳と仕掛品勘定の関係

原　価　元　帳

製造指図書#/　原 価 計 算 表　（完　成）

直接材料費	直接労務費	直 接 経 費	製造間接費	集　計
50	40	30	20	140

製造指図書#2　原 価 計 算 表　（未完成）

直接材料費	直接労務費	直 接 経 費	製造間接費	集　計
50	30	20	10	

仕　掛　品

材　料	100	製　品	140 （#/の金額）
労 務 費	70	次 月 繰 越	110 （#2の金額）
経　費	50		
製造間接費	30		
	250		250

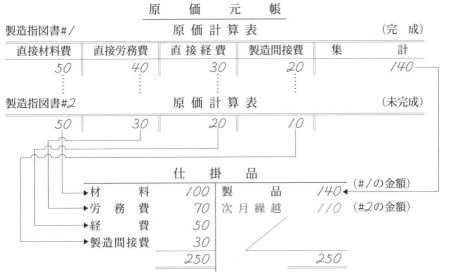

（注）① 原価計算表は，完成時に締め切り，製造原価を算出する。
② 仕掛品勘定の次月繰越は，未完成品の月末残高（**月末仕掛品原価**）を示す。

10-1 次の原価元帳の記録から，仕掛品勘定に記入して締め切りなさい。ただし，製造指図書#/0/と#/02は当月末に完成した。

	製造指図書#/0/	製造指図書#/02	製造指図書#/03
前 月 繰 越	30,000	40,000	――
当 月 製 造 費 用			
直 接 材 料 費	100,000	120,000	140,000
直 接 労 務 費	45,000	60,000	30,000
直 接 経 費	35,000	40,000	25,000
製 造 間 接 費	50,000	60,000	70,000
計	260,000	320,000	

仕　掛　品

前 月 繰 越		製　品	
材　料		（　　）	
労 務 費			
経　費			
製造間接費			

10-2 次の仕掛品勘定および原価元帳の(　　)内に適当な金額を記入し，仕掛品勘定と原価元帳を完成しなさい。なお，月末までに#101は完成したが，ほかの製品は完成していない。

仕　掛　品

前月繰越	350,000	製品	880,000
材料	800,000	次月繰越	(　　)
労務費	530,000		
経費	(　　)		
製造間接費	80,000		
	(　　)		(　　)

原価元帳(原価計算表)

	製造指図書#101	製造指図書#102	製造指図書#103	製造指図書#104
前月繰越	(　　)	150,000	――	――
当月製造費用				
直接材料費	(　　)	200,000	(　　)	150,000
直接労務費	250,000	(　　)	(　　)	50,000
直接経費	100,000	(　　)	30,000	20,000
製造間接費	30,000	20,000	15,000	(　　)
計	(　　)	570,000	295,000	(　　)

10-3 製品Ａ（製造指図書#1）と製品Ｂ（製造指図書#2）を製造している東京製作所の次の資料によって，

(1) 原価計算表（製造指図書#1）を完成しなさい。(2) 仕掛品勘定を記入して締め切りなさい。

資　料

i

		素材	工場消耗品
前月繰越高		¥ 600,000	¥ 150,000
当月仕入高		1,800,000	40,000
次月繰越高		500,000	100,000
うち消費高	指図書#1	1,200,000	――
	指図書#2	700,000	――

ii

		賃金
前月未払高		¥ 150,000
当月正味支払高		900,000
所得税その他当月控除		200,000
当月未払高		120,000
うち消費高	指図書#1	500,000
	指図書#2	400,000

iii

		経費
当月消費高		¥ 350,000
うち消費高	指図書#1	50,000
	指図書#2	――

iv　製造指図書#1の製造間接費配賦額は¥350,000である。

v　製品Ａは当月に完成し，その数量は100個である。また，製品Ｂは未完成である。

vi　前月から繰り越された仕掛品はないものとする。

(1)

製造指図書#1　　原価計算表

直接材料費	直接労務費	直接経費	製造間接費	集計 摘要	金額
				直接材料費	
				直接労務費	
				直接経費	
				製造間接費	
				製造原価	
				完成品数量	100個
				製品単価	¥

(2)　仕　掛　品

素材	(　　)	(　　)	(　　)
賃金	(　　)	(　　)	(　　)
(　　)	(　　)		
(　　)	(　　)		
	(　　)		(　　)

検定問題

10-4 次の文の ＿＿＿ のなかに，下記の語群のなかから，もっとも適当なものを選び，その番号を記入しなさい。

個別原価計算では，特定の製品ごとに製造の命令をする ア を発行し，これにつけられた番号が製造着手から完成まで特定製品を代表することになり，この番号別に原価計算表が作成される。この番号別に作成された原価計算表をつづりあわせて仕掛品勘定の内訳明細を示した補助簿を イ という。 第51回改題

1. 製造指図書　2. 製造原価報告書
3. 総勘定元帳　4. 原価元帳

ア		イ	

10-5 新潟製作所では，個別原価計算を採用し，A製品（製造指図書#1）とB製品（製造指図書#2）を製造している。下記の資料によって，次の各問いに答えなさい。 第53回改題

(1) A製品（製造指図書#1）とB製品（製造指図書#2）の原価計算表を作成しなさい。なお，完成していない製品の原価計算表の集計欄は記入しないこと。

(2) 仕掛品勘定を完成しなさい。

資　　料

i　月初仕掛品　A製品（製造指図書#1）￥340,000（原価計算表に記入済み）

ii　当月の製造直接費

材料費	製造指図書#1	￥ 51,000	製造指図書#2	￥427,000
労務費	製造指図書#1	￥392,000	製造指図書#2	￥112,000
経費	製造指図書#1	￥ 48,000	製造指図書#2	￥ 7,000

iii　製造間接費配賦額　製造指図書#1 ￥63,000　製造指図書#2 ￥18,000

iv　完成品数量　A製品（製造指図書#1）30個

v　月末仕掛品　B製品（製造指図書#2）

(1)

製造指図書#1　原価計算表

直接材料費	直接労務費	直接経費	製造間接費	集計 摘要	金額
270,000	56,000	5,000	9,000	直接材料費	
				直接労務費	
				直接経費	
				製造間接費	
				製造原価	
				完成品数量	30個
				製品単価	￥

製造指図書#2　原価計算表

直接材料費	直接労務費	直接経費	製造間接費	集計 摘要	金額
				直接材料費	
				直接労務費	
				直接経費	
				製造間接費	
				製造原価	
				完成品数量	個
				製品単価	￥

(2)

仕　掛　品

借方	金額	貸方	金額
前月繰越	340,000	製品	（　　）
材料	（　　）	次月繰越	（　　）
労務費	（　　）		
経費	（　　）		
製造間接費	（　　）		
	（　　）		（　　）

11 製造間接費の配賦方法

学習の要点

1 製造間接費の集計

月末に，製造指図書番号のない出庫伝票・作業時間票・経費支払表などから，**製造間接費内訳表**を作成し，１か月間の製造間接費総額を計算する。その後，製造間接費総額を**製造間接費配賦表**によって，各製造指図書に配賦する。この場合，製造間接費の実際発生額が配賦されるので，これを**実際配賦**という。

2 製造間接費の配賦方法

製造間接費の配賦額の計算方法には，**時間法**，**価額法**などがある。

- **製造間接費の配賦方法**
  - **実際配賦**
    - **時間法**
      - 直接作業時間法
      - 機械運転時間法
    - **価額法**
      - 直接材料費法
      - 直接労務費法
      - 直接費法
  - **予定配賦**（P.52で学習）
    - 直接作業時間法
    - 機械運転時間法など

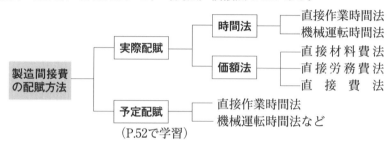

⑴　時間法……製品の製造に要した時間を基準として製造間接費を配賦する方法。

①　**直接作業時間法**

$$\frac{\text{一原価計算期間の製造間接費総額}}{\text{同期間の総直接作業時間}}=\text{配賦率（1時間あたり）}$$

$$\text{配賦率}\times\text{各製造指図書の直接作業時間}=\text{配賦額}$$

②　**機械運転時間法**

$$\frac{\text{一原価計算期間の製造間接費総額}}{\text{同期間の総機械運転時間}}=\text{機械率（1時間あたり）}$$

$$\text{機械率}\times\text{各製造指図書の機械運転時間}=\text{配賦額}$$

注）　機械運転１時間あたりの製造間接費配賦率は機械率という。

⑵　価額法……製品の製造に要した製造直接費を基準として製造間接費を配賦する方法。

①　**直接材料費法**

$$\frac{\text{一原価計算期間の製造間接費総額}}{\text{同期間の直接材料費総額}}\times 100=\text{配賦率（\%）}$$

$$\text{配賦率}\times\text{各製造指図書の直接材料費}=\text{配賦額}$$

②　**直接労務費法**

$$\frac{\text{一原価計算期間の製造間接費総額}}{\text{同期間の直接労務費総額}}\times 100=\text{配賦率（\%）}$$

$$\text{配賦率}\times\text{各製造指図書の直接労務費}=\text{配賦額}$$

③　**直接費法**

$$\frac{\text{一原価計算期間の製造間接費総額}}{\text{同期間の製造直接費総額}}\times 100=\text{配賦率（\%）}$$

$$\text{配賦率}\times\text{各製造指図書の製造直接費}=\text{配賦額}$$

3 製造間接費の記帳

製造間接費総額（実際発生額）を製造間接費勘定から仕掛品勘定の借方に振り替える。

製造間接費

製造間接費総額	×××	仕　掛　品	×××

仕　掛　品

製造間接費	×××		

11-1 次の資料から，直接作業時間法によって製造間接費配賦表を完成しなさい。

資　　料

製造間接費総額　¥504,000

総直接作業時間　630時間

内訳：製造指図書#1　250時間　製造指図書#2　180時間　製造指図書#3　200時間

製造間接費配賦表

令和○年7月分

令和○年		製造指図書番号	配賦率	配賦基準（直接作業時間）	配賦額
7	31	#1			
	〃	#2			
	〃	#3			

11-2 次の資料から，直接材料費法によって製造間接費配賦表を完成しなさい。

資　　料

製造間接費総額　¥　980,000

直接材料費総額　¥2,800,000

内訳：製造指図書#1　¥1,200,000　製造指図書#2　¥900,000

製造指図書#3　¥　700,000

製造間接費配賦表

令和○年6月分

令和○年		製造指図書番号	配賦率	配賦基準（直接材料費）	配賦額
6	30	#1			
	〃	#2			
	〃	#3			

11-3 次の資料によって，直接作業時間法と機械運転時間法による製造指図書#1の製造間接費配賦額を計算しなさい。

資　　料

製造間接費総額　¥600,000

総直接作業時間　800時間

内訳：製造指図書#1　500時間　製造指図書#2　180時間　製造指図書#3　120時間

総機械運転時間　750時間

内訳：製造指図書#1　300時間　製造指図書#2　250時間　製造指図書#3　200時間

配賦法	製造指図書#1の製造間接費配賦額（計算式）	
直接作業時間法	（配賦率）	¥
	（配賦額）	¥
機械運転時間法	（機械率）	¥
	（配賦額）	¥

11-4 次の資料によって，直接材料費法と直接労務費法，直接費法による製造指図書#2の製造間接費配賦額を計算しなさい。

資　　料

製造間接費総額　¥ 960,000
直接材料費総額　¥3,200,000
内訳：製造指図書#1　¥1,500,000　製造指図書#2　¥1,000,000
製造指図書#3　¥ 700,000
直接労務費総額　¥3,840,000
内訳：製造指図書#1　¥1,320,000　製造指図書#2　¥1,250,000
製造指図書#3　¥1,270,000
直接経費総額　¥ 960,000
内訳：製造指図書#1　¥ 480,000　製造指図書#2　¥ 280,000
製造指図書#3　¥ 200,000

配 賦 法	製造指図書#2の製造間接費配賦額(計算式)	
直接材料費法	(配賦率)	%
	(配賦額)	¥
直接労務費法	(配賦率)	%
	(配賦額)	¥
直 接 費 法	(配賦率)	%
	(配賦額)	¥

11-5 神奈川工業所では，製造指図書#1，#2，#3の製品を製造している。次の資料によって，下記で示したそれぞれの配賦方法により製造指図書#1の製造間接費配賦額を計算しなさい。

資　　料

製造間接費総額　¥645,000

	製造指図書#1	製造指図書#2	製造指図書#3
直接材料費	¥1,000,000	¥1,050,000	¥1,175,000
直接労務費	¥ 800,000	¥ 650,000	¥ 700,000
直接経費	¥ 350,000	¥ 415,000	¥ 310,000
直接作業時間	300時間	300時間	400時間
機械運転時間	400時間	150時間	200時間

直接作業時間法　¥	機械運転時間法　¥
直接材料費法　¥	直接労務費法　¥
直接費法　¥	

11-6 山梨工業所は，7月にA製品（製造指図書#1）とB製品（製造指図書#2）を製造した。7月中の下記の資料によって，仕掛品勘定を完成しなさい。

ただし，製造間接費は直接作業時間法により配賦している。

資　料

a．月初仕掛品　A製品（製造指図書#1）¥291,000

b．当月の製造直接費

材料費	製造指図書#1	¥ 48,000	製造指図書#2	¥418,500
労務費	製造指図書#1	¥261,000	製造指図書#2	¥171,000
経費	製造指図書#1	¥ 37,400	製造指図書#2	¥ 8,300

c．当月の製造間接費実際発生額

材料費　¥18,800

労務費　¥22,500

経費　¥45,100

d．当月の実際直接作業時間

製造指図書#1　290時間

製造指図書#2　190時間

e．完成品　A製品(製造指図書#1)

f．月末仕掛品　B製品(製造指図書#2)

仕　掛　品

前月繰越	291,000	製品	(　　　)
材料	(　　　)	次月繰越	(　　　)
労務費	(　　　)		
経費	(　　　)		
製造間接費	(　　　)		
	(　　　)		(　　　)

検定問題

11-7 山陽製作所は，A製品（製造指図書#1）とB製品（製造指図書#2）を製造している。1月中の下記の資料によって，次の金額を求めなさい。　第42回改題

a．当月の材料消費高　　b．当月の労務費消費高

c．B製品（製造指図書#2）の製造間接費配賦額

d．A製品（製造指図書#1）の完成品原価

資　料

i　材料費

		素材	工場消耗品
月初棚卸高		¥ 205,000	¥ 45,000
当月仕入高		1,230,000	124,000
月末棚卸高		160,000	39,000
消費高のうち直接費	製造指図書#1	660,000	――
	製造指図書#2	590,000	――

ii　労務費

		賃金	給料
前月未払高		¥ 180,000	――
当月支払高		1,074,000	¥ 226,000
当月未払高		170,000	――
消費高のうち直接費	製造指図書#1	480,000	――
	製造指図書#2	440,000	――

iii　経　費　当月消費高　¥126,000（全額間接費）

iv　製造間接費は直接費法（製造直接費法）で配賦する。

v　月初仕掛品　A製品（製造指図書#1）¥370,000

vi　A製品（製造指図書#1）およびB製品（製造指図書#2）とも月末に完成した。

a	当月の材料消費高	¥	b	当月の労務費消費高	¥
c	B製品(製造指図書#2)の製造間接費配賦額	¥	d	A製品(製造指図書#1)の完成品原価	¥

12 製造間接費の予定配賦

学習の要点

1 実際配賦の欠点

製造間接費の実際配賦には，①月末にならなければ製造間接費の実際発生額が集計できず製造原価の計算が遅れる，②操業度の変動により，同じ製品でも製造間接費の配賦額が異なる，という欠点がある。よって，これらの欠点をなくすために**予定配賦**が行われる。

2 製造間接費の予定配賦

予定配賦額の計算は，次のように行って，原価計算表に記入する。

$$\frac{\text{基準操業度における製造間接費の予算額}}{\text{基準操業度}}=\text{予定配賦率}$$

予定配賦率×製造指図書別実際直接作業時間など＝予定配賦額

製造指図書#/　　原　価　計　算　表

直接材料費	直接労務費	直 接 経 費	製造間接費
×××	×××	×××	

（製造間接費欄へ）予定配賦額を記入

3 予定配賦の記帳法

予定配賦額は，仕掛品勘定の借方と製造間接費勘定の貸方に記入する。製造間接費勘定の借方には，実際発生額を記入する。予定配賦額と実際発生額との差額は**製造間接費配賦差異勘定**に振り替える。

例1 予定配賦額が実際発生額より少ない場合(過小配賦)

①予定配賦するとき	(借)	仕掛品	75	(貸)	製造間接費	75
②実際発生額を処理するとき	(借)	製造間接費	80	(貸)	各原価要素の勘定	80
③製造間接費配賦差異を処理するとき	(借)	製造間接費配賦差異	5	(貸)	製造間接費	5

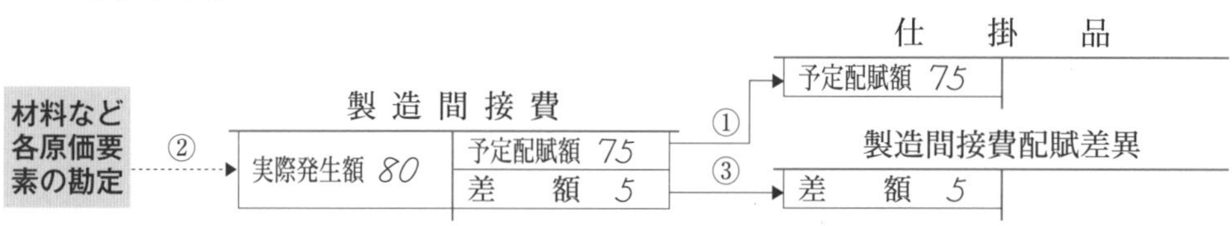

例2 予定配賦額が実際発生額より多い場合（過大配賦）

①予定配賦するとき	(借)	仕掛品	83	(貸)	製造間接費	83
②実際発生額を処理するとき	(借)	製造間接費	80	(貸)	各原価要素の勘定	80
③製造間接費配賦差異を処理するとき	(借)	製造間接費	3	(貸)	製造間接費配賦差異	3

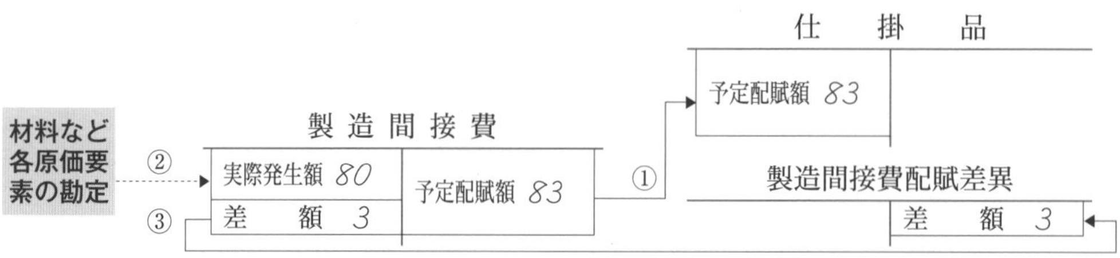

12-1 次の資料から，製造間接費予定配賦表を作成しなさい。

資　　料

i　/年間の製造間接費予算額　¥2,448,000

ii　/年間の基準操業度（直接作業時間）6,/20時間

iii　9月の実際直接作業時間

製造指図書#/　/20時間　製造指図書#2　250時間　製造指図書#3　/30時間

製造間接費予定配賦表

令和○年9月分

令和○年		製造指図書番号	予定配賦率	配賦基準（実際直接作業時間）	予定配賦額
9	30	#/			
	〃	#2			
	〃	#3			

12-2 下記の製造間接費予定配賦表と，5月の製造間接費の実際発生額の資料にもとづいて，次の①～③の仕訳を示し，製造間接費勘定および製造間接費配賦差異勘定に転記しなさい。また，原価計算表（製造指図書#/）を完成しなさい。ただし，製造指図書#/は当月から製造を開始し，5月20日に完成した。

①　製造間接費予定配賦表にもとづく仕訳

②　5月の製造間接費の実際発生額を処理する仕訳

③　製造間接費配賦差異を処理する仕訳

製造間接費予定配賦表

令和○年5月分

令和○年		製造指図書番号	予定配賦率	配賦基準（実際直接作業時間）	予定配賦額
5	20	#/	240	/20	28,800
	30	#2	240	/50	36,000
	〃	#3	240	30	7,200
				300	72,000

5月の製造間接費の実際発生額

素　　材　¥2/,500　賃　　金　¥24,000　電　力　料　¥27,460

	借　　方	貸　　方
①		
②		
③		

製　造　間　接　費

製造間接費配賦差異

製造指図書#/　　原　価　計　算　表

直接材料費	直接労務費	直 接 経 費	製造間接費	集　　計
/27,400	//4,000	39,000		

12-3 次の一連の取引により下記の各勘定に日付，相手勘定，金額を記入しなさい。

9/30　製造間接費を予定配賦した。ただし，予定配賦率は直接作業時間/時間あたり¥100とし，各製造指図書の実際直接作業時間は，次のとおりであった。

製造指図書#1　500時間　製造指図書#2　400時間　製造指図書#3　600時間

〃　製造間接費の実際発生額は，次のとおりであった。

間接材料費　¥55,000　間接労務費　¥60,000　間接経費　¥50,000

〃　原価計算期末に製造間接費の予定配賦額と実際発生額との差額を処理した。

仕　掛　品

製造間接費

製造間接費配賦差異

12-4 東京製作所は個別原価計算を採用し，当月において製品（製造指図書#1，#2）を製造した。下記の資料によって，

(1)　仕訳を示しなさい。

(2)　仕掛品勘定・製造間接費勘定に転記して完成しなさい。

(3)　A製品（製造指図書#1）の原価計算表を完成しなさい。

ただし，ｉ　月初仕掛品はなかった。　ⅱ　製造間接費は予定配賦を行っている。

資　　料

a．当月製造間接費予定配賦額

製造指図書#1　¥80,000　製造指図書#2　¥65,000

b．当月材料消費高

素　材　製造指図書#1　¥650,000　製造指図書#2　¥450,000

工場消耗品　¥78,000（間接材料）

c．当月賃金消費高　製造指図書#1　¥380,000　製造指図書#2　¥270,000

d．健康保険料の事業主負担分　¥16,000

e．当月経費消費高（外注加工賃以外すべて間接経費）

外注加工賃　¥60,000（製造指図書#1用）

減価償却費　¥20,000　電力料　¥25,600

f．A製品（製造指図書#1）1,000個が完成した。

g．製造間接費の予定配賦額と実際発生額との差額を製造間接費配賦差異勘定に振り替えた。

(1)

	借　方	貸　方
a		
b		
c		
d		
e		
f		
g		

(2)

仕　掛　品

(　　)	(　　)	(　　)	(　　)
(　　)	(　　)	次月繰越	(　　)
(　　)	(　　)		
製造間接費	(　　)		
	(　　)		(　　)

製造間接費

(　　)	(　　)	(　　)	(　　)
(　　)	(　　)		
(　　)	(　　)		
(　　)	(　　)		
	(　　)		(　　)

(3)

製造指図書#/　　原　価　計　算　表

直接材料費	直接労務費	直接経費	製造間接費	集計	
				摘　要	金　額
				直接材料費	
				直接労務費	
				直接経費	
				製造間接費	
				製造原価	

12-5 次の取引の仕訳を示しなさい。

(1) 個別原価計算を採用している福岡製作所は，製造間接費を機械運転時間を基準に各製品に予定配賦した。ただし，予定配賦率は機械運転時間/時間につき¥300であり，各製造指図書の機械運転時間は次のとおりであった。

製造指図書#/　180時間　　製造指図書#2　250時間

(2) 月末に，製造間接費の予定配賦額と実際発生額との差額を製造間接費配賦差異勘定に振り替えた。なお，当月の製造間接費勘定の記入は次のとおりである。

製　造　間　接　費

素　材	180,000	仕　掛　品	1,500,000
賃　金	430,000		
従業員賞与手当	290,000		
諸　口	640,000		

(3) 会計期末にあたり，製造間接費配賦差異勘定の残高を売上原価勘定に振り替えた。なお，製造間接費配賦差異勘定の前月繰越高は¥64,000（貸方）であり，当月の製造間接費の予定配賦額¥2,460,000と実際発生額¥2,470,000との差額は，製造間接費配賦差異勘定に振り替えられている。

	借　方	貸　方
(1)		
(2)		
(3)		

12-6 神奈川製作所は，個別原価計算を採用し，6月においてA製品（製造指図書#1）とB製品（製造指図書#2）を製造した。下記の資料によって，次の各問いに答えなさい。

(1) 6月中の取引の仕訳を示しなさい。

(2) A製品（製造指図書#1）の原価計算表を完成しなさい。

(3) 6月末の賃金未払高を求めなさい。

ただし，i　前月繰越高は，次のとおりである。

素　　材	100個	@¥3,250	¥325,000
工場消耗品	340〃	〃〃 50	¥ 17,000
賃　　金（未払高）			¥462,000

仕　掛　品（製造指図書#1）¥3,520,000（原価計算表に記入済み）

ii　素材の消費高の計算は先入先出法により，工場消耗品の消費数量の計算は棚卸計算法によっている。

iii　賃金の消費高の計算には，作業時間1時間につき¥1,400の予定賃率を用いている。

iv　製造間接費は，直接作業時間を基準として予定配賦している。なお，予定配賦率は直接作業時間1時間につき¥440である。

v　製造間接費勘定を設けている。

取　　　引

6月4日　素材および工場消耗品を次のとおり買い入れ，代金は掛けとした。

素　　材	500個	@¥3,300	¥1,650,000
工場消耗品	700〃	〃〃 50	¥ 35,000

9日　B製品（製造指図書#2）の注文を受け，素材500個を消費して製造を開始した。

20日　製造経費を次のとおり当座預金から支払った。

電　力　料　¥163,000　　雑　　費　¥14,000

25日　賃金を次のとおり当座預金から支払った。

賃金総額　¥3,560,000

うち，控除額　所　得　税　¥276,000　　健康保険料　¥143,000

30日　① 工場消耗品の月末棚卸数量は80個であった。よって，消費高を計上した。(間接材料)

② 当月の賃金予定消費高を次の作業時間によって計上した。ただし，消費賃金勘定を設けている。

製造指図書#1　1,200時間　　製造指図書#2　1,000時間

間接作業　300時間

③ 健康保険料の事業主負担分¥143,000を計上した。

④ 当月の製造経費消費高を計上した。

電　力　料　¥162,000　　保　険　料　¥24,000

減価償却費　¥175,000　　雑　　費　¥12,000

⑤ 当月の直接作業時間は次のとおりであった。よって，製造間接費を予定配賦した。

製造指図書#1　1,200時間　　製造指図書#2　1,000時間

⑥ A製品（製造指図書#1）80個が完成した。

⑦ 当月の賃金実際消費高¥3,525,000を計上した。

⑧ 賃金の予定消費高と実際消費高との差額を，賃率差異勘定に振り替えた。

⑨ 製造間接費の配賦差異を，製造間接費配賦差異勘定に振り替えた。

(1)

		借　　方	貸　　方
6月4日			
9日			
20日			
25日			
30日	①		
	②		
	③		
	④		
	⑤		
	⑥		
	⑦		
	⑧		
	⑨		

(2)

製造指図書#1

原　価　計　算　表

直接材料費	直接労務費	製造間接費	集計 摘　要	集計 金　額
2,600,000	700,000	220,000	直接材料費	
			直接労務費	
			製造間接費	
			製造原価	
			完成品数量	個
			製品単価	¥

(3)

6月末の賃金未払高　¥

12-7 山形工業所は，個別原価計算を採用し，7月においてA製品（製造指図書#1）とB製品（製造指図書#2）を製造した。下記の資料によって，次の各問いに答えなさい。

(1) 7月中の取引の仕訳を示しなさい。
(2) A製品（製造指図書#1）の原価計算表を完成しなさい。
(3) 月末仕掛品原価を求めなさい。

ただし，i　前月繰越高は，次のとおりである。

素　　材	300個	@¥3,000	¥900,000
工場消耗品	210〃	〃〃 100	¥ 21,000
賃　　金（未払高）			¥462,000

仕　掛　品（製造指図書#1）¥1,665,000（原価計算表に記入済み）

ii　素材の消費高の計算は移動平均法により，工場消耗品の消費数量の計算は棚卸計算法によっている。

iii　賃金の消費高の計算には，作業時間1時間につき¥1,000の予定賃率を用いている。

iv　製造間接費は，直接作業時間を基準として予定配賦している。なお，予定配賦率は直接作業時間1時間につき¥500である。

v　製造間接費勘定を設けている。

取　　　引

7月2日　素材および工場消耗品を次のとおり買い入れ，代金は掛けとした。

素　　材	900個	@¥2,800	¥2,520,000
工場消耗品	1,800〃	〃〃 100	¥ 180,000

12日　B製品（製造指図書#2）の注文を受け，素材800個を消費して製造を開始した。

22日　製造経費を次のとおり当座預金から支払った。

電　力　料　¥259,000　　保　険　料　¥174,000

25日　賃金を次のとおり当座預金から支払った。

賃金総額　¥3,416,000

うち，控除額　　所　得　税　¥299,000　　健康保険料　¥160,000

31日　① 工場消耗品の月末棚卸数量は240個であった。よって，消費高を計上した。(間接材料)

② 当月の賃金予定消費高を次の作業時間によって計上した。ただし，消費賃金勘定を設けている。

製造指図書#1　1,710時間　　製造指図書#2　1,050時間

間接作業　　190時間

③ 健康保険料の事業主負担分¥160,000を計上した。

④ 当月の製造経費消費高を計上した。

電　力　料　¥262,000　　保　険　料　¥29,000

減価償却費　¥576,000

⑤ 当月の直接作業時間は次のとおりであった。よって，製造間接費を予定配賦した。

製造指図書#1　1,710時間　　製造指図書#2　1,050時間

⑥ A製品（製造指図書#1）60個が完成した。

⑦ 当月の賃金実際消費高¥3,186,000を計上した。

⑧ 賃金の予定消費高と実際消費高との差額を，賃率差異勘定に振り替えた。

⑨ 製造間接費の配賦差異を，製造間接費配賦差異勘定に振り替えた。

(1)

		借　　　　方	貸　　　　方
7月2日			
12日			
22日			
25日			
31日	①		
	②		
	③		
	④		
	⑤		
	⑥		
	⑦		
	⑧		
	⑨		

(2)

製造指図書#1　　　　原　価　計　算　表

直接材料費	直接労務費	製造間接費	集計 摘　要	集計 金　額
1,320,000	230,000	115,000	直接材料費	
			直接労務費	
			製造間接費	
			製造原価	
			完成品数量	個
			製品単価	¥

(3)

月末仕掛品原価　¥

13 製造間接費の差異分析

学習の要点

1 公式法変動予算による製造間接費予算額

変動費率 a と固定費予算額 b から操業度 x に対応した製造間接費予算額 y を設定できる予算を**公式法変動予算**という。

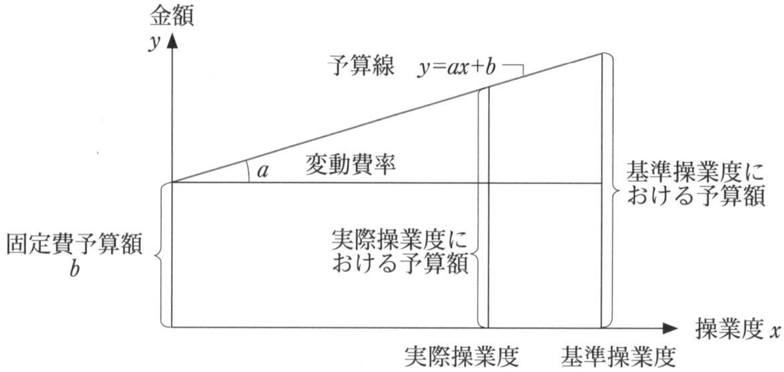

2 公式法変動予算による差異分析

製造間接費配賦差異を予算差異と操業度差異に分析することにより，差異の発生原因を明らかにすることができる。

① 予算差異……実際操業度における製造間接費予算額と実際発生額との差額を予算差異という。

予算差異＝実際操業度における製造間接費予算額－実際発生額

② 操業度差異……固定費の予定配賦額と固定費予算額との差額を操業度差異という。

$$\textbf{固定費率}=\frac{\textbf{固定費予算額}}{\textbf{基準操業度}}$$

操業度差異＝固定費率×実際操業度－固定費予算額

または，固定費率×(実際操業度－基準操業度)

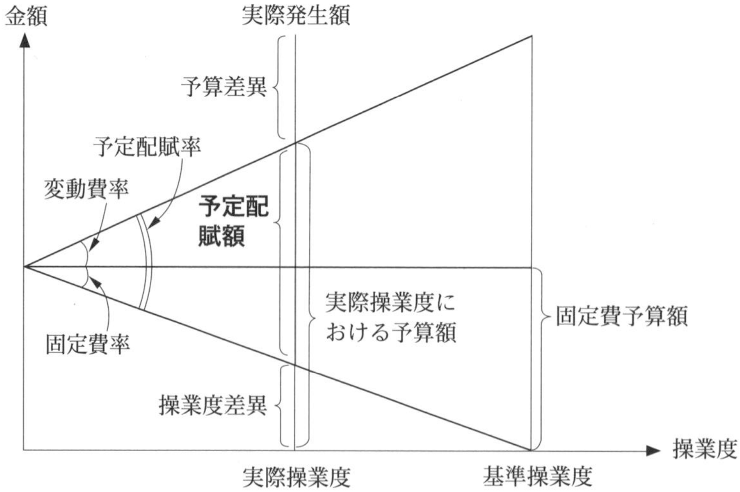

変動費率と固定費率の合計が予定配賦率となる。赤で示した予定配賦額と実際発生額の差額が製造間接費配賦差異であり，これは予算差異と操業度差異に分析できる。

3 固定予算による差異分析

製造間接費の予算額は，操業度に関係なく常に一定なので，予算差異と操業度差異の金額は公式法変動予算の場合と異なる。

① 予算差異＝予算額－実際発生額
② 操業度差異＝予定配賦額－予算額

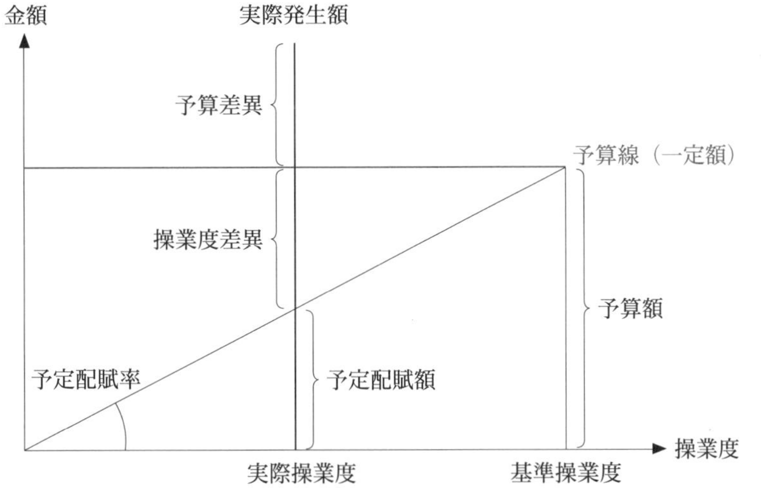

13-1 次の製造間接費に関する資料から，7月の予算差異と操業度差異を計算するための図と計算式を完成しなさい。なお，公式法変動予算を採用している。差異については借方差異または貸方差異のどちらかであるかを記入すること。

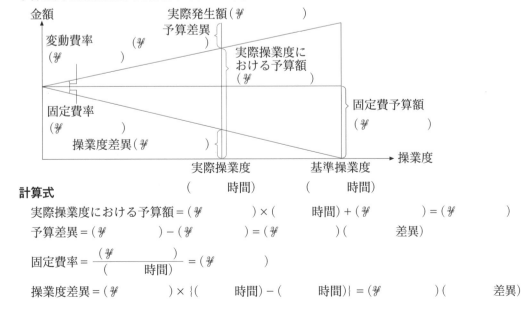

資　　料
- i　月間の基準操業度（直接作業時間）400時間
- ii　変動費率　1時間あたり¥70
- iii　固定費予算額　¥30,000
- iv　7月の実際直接作業時間　390時間
- v　7月の製造間接費の実際発生額　¥60,400

予算差異と操業度差異を計算するための図

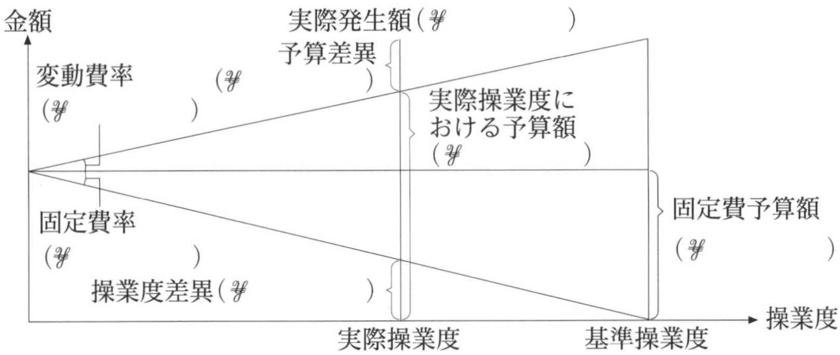

計算式

実際操業度における予算額＝(¥　　　　)×(　　　時間)＋(¥　　　　)＝(¥　　　　)

予算差異＝(¥　　　　)－(¥　　　　)＝(¥　　　　)(　　　　差異)

固定費率＝$\dfrac{(¥\qquad)}{(\qquad 時間)}$＝(¥　　　　)

操業度差異＝(¥　　　　)×{(　　　時間)－(　　　時間)}＝(¥　　　　)(　　　　差異)

13-2　次の製造間接費に関する資料から，7月の予算差異と操業度差異を計算するための図と計算式を完成しなさい。なお，固定予算を採用している。差異については借方差異または貸方差異のどちらかであるかを記入すること。

資　　料

i　月間の基準操業度（直接作業時間）　400時間
ii　月間の製造間接費予算（固定予算）　¥60,000
iii　7月の実際直接作業時間　390時間
iv　7月の製造間接費の実際発生額　¥60,400

予算差異と操業度差異を計算するための図

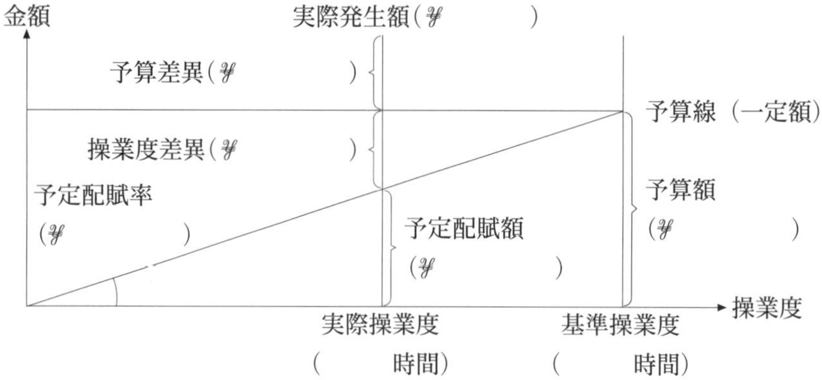

計算式

予算差異＝(¥　　　)－(¥　　　)＝(¥　　　)(　　　差異)

予定配賦率＝(¥　　　)／(　　時間)＝(¥　　　)

予定配賦額＝(¥　　　)×(　　時間)＝(¥　　　)

操業度差異＝(¥　　　)－(¥　　　)＝(¥　　　)(　　　差異)

13-3　十勝工業所の製造間接費に関する次の資料から，3月の製造間接費配賦差異を分析するための図と計算式を完成しなさい。なお，差異については借方差異または貸方差異のどちらであるかを記入すること。

資　　料

i　月間の基準操業度（直接作業時間）　500時間
ii　製造間接費予算額　¥175,000
　　　内訳　変動費　¥75,000（変動費率¥150）　固定費　¥100,000
iii　製造間接費予算額は公式法変動予算による。
iv　3月の実際直接作業時間　490時間
v　3月の製造間接費の実際発生額　¥175,300

製造間接費配賦差異を分析するための図

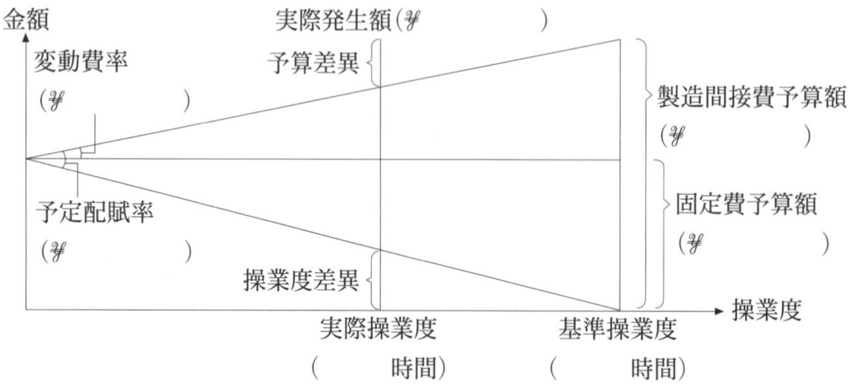

製造間接費配賦差異 ¥　　　　(　　　差異)	内訳　予算差異　¥　　　　(　　　差異) 操業度差異　¥　　　　(　　　差異)

計算式

予定配賦率＝(¥　　　　)／(　　　時間)＝(¥　　　　)

製造間接費予定配賦額＝(¥　　　　)×(　　　時間)＝(¥　　　　)

製造間接費配賦差異＝(¥　　　　)－(¥　　　　)＝(¥　　　　)(　　　差異)

実際操業度における予算額＝(¥　　　　)×(　　　時間)＋(¥　　　　)＝(¥　　　　)

予算差異＝(¥　　　　)－(¥　　　　)＝(¥　　　　)(　　　差異)

固定費率＝(¥　　　　)／(　　　時間)＝(¥　　　　)

操業度差異＝(¥　　　　)×{(　　　時間)－(　　　時間)}＝(¥　　　　)(　　　差異)

13-4　公式法変動予算により製造間接費予算を設定している宮城食品株式会社の下記の資料から，次の金額を求めなさい。なお，差異については借方差異または貸方差異のどちらであるかを記入すること。

a．製造間接費配賦差異　b．予 算 差 異　c．操業度差異

資　　料

i　基準操業度（直接作業時間）250時間
ii　変動費率　1時間あたり¥1,300
iii　固定費予算額　¥260,000
iv　実際直接作業時間　248時間
v　製造間接費の実際発生額　¥568,900

a	製造間接費配賦差異 ¥　　　(　　　差異)	b	予　算　差　異 ¥　　　(　　　差異)
c	操 業 度 差 異 ¥　　　(　　　差異)		

検定問題

13-5　製造間接費配賦差異における次の資料から，予算差異の金額を求めなさい。なお，解答欄の（　）のなかは借方差異の場合は借方，貸方差異の場合は貸方を○で囲むこと。　第92回

資　　料

a．製造間接費については公式法変動予算により予算を設定して予定配賦を行っている。
b．月間の基準操業度（直接作業時間）は2,300時間である。
c．月間の製造間接費予算額　¥1,058,000(変動費率　¥260　固定費予算額　¥460,000)である。
d．当月の実際直接作業時間は2,200時間であった。
e．当月の実際製造間接費発生額は¥984,000であった。

予　算　差　異　¥	（借方・貸方）

14 仕損品・作業くずの処理

学習の要点

1 仕損品と仕損費

製造中に材料の不良，機械の故障などのために不合格品となったものを**仕損品**（しそんひん）といい，仕損品の補修や代品の製造のために生じた費用を**仕損費**という。

2 仕損費の計算

例1 補修して合格品にしたとき（補修指図書に集計された製造原価￥50）

(借) 仕　損　費　50　(貸) 材 料 な ど　50

例2 新たに代品を製造したとき

① 全部が仕損じとなったとき（旧製造指図書の集計額￥10,000）

(借) 仕　損　費　10,000　(貸) 仕　掛　品　10,000

② 一部が仕損じとなったとき（新製造指図書の集計額￥3,000）

(借) 仕　損　費　3,000　(貸) 仕　掛　品　3,000

なお，補修や代品製造のために，新しく製造指図書を発行しない場合には，仕損費を見積もる。

3 仕損品の計上

代品を製造した場合，仕損品が売却価値または利用価値をもっている場合には，その評価額を仕損品勘定に計上し，その額を差し引いた金額を仕損費とする。

例3 上記例2①で仕損品の評価額が￥1,000のとき

(借) 仕　損　品　1,000　(貸) 仕　掛　品　10,000
　　 仕　損　費　9,000

4 仕損費の処理

仕損費は，その発生した製造指図書に直接に賦課するか，または，製造間接費として各製造指図書に配賦する。

例4 仕損費￥2,000を製造指図書#1に直接に賦課したとき

(借) 仕　掛　品　2,000　(貸) 仕　損　費　2,000

仕　損　費

発 生 高　2,000	仕 掛 品　2,000

→

仕　掛　品

仕 損 費　2,000	

5 作業くずの処理

製造中に生じた材料のけずりくずや残りくずなどを**作業くず**という。

例5 発生額￥10が各製造指図書ごとに区別できるとき

評価額を，その製造指図書の直接材料費または製造原価から差し引く。

(借) 作 業 く ず　10　(貸) 仕　掛　品　10

例6 発生額￥10が各製造指図書ごとに区別できないとき

評価額を製造間接費から差し引く。

(借) 作 業 く ず　10　(貸) 製造間接費　10

例7 発生額がわずかで，評価する必要のないとき

売却時に雑益とする。

(借) 現　　　金　3　(貸) 雑　　　益　3

14-1 次の取引の仕訳を示しなさい。

(1) 製造指図書#101の製品10個が仕損じとなり，補修指図書#101-1を発行して補修を行い仕損費を計上した。なお，補修費用は素材¥3,000　賃金¥2,000である。

(2) 上記(1)の仕損費を製造指図書#101に賦課した。

(3) 製造指図書#201の製品すべてが仕損じとなり，新たに製造指図書を発行して，代品を製造することになった。旧製造指図書の製造原価は¥100,000であり，仕損品の評価額は¥10,000である。

(4) 製造指図書#301の一部に仕損じが生じ，代品を製造した。新製造指図書#301-1に集計された製造原価は¥20,000であり，仕損品には利用価値がなかった。

	借　　　方	貸　　　方
(1)		
(2)		
(3)		
(4)		

14-2 次の取引の仕訳を示しなさい。

(1) 製造指図書#7の製造中に作業くずが発生した。よって評価額¥30,000を，製造指図書#7の製造原価から差し引いた。

(2) 発生がわずかであったため評価しないでおいた作業くずを¥2,000で売却し，代金は現金で受け取った。

	借　　　方	貸　　　方
(1)		
(2)		

総合問題 3

3-1 次の仕掛品勘定および原価元帳の（　　）内に金額を記入し，仕掛品勘定と原価元帳を完成しなさい。なお，#101のみが完成している。

仕　掛　品

前月繰越	750,000	製品	1,840,000
材料	1,300,000	次月繰越	（　　　）
労務費	（　　　）		
経費	640,000		
製造間接費	400,000		
	（　　　）		（　　　）

原価元帳（原価計算表）

	製造指図書#101	製造指図書#102	製造指図書#103	製造指図書#104
前月繰越	（　　　）	300,000	――	――
当月製造費用				
直接材料費	（　　　）	250,000	（　　　）	150,000
直接労務費	260,000	（　　　）	（　　　）	50,000
直接経費	200,000	（　　　）	130,000	180,000
製造間接費	230,000	120,000	20,000	（　　　）
計	（　　　）	870,000	600,000	（　　　）

3-2 埼玉製作所は個別原価計算を採用し，A製品（製造指図書#1），B製品（製造指図書#2）の2種類の製品を製造している。下記の資料によって，

(1) 仕訳を示しなさい。

(2) 仕掛品勘定・製造間接費勘定に転記して完成しなさい。

(3) A製品（製造指図書#1）の原価計算表を完成しなさい。

ただし，i　月初仕掛品はなかった。

ii　製造間接費は予定配賦を行っている。

資　　料

a．当月材料消費高
　素　材　製造指図書#1　¥820,000　製造指図書#2　¥600,000
　工場消耗品　¥90,000（間接材料）

b．当月賃金消費高　製造指図書#1　¥400,000　製造指図書#2　¥350,000

c．健康保険料の事業主負担分　¥30,000

d．当月経費消費高（外注加工賃以外すべて間接経費）
　外注加工賃　¥80,000（製造指図書#1用）
　減価償却費　¥15,000　保険料　¥9,000　電力料　¥18,500

e．当月製造間接費予定配賦額
　製造指図書#1　¥90,000　製造指図書#2　¥70,000

f．A製品（製造指図書#1）100個が完成した。

g．製造間接費の予定配賦額と実際発生額との差額を製造間接費配賦差異勘定に振り替えた。

(1)

	借　方	貸　方
a		

b		
c		
d		
e		
f		
g		

(2)

仕　掛　品

(　　　)	(　　　)	(　　　)	(　　　)
(　　　)	(　　　)	次月繰越	(　　　)
(　　　)	(　　　)		
(　　　)	(　　　)		
	(　　　)		(　　　)

製造間接費

(　　　)	(　　　)	(　　　)	(　　　)
(　　　)	(　　　)	(　　　)	(　　　)
(　　　)	(　　　)		
	(　　　)		(　　　)

(3)

製造指図書#/　　　原　価　計　算　表

直接材料費	直接労務費	直接経費	製造間接費	集計 摘要	集計 金額
				直接材料費	
				直接労務費	
				直接経費	
				製造間接費	
				製造原価	

33 次の取引の仕訳を示しなさい。

(1) 製造指図書#2の製品が仕損じとなったので，補修指図書#2-/を発行して補修を行い，仕損費を計上した。この補修指図書に集計された原価は，素材¥80,000　賃金¥40,000である。

(2) 製造指図書#/の製品全部が仕損じとなり，新たに製造指図書を発行して，代品を製造することにした。ただし，製造指図書#/に集計された製造原価は¥/00,000であり，仕損品の評価額は¥30,000である。

(3) 山梨製作所は，発生が少量のため，製造原価から差し引かないでいた作業くずを，¥3,000で売却し，代金を現金で受け取った。

	借　方	貸　方
(1)		
(2)		
(3)		

15 製造部門費予定配賦表の作成

学習の要点

1 部門別計算の目的

経営規模が大きく，製品がいろいろな作業を経て製造される場合，より正確な製造原価を計算するために，製造間接費を部門別に集計し，各部門に適した配賦基準によって，各製品に配賦する方法を**部門別計算**という。

2 原価部門の設定

部門別計算では，費目別計算において計算された製造間接費を，その発生場所である**原価部門**に集計する。この原価部門に集計された製造間接費を**部門費**という。

〈原価部門の例〉

製造部門	製造を直接担当する部門	第/製造部門・第2製造部門	
補助部門	製造部門の作業を補助する部門	補助経営部門	動力部門・修繕部門
		工場管理部門	工場事務部門

3 製造部門費を各製品に配賦する手続き

製造部門費を各製品に配賦するには，**製造部門費予定配賦表**を用いて，製造部門別の予定配賦率を計算し，予定配賦を行うのが一般的である。

$$\text{各製造部門の予定配賦率} = \frac{\text{各製造部門の基準操業度における製造部門費予算額}}{\text{各製造部門の基準操業度}}$$

予定配賦額＝各製造部門の予定配賦率×製造指図書別の実際操業度

例1 製造部門費予定配賦表の作成

a．/年間の製造部門費予算額および基準操業度(直接作業時間)

	第/製造部門	第2製造部門
/年間の製造部門費予算額	¥/,500,000	¥/,800,000
/年間の基準操業度	/0,000時間	/5,000時間

b．実際直接作業時間

製造指図書番号	第/製造部門	第2製造部門
#/	400時間	550時間
#2	620時間	700時間

第/製造部門費予定配賦率

$$\frac{¥1,500,000}{10,000\text{時間}} = ¥150$$ ❶

第2製造部門費予定配賦率

$$\frac{¥1,800,000}{15,000\text{時間}} = ¥120$$ ❷

製造部門費予定配賦表

令和○年		製造指図書番号	第/製造部門 予定配賦率	配賦基準(直接作業時間)	予定配賦額	第2製造部門 予定配賦率	配賦基準(直接作業時間)	予定配賦額
9	30	#/	/50 ❶	400	60,000	/20 ❷	550	66,000
	〃	#2	/50	620	93,000	/20	700	84,000
					/53,000			/50,000

例2 製造部門費を各製品に予定配賦したとき

例1の製造部門費予定配賦表にもとづいて，各製造部門費を予定配賦する仕訳を示しなさい。

(借) 仕　掛　品	303,000	(貸) 第/製造部門費	/53,000
		第2製造部門費	/50,000

15-1 次の資料によって，製造部門費予定配賦表を作成しなさい。

資　　料

i　1年間の製造部門費予算額および基準操業度（直接作業時間）

	第1製造部門	第2製造部門
1年間の製造部門費予算額	¥3,600,000	¥4,320,000
1年間の基準操業度	12,000時間	9,600時間

ii　実際直接作業時間

製造指図書番号	第1製造部門	第2製造部門
#1	580時間	430時間
#2	440時間	390時間

製造部門費予定配賦表

令和○年7月分

令和○年		製造指図書番号	第1製造部門			第2製造部門		
			予定配賦率	配賦基準(直接作業時間)	予定配賦額	予定配賦率	配賦基準(直接作業時間)	予定配賦額
9	30							
	〃							

15-2 次の資料によって，(1)製造部門費予定配賦表を作成し，(2)A製品（製造指図書#1）と(3)B製品（製造指図書#2）に予定配賦する各製造部門費を計算しなさい。また，(4)各製造部門費を予定配賦する仕訳を示しなさい。

資　　料

i　1年間の製造部門費予算額および基準操業度（直接作業時間）

	第1製造部門	第2製造部門
1年間の製造部門費予算額	¥9,375,000	¥6,380,000
1年間の基準操業度	12,500時間	11,000時間

ii　実際直接作業時間

製造指図書番号	第1製造部門	第2製造部門
#1	560時間	450時間
#2	480時間	400時間

(1)

製造部門費予定配賦表

令和○年9月分

令和○年		製造指図書番号	第1製造部門			第2製造部門		
			予定配賦率	配賦基準(直接作業時間)	予定配賦額	予定配賦率	配賦基準(直接作業時間)	予定配賦額
9	30							
	〃							

(2)	A製品への予定配賦額（#1）	第1製造部門	¥
		第2製造部門	¥
(3)	B製品への予定配賦額（#2）	第1製造部門	¥
		第2製造部門	¥

	借　方	貸　方
(4)		

16 部門費配分表の作成

学習の要点

1 製造間接費を各部門に配分する手続き

製造間接費を部門個別費と部門共通費に分類し，部門個別費はその発生部門に賦課し，部門共通費は一定の基準によって各部門に配賦する。この手続きは，**部門費配分表**を作成して行う。

部門個別費	特定の部門で発生した製造間接費
部門共通費	複数の部門に共通して発生した製造間接費

例1 部門費配分表の作成

製造間接費総額　¥300,000

①　部門個別費

費　目	第1製造部門	第2製造部門	動力部門	修繕部門	工場事務部門
間接材料費	¥10,000	¥20,000	¥20,000	¥ 7,000	¥ 3,000
間接賃金	¥20,000	¥10,000	¥ 5,000	¥ 3,000	¥ 2,000

②　部門共通費

費　目	金　額	配賦基準	第1製造部門	第2製造部門	動力部門	修繕部門	工場事務部門
給　料	¥100,000	従業員数	10人	20人	6人	2人	2人
建物減価償却費	¥ 60,000	床面積	300m²	200m²	50m²	40m²	10m²
保険料	¥ 40,000	機械帳簿価額	¥100,000	¥200,000	¥50,000	¥40,000	¥10,000

部　門　費　配　分　表

費　目	配賦基準	金　額	製造部門		補助部門		
			第1製造部門	第2製造部門	動力部門	修繕部門	工場事務部門
部門個別費							
間接材料費	——	60,000	10,000	20,000	20,000	7,000	3,000
間接賃金	——	40,000	20,000	10,000	5,000	3,000	2,000
部門個別費計		100,000	30,000	30,000	25,000	10,000	5,000
部門共通費							
給　料	従業員数	100,000	25,000❶	50,000	15,000	5,000	5,000
建物減価償却費	床面積	60,000	30,000❷	20,000	5,000	4,000	1,000
保険料	機械帳簿価額	40,000	10,000❸	20,000	5,000	4,000	1,000
部門共通費計		200,000	65,000	90,000	25,000	13,000	7,000
部門費合計		300,000	95,000	120,000	50,000	23,000	12,000

❶ $¥100,000(\text{給料}) \times \dfrac{10人}{10人+20人+6人+2人+2人} = ¥25,000$

❷ $¥60,000(\text{建物減価償却費}) \times \dfrac{300m^2}{300m^2+200m^2+50m^2+40m^2+10m^2} = ¥30,000$

❸ $¥40,000(\text{保険料}) \times \dfrac{¥100,000}{¥100,000+¥200,000+¥50,000+¥40,000+¥10,000} = ¥10,000$

例2 製造間接費を各部門に配分したとき

例1における部門費配分表にもとづいて，総勘定元帳の各部門費勘定に転記するための仕訳を示しなさい。

(借)	第1製造部門費	95,000	(貸) 製造間接費	300,000
	第2製造部門費	120,000		
	動力部門費	50,000		
	修繕部門費	23,000		
	工場事務部門費	12,000		

16-1 次の資料から，部門費配分表を作成しなさい。

資　料

製造間接費総額　¥500,000

① 部門個別費

費　目	第1製造部門	第2製造部門	動力部門	修繕部門	工場事務部門
間接材料費	¥30,000	¥50,000	¥20,000	¥10,000	¥10,000
間接賃金	¥40,000	¥30,000	¥ 5,000	¥ 3,000	¥ 2,000

② 部門共通費

費　目	金　額	配賦基準	第1製造部門	第2製造部門	動力部門	修繕部門	工場事務部門
給　料	¥200,000	従業員数	10人	20人	6人	2人	2人
建物減価償却費	¥ 60,000	床面積	300㎡	240㎡	30㎡	20㎡	10㎡
保険料	¥ 40,000	機械帳簿価額	¥100,000	¥200,000	¥50,000	¥40,000	¥10,000

部門費配分表

令和○年9月分

費　目	配賦基準	金　額	製造部門		補助部門		
			第1製造部門	第2製造部門	動力部門	修繕部門	工場事務部門
部門個別費							
間接材料費	―――						
間接賃金	―――						
部門個別費計							
部門共通費							
給　料	従業員数						
建物減価償却費	床面積						
保険料	機械帳簿価額						
部門共通費計							
部門費合計							

16-2 次の部門共通費の資料から，(1)部門費配分表を作成し，(2)総勘定元帳の各部門費勘定に転記するための仕訳を示しなさい。

資　料

① 部門共通費

費　目	金　額	配賦基準	第1製造部門	第2製造部門	動力部門	修繕部門	工場事務部門
給　料	¥200,000	従業員数	12人	16人	6人	4人	2人
建物減価償却費	¥120,000	床面積	100㎡	180㎡	60㎡	40㎡	20㎡
保険料	¥ 80,000	機械帳簿価額	¥100,000	¥140,000	¥80,000	¥50,000	¥30,000

(1)

部門費配分表

令和○年11月分

費　目	配賦基準	金　額	製造部門		補助部門		
			第1製造部門	第2製造部門	動力部門	修繕部門	工場事務部門
部門個別費	―――	200,000	60,000	100,000	18,000	12,000	10,000
部門共通費							
給　料	従業員数						
建物減価償却費	床面積						
保険料	機械帳簿価額						
部門共通費計							
部門費合計							

(2)

借　方	貸　方

17 部門費振替表の作成

学習の要点

1 補助部門費を各製造部門に振り替える手続き

部門費振替表を作成し，補助部門が製造部門に提供した用役の程度によって補助部門費を各製造部門費に配賦する。

直接配賦法	補助部門相互間の用役の提供を無視し，製造部門にだけ直接配賦する方法。
相互配賦法	補助部門相互間の用役の提供も考慮に入れ，まず補助部門費を用役を提供しているほかの部門すべてに配賦し（**第1次配賦**），次に各補助部門に残っている金額を製造部門にだけ配賦する（**第2次配賦**）方法。

例1 部門費振替表の作成　次の補助部門費の配賦基準にもとづいて，直接配賦法による部門費振替表を作成しなさい。

補助部門費	配賦基準	第1製造部門	第2製造部門
動力部門費	動力消費量（kW数×運転時間）	20kW×150時間	10kW×200時間
修繕部門費	修繕回数	15回	8回
工場事務部門費	従業員数	20人	10人

（直接配賦法）

部門費振替表

部門費	配賦基準	金額	製造部門		補助部門		
			第1製造部門	第2製造部門	動力部門	修繕部門	工場事務部門
部門費計		300,000	95,000	120,000	50,000	23,000	12,000
動力部門費	動力消費量（kW数×運転時間）	50,000	30,000❶	20,000			
修繕部門費	修繕回数	23,000	15,000❷	8,000			
工場事務部門費	従業員数	12,000	8,000❸	4,000			
配賦額計		85,000	53,000	32,000			
製造部門費合計		300,000	148,000	152,000			

［第1製造部門への配賦額の計算］

❶ $¥50,000 \times \dfrac{20\text{kW} \times 150\text{時間}}{20\text{kW} \times 150\text{時間} + 10\text{kW} \times 200\text{時間}} = ¥30,000$

❷ $¥23,000 \times \dfrac{15\text{回}}{15\text{回} + 8\text{回}} = ¥15,000$

❸ $¥12,000 \times \dfrac{20\text{人}}{20\text{人} + 10\text{人}} = ¥8,000$

例2 補助部門費を製造部門に配賦したとき　例1における部門費振替表にもとづいて，総勘定元帳の各部門費勘定に転記するための仕訳を示しなさい。

（借）	第1製造部門費	53,000	（貸）動力部門費	50,000
	第2製造部門費	32,000	修繕部門費	23,000
			工場事務部門費	12,000

17-1 次の資料から，(1)部門費振替表を直接配賦法によって作成し，(2)補助部門費を各製造部門に配賦する仕訳を示しなさい。

資　　料

補助部門費	配賦基準	第1製造部門	第2製造部門
動力部門費	動力消費量 (kW数×運転時間)	20kW×150時間	10kW×200時間
修繕部門費	修繕回数	20回	10回
工場事務部門費	従業員数	15人	25人

(1)

部門費振替表

(直接配賦法)　　　　令和○年9月分

部門費	配賦基準	金額	製造部門		補助部門		
			第1製造部門	第2製造部門	動力部門	修繕部門	工場事務部門
部門費計		500,000	180,000	120,000	100,000	60,000	40,000
動力部門費	動力消費量 (kW数×運転時間)						
修繕部門費	修繕回数						
工場事務部門費	従業員数						
配賦額計							
製造部門費合計							

(2)

借方	貸方

17-2 次の資料から，(1)部門費振替表を相互配賦法によって作成し，(2)補助部門費を各製造部門に配賦する仕訳を示しなさい。

資　　料

補助部門費	配賦基準	第1製造部門	第2製造部門	動力部門	修繕部門	工場事務部門
動力部門費	動力消費量 (kW数×運転時間)	20kW×150時間	10kW×200時間	――	10kW×100時間	――
修繕部門費	修繕回数	5回	10回	3回	――	2回
工場事務部門費	従業員数	9人	9人	1人	1人	――

(1)

部門費振替表

(相互配賦法)　　　　令和○年11月分

部門費	配賦基準	金額	製造部門		補助部門		
			第1製造部門	第2製造部門	動力部門	修繕部門	工場事務部門
部門費計		340,000	100,000	120,000	60,000	20,000	40,000
動力部門費	動力消費量 (kW数×運転時間)				――		――
修繕部門費	修繕回数					――	
工場事務部門費	従業員数						――
第1次配賦額							
動力部門費							
修繕部門費							
工場事務部門費							
第2次配賦額							
製造部門費合計							

(2)

借方	貸方

18 製造部門費配賦差異の処理

学習の要点

1 製造部門費配賦差異の処理

製造部門費の予定配賦により生じた配賦差異は，月末に各製造部門費勘定から**製造部門費配賦差異勘定**に振り替える。また，その残高は，会計期末に，売上原価勘定に振り替える。

2 部門別個別原価計算の手続きと記帳

例1 製造部門費を各製品に予定配賦したとき

製造部門費予定配賦表

令和○年	製造指図書番号	第1製造部門			第2製造部門		
		予定配賦率	配賦基準	予定配賦額	予定配賦率	配賦基準	予定配賦額
				153,000			150,000

(借) 仕掛品 303,000　(貸) 第1製造部門費 153,000
　　　　　　　　　　　　　第2製造部門費 150,000

例2 製造間接費を各部門に配分したとき

部門費配分表

費目	配賦基準	金額	製造部門		補助部門		
			第1製造部門	第2製造部門	動力部門	修繕部門	工場事務部門
部門費合計		300,000	95,000	120,000	50,000	23,000	12,000

(借) 第1製造部門費 95,000　(貸) 製造間接費 300,000
　　 第2製造部門費 120,000
　　 動力部門費 50,000
　　 修繕部門費 23,000
　　 工場事務部門費 12,000

例3 補助部門費を製造部門に配賦したとき

(直接配賦法)

部門費振替表

部門費	配賦基準	金額	製造部門		補助部門		
			第1製造部門	第2製造部門	動力部門	修繕部門	工場事務部門
部門費計		300,000	95,000	120,000	50,000	23,000	12,000
配賦額計		85,000	53,000	32,000			
製造部門費合計		300,000	148,000	152,000			

(借) 第1製造部門費 53,000　(貸) 動力部門費 50,000
　　 第2製造部門費 32,000　　　 修繕部門費 23,000
　　　　　　　　　　　　　　　　 工場事務部門費 12,000

例4 各製造部門費の配賦差異を製造部門費配賦差異勘定に振り替えたとき

第1製造部門費

借方	貸方
95,000	153,000
53,000	
5,000	

第2製造部門費

借方	貸方
120,000	150,000
32,000	2,000

(借) 第1製造部門費 5,000　(貸) 製造部門費配賦差異 5,000
　　 製造部門費配賦差異 2,000　　　 第2製造部門費 2,000

18-1 次の資料によって，(1)〜(4)の仕訳を示し，各勘定に転記しなさい。また，第/製造部門費勘定と第2製造部門費勘定を締め切りなさい。勘定記入は相手科目と金額を示すこと。

(1) 製造部門費を予定配賦する仕訳
(2) 製造間接費を各部門に配分する仕訳
(3) 補助部門費を製造部門に配賦する仕訳
(4) 各製造部門費の配賦差異を製造部門費配賦差異勘定に振り替える仕訳

資　　料

製造部門費予定配賦表

令和○年9月分

令和○年	製造指図書番号	第/製造部門 予定配賦率	第/製造部門 配賦基準	第/製造部門 予定配賦額	第2製造部門 予定配賦率	第2製造部門 配賦基準	第2製造部門 予定配賦額
				160,000			130,000

部門費配分表

令和○年9月分

費目	配賦基準	金額	製造部門 第/製造部門	製造部門 第2製造部門	補助部門 動力部門	補助部門 修繕部門	補助部門 工場事務部門
部門費合計		295,000	95,000	100,000	50,000	30,000	20,000

部門費振替表

(直接配賦法)　令和○年9月分

部門費	配賦基準	金額	製造部門 第/製造部門	製造部門 第2製造部門	補助部門 動力部門	補助部門 修繕部門	補助部門 工場事務部門
部門費計		295,000	95,000	100,000	50,000	30,000	20,000
配賦額計		100,000	63,000	37,000			
製造部門費合計		295,000	158,000	137,000			

	借方	貸方
(1)		
(2)		
(3)		
(4)		

第/製造部門費

第2製造部門費

仕　掛　品

製造部門費配賦差異

18-2 次の取引の仕訳を示し，各勘定に転記しなさい。また，第1製造部門費勘定と第2製造部門費勘定を締め切りなさい。なお，勘定記入は相手科目と金額を示すこと。

(1) 次の資料によって，製造部門費を予定配賦した。

〈1年間の製造部門費予定総額および予定直接作業時間〉

	第1製造部門	第2製造部門
1年間の製造部門費予算額	¥8,190,000	¥6,160,000
1年間の基準操業度	13,000時間	11,000時間

〈実際直接作業時間〉

製造指図書番号	第1製造部門	第2製造部門
#1	570時間	540時間
#2	480時間	390時間

(2) 部門費配分表を作成し，製造間接費を次の各部門に配分した。

第1製造部門　¥546,000　　第2製造部門　¥469,000
動力部門　¥118,000　　修繕部門　¥ 39,000
工場事務部門　¥ 15,000

(3) 部門費振替表を作成し，補助部門費を各製造部門に配賦した。

動力部門費　第1製造部門　¥76,700　　第2製造部門　¥41,300
修繕部門費　第1製造部門　¥27,300　　第2製造部門　¥11,700
工場事務部門費　第1製造部門　¥ 9,000　　第2製造部門　¥ 6,000

(4) 各製造部門費の予定配賦額と実際発生額との差額を，製造部門費配賦差異勘定に振り替えた。

	借方	貸方
(1)		
(2)		
(3)		
(4)		

第1製造部門費

第2製造部門費

仕掛品

製造部門費配賦差異

検定問題

18-3 長野製作所は，個別原価計算を採用し，X製品（製造指図書#1）とY製品（製造指図書#2）を製造している。下記の資料によって，次の各問いに答えなさい。 第81回

(1) 部門費振替表を相互配賦法によって完成しなさい。
(2) 補助部門費を各製造部門に配賦する仕訳を示しなさい。
(3) 第1製造部門費および第2製造部門費の配賦差異を，製造部門費配賦差異勘定に振り替える仕訳を示しなさい。
(4) X製品（製造指図書#1）の原価計算表を完成しなさい。

ただし，i 月初仕掛品はなかった。
ii 賃金の消費高の計算には，作業時間1時間につき¥1,280の予定賃率を用いている。
iii 製造間接費は部門別計算を行い，直接作業時間を基準として予定配賦している。

資　　料

a．年間製造間接費予定額・年間予定直接作業時間

	第1製造部門	第2製造部門
年間製造間接費予定額（予算額）	¥13,392,000	¥8,400,000
年間予定直接作業時間（基準操業度）	18,600時間	15,000時間

b．製造部門の当月直接作業時間

		第1製造部門	第2製造部門
直接作業時間	製造指図書#1	850時間	750時間
	製造指図書#2	650時間	550時間

c．補助部門費の配賦基準

	配賦基準	第1製造部門	第2製造部門	動力部門	修繕部門
動力部門費	kW数×運転時間数	20kW×800時間	16kW×500時間	――	6kW×100時間
修繕部門費	修繕回数	5回	4回	2回	――

d．完成品数量　　X製品（製造指図書#1）　80個

(1)
部門費振替表

相互配賦法　　令和○年1月分

部門費	配賦基準	金額	製造部門		補助部門	
			第1部門	第2部門	動力部門	修繕部門
部門費計		1,810,000	676,000	501,000	369,000	264,000
動力部門費	kW数×運転時間数				――	
修繕部門費	修繕回数					――
第1次配賦額						
動力部門費	kW数×運転時間数					
修繕部門費	修繕回数					
第2次配賦額						
製造部門費合計						

(2)

借方	貸方

(3)

借方	貸方

(4) 製造指図書#1
原価計算表

直接材料費	直接労務費	製造間接費				集計	
		部門	時間	配賦率	金額	摘要	金額
1,656,000		第1				直接材料費	
		第2				直接労務費	
						製造間接費	
						製造原価	
						完成品数量	80個
						製品単価	¥

18-4 佐賀製作所は，個別原価計算を採用し，X製品（製造指図書#1）とY製品（製造指図書#2）を製造している。下記の資料によって，次の各問いに答えなさい。 第83回

(1) 製造間接費を部門費配分表にもとづいて，各部門に配分する仕訳を示しなさい。

(2) 部門費振替表を相互配賦法によって完成しなさい。

(3) 第1製造部門費および第2製造部門費の配賦差異を，製造部門費配賦差異勘定に振り替える仕訳を示しなさい。

(4) X製品（製造指図書#1）の原価計算表を完成しなさい。

ただし，i 月初仕掛品はなかった。

ii 賃金の消費高の計算には，作業時間1時間につき¥1,600の予定賃率を用いている。

iii 製造間接費は部門別計算を行い，直接作業時間を基準として予定配賦している。

iv 製造間接費勘定を設けている。

資　　料

a．年間製造間接費予定額・年間予定直接作業時間

	第1製造部門	第2製造部門
年間製造間接費予定額（予算額）	¥12,480,000	¥6,804,000
年間予定直接作業時間（基準操業度）	15,600時間	12,600時間

b．製造部門の当月直接作業時間

		第1製造部門	第2製造部門
直接作業時間	製造指図書#1	750時間	650時間
	製造指図書#2	500時間	450時間

c．当月の部門費配分表

部　門　費　配　分　表

令和○年1月分

費　目	配賦基準	金　額	製造部門		補助部門	
			第1部門	第2部門	動力部門	修繕部門
部門費合計		1,589,000	780,000	500,000	225,000	84,000

d．補助部門費の配賦基準

	配賦基準	第1製造部門	第2製造部門	動力部門	修繕部門
動力部門費	kW数×運転時間数	25kW×800時間	20kW×400時間	――	10kW×200時間
修繕部門費	修繕回数	6回	4回	2回	――

e．完成品数量　X製品（製造指図書#1）　50個

(1)

借 方	貸 方

(2)

部 門 費 振 替 表

相互配賦法　　　　令和○年/月分

部 門 費	配 賦 基 準	金 額	製造部門 第/部門	製造部門 第2部門	補助部門 動力部門	補助部門 修繕部門
部 門 費 計						
動 力 部 門 費	kW数×運転時間数					
修 繕 部 門 費	修 繕 回 数					
第/次配賦額						
動 力 部 門 費	kW数×運転時間数					
修 繕 部 門 費	修 繕 回 数					
第2次配賦額						
製造部門費合計						

(3)

借 方	貸 方

(4)

製造指図書#/

原 価 計 算 表

直接材料費	直接労務費	製造間接費 部 門	製造間接費 時 間	製造間接費 配賦率	製造間接費 金 額	集計 摘 要	集計 金 額
2,609,000		第/				直接材料費	
		第2				直接労務費	
						製造間接費	
						製 造 原 価	
						完成品数量	50個
						製 品 単 価	¥

18-5 個別原価計算を採用している山口製作所の下記の資料によって，次の各問いに答えなさい。
第94回改題

(1) 6月13日の取引の仕訳を示しなさい。
(2) 消費賃金勘定・仕掛品勘定・製造間接費勘定に必要な記入を行い，締め切りなさい。なお，勘定記入は日付・相手科目・金額を示すこと。
(3) A製品（製造指図書#1）の原価計算表を完成しなさい。
ただし，ⅰ　前月繰越高は，次のとおりである。

素　　材	700個	@¥2,800	¥1,960,000
工場消耗品	650〃	〃〃 20	¥ 13,000
仕　掛　品（製造指図書#1）			¥ 936,000（原価計算表に記入済み）
保　険　料（前払高7か月分）			¥ 301,000

ⅱ　素材の消費高の計算は移動平均法，工場消耗品の消費数量の計算は棚卸計算法によっている。
ⅲ　賃金の消費高の計算には，作業時間1時間につき¥1,200の予定賃率を用いて計算し，消費賃金勘定を設けて記帳している。
ⅳ　製造間接費は直接作業時間を配賦基準として予定配賦している。なお，年間製造間接費予定額は¥8,700,000であり，年間予定直接作業時間（基準操業度）は17,400時間である。

(4) 製造間接費配賦差異における次の資料から，操業度差異の金額を求めなさい。なお，解答欄の（　　）のなかは借方差異の場合は借方，貸方差異の場合は貸方を○で囲むこと。

資　　料
a．製造間接費については，公式法変動予算により予算を設定して予定配賦を行っている。
b．月間の基準操業度（直接作業時間）は1,450時間である。
c．月間の製造間接費予算は，変動費率 ¥300　固定費予算額 ¥290,000である。
d．当月の実際直接作業時間は1,430時間であった。
e．当月の実際製造間接費発生額は¥709,000であった。

(5) 保険料勘定の次月繰越高を求めなさい。

取　　引
6月 2日　B製品（製造指図書#2）の注文を受け，素材300個を消費して製造を開始した。
6日　素材および工場消耗品を次のとおり買い入れ，代金は掛けとした。

素　　材	600個	@¥2,850	¥1,710,000
工場消耗品	3,450〃	〃〃 20	¥ 69,000

9日　A製品（製造指図書#1）90個が完成した。なお，A製品の賃金予定消費高と製造間接費予定配賦高を，次の作業時間によって計算し，原価計算表に記入した。ただし，賃金予定消費高と製造間接費予定配賦高を計上する仕訳は，月末に行っている。
製造指図書#1　270時間
13日　C製品（製造指図書#3）の注文を受け，素材500個を消費して製造を開始した。
30日　①　工場消耗品の月末棚卸数量は750個であった。よって，消費高を計上した。(間接材料)
②　当月の賃金予定消費高を次の作業時間によって計上した。
製造指図書#1　270時間　　製造指図書#2　690時間
製造指図書#3　470時間　　間　接　作　業　150時間
③　健康保険料の事業主負担分¥79,000を計上した。
④　当月の製造経費消費高を計上した。
電　力　料　当月支払高　¥91,000　　当月測定高　¥93,000
保　険　料　1か月分
減価償却費　年間見積高　¥2,964,000
⑤　上記②の直接作業時間によって，製造間接費を予定配賦した。
⑥　当月の賃金実際消費高¥1,911,800を計上した。
⑦　賃金の予定消費高と実際消費高との差額を，賃率差異勘定に振り替えた。
⑧　製造間接費の予定配賦額と実際発生額との差額を，製造間接費配賦差異勘定に振り替えた。

(1)

	借　方	貸　方
6月13日		

(2)

消　費　賃　金

仕　掛　品

6/1　前月繰越　936,000	

製　造　間　接　費

(3)

製造指図書#1

原　価　計　算　表

直接材料費	直接労務費	製造間接費	集計 摘要	集計 金額
630,000	216,000	90,000	直接材料費	
			直接労務費	
			製造間接費	
			製造原価	
			完成品数量	個
			製品単価	¥

(4)

¥　　　　（借方・貸方）

※（借方・貸方）のいずれかを◯で囲むこと

(5)

¥

18-6　個別原価計算を採用している和歌山製作所の下記の取引によって，次の各問いに答えなさい。　第93回

(1)　/月3/日⑨の取引の仕訳を示しなさい。
(2)　素材勘定・製造間接費勘定・第/製造部門費勘定に必要な記入を行い，締め切りなさい。なお，勘定記入は日付・相手科目・金額を示すこと。
(3)　A製品（製造指図書#/）の原価計算表を作成しなさい。
(4)　部門費振替表を相互配賦法によって完成しなさい。
(5)　/月末の賃金未払高を求めなさい。

ただし，i　前月繰越高は，次のとおりである。

素　　材	200個	@¥3,200	¥ 640,000
工場消耗品	240〃	〃〃 150	¥ 36,000
仕　掛　品（製造指図書#/）			¥3,/60,000（原価計算表に記入済み）
賃　　金（未払金）			¥/,538,000

ii　素材の消費高の計算は先入先出法，工場消耗品の消費数量の計算は棚卸計算法によっている。
iii　賃金の消費高の計算には，作業時間/時間につき¥/,500の予定賃率を用いている。
iv　製造間接費は部門別計算を行い，直接作業時間を基準として予定配賦している。
予定配賦率　第/製造部門　¥850　第2製造部門　¥600

取　　　引

/月 8日　素材および工場消耗品を次のとおり買い入れ，代金は掛けとした。

素　　材	750個	@¥3,300	¥2,475,000
工場消耗品	900〃	〃〃 150	¥ /35,000

//日　B製品（製造指図書#2）の注文を受け，素材700個を消費して製造を開始した。

25日　本月分の賃金¥3,946,000について，所得税額¥3/7,000および健康保険料¥283,000を控除した正味支払額を当座預金から支払った。

27日　A製品（製造指図書#/）60個が完成した。なお，A製品の賃金予定消費高と製造部門費予定配賦高を次の作業時間によって計算し，原価計算表に記入した。ただし，賃金予定消費高と製造部門費予定配賦高を計上する仕訳は，月末に行っている。
製造指図書#/　/,250時間（第/製造部門　380時間　第2製造部門　870時間）

3/日　①　工場消耗品の月末棚卸数量は/60個であった。よって，消費高を計上した。（間接材料）
②　当月の賃金予定消費高を次の作業時間によって計上した。ただし，消費賃金勘定を設けている。

		合計＼内訳	第/製造部門	第2製造部門
直接作業時間	製造指図書#/	/,250時間	380時間	870時間
	製造指図書#2	/,0/0時間	900時間	//0時間
間接作業時間		340時間		

③　上記②の直接作業時間によって，製造部門費を予定配賦した。
④　健康保険料の事業主負担分¥283,000を計上した。
⑤　当月の製造経費消費高を計上した。
電　力　料 ¥379,000　保　険　料 ¥99,000　減価償却費 ¥260,000
⑥　製造間接費を次のように各部門に配分した。
第/製造部門　¥873,000　第2製造部門　¥448,000
動　力　部　門　¥252,000　修　繕　部　門　¥/05,000
⑦　補助部門費を次の配賦基準によって，各製造部門に配賦した。

	配賦基準	第/製造部門	第2製造部門	動力部門	修繕部門
動力部門費	kW数×運転時間数	40kW×600時間	20kW×800時間	―――	/0kW×200時間
修繕部門費	修 繕 回 数	4回	2回	/回	―――

⑧　当月の賃金実際消費高¥3,9/3,000を計上した。
⑨　賃金の予定消費高と実際消費高との差額を，賃率差異勘定に振り替えた。
⑩　第/製造部門費の配賦差異を，製造部門費配賦差異勘定に振り替えた。
⑪　第2製造部門費の配賦差異を，製造部門費配賦差異勘定に振り替えた。

(1)

	借　　　方	貸　　　方
/月3/日⑨		

(2)

素　　材

1/1　前月繰越　640,000	

製造間接費

第/製造部門費

(3) 製造指図書#/

原　価　計　算　表

直接材料費	直接労務費	製造間接費				集　計	
		部　門	時　間	配賦率	金　額	摘　要	金　額
1,938,000	780,000	第/	520	850	442,000	直接材料費	
						直接労務費	
						製造間接費	
						製造原価	
						完成品数量	個
						製品単価	￥

(4)

部　門　費　振　替　表

相互配賦法　　　　令和○年/月分

部門費	配賦基準	金　額	製造部門		補助部門	
			第/部門	第2部門	動力部門	修繕部門
部門費計		1,678,000	873,000	448,000	252,000	105,000
動力部門費	kW数×運転時間数				――	
修繕部門費	修繕回数					――
第/次配賦額						
動力部門費	kW数×運転時間数					
修繕部門費	修繕回数					
第2次配賦額						
製造部門費合計						

(5)

￥

総合問題 4

4 1 個別原価計算を採用している長野製作所の次の資料によって，⑴連続した取引の仕訳を示し，⑵各勘定への転記を行い，製造部門費配賦差異勘定以外の勘定を締め切りなさい。また，⑶部門費配分表，⑷部門費振替表，⑸原価計算表を完成しなさい。なお，勘定記入は相手科目と金額を示すこと。ただし，

i　A製品（製造指図書#1）は先月より製造に着手しており，月初の仕掛品原価は¥852,000であり，原価計算表の1行目に記入済みである。また，B製品（製造指図書#2）は今月より製造に着手している。

ii　当月の直接材料費と直接労務費は，すでに原価計算表に記入されている。

①　製造部門費を予定配賦した。なお，予定配賦率は直接作業時間を基準に定めている。

〈1年間の製造部門費予定総額および予定直接作業時間〉

	第1製造部門	第2製造部門
1年間の製造部門費予算額	¥3,600,000	¥3,440,000
1年間の基準操業度	7,200時間	8,600時間

〈製造部門の当月直接作業時間〉

製造指図書番号	第1製造部門	第2製造部門
#1	350時間	380時間
#2	320時間	360時間

②　A製品（製造指図書#1）1,500個が完成した。

③　月末に部門費配分表を作成し，製造間接費¥640,000を各部門に配分した。なお，部門個別費は部門費配分表に記入済みであり，部門共通費は次の配賦基準によって各部門に配賦する。

〈部門共通費〉

費目	金額	配賦基準	第1製造部門	第2製造部門	動力部門	工場事務部門
給料	¥80,000	従業員数	48人	32人	12人	8人
保険料	¥30,000	床面積	360㎡	300㎡	60㎡	30㎡

④　月末に部門費振替表を直接配賦法により作成し，補助部門費を各製造部門に配賦した。

	配賦基準	第1製造部門	第2製造部門
動力部門費	kW数×運転時間数	10kW×300時間	8kW×250時間
工場事務部門費	従業員数	48人	32人

⑤　第1製造部門の予定配賦額と実際発生額との差額を，製造部門費配賦差異勘定に振り替えた。

⑥　第2製造部門の予定配賦額と実際発生額との差額を，製造部門費配賦差異勘定に振り替えた。

(1)

	借方	貸方
①		
②		
③		
④		
⑤		
⑥		

(2)

仕掛品

前月繰越	852,000		
(製造直接費)	3,311,000		

製造間接費

諸口	640,000		

動力部門費

工場事務部門費

第1製造部門費

第2製造部門費

製造部門費配賦差異

(3)

部門費配分表

令和○年1月分

費目	配賦基準	金額	製造部門		補助部門	
			第1部門	第2部門	動力部門	工場事務部門
部門個別費	――	530,000	231,200	220,400	48,000	30,400
部門共通費						
給料	従業員数	80,000				
保険料	床面積	30,000				
部門共通費計						
部門費合計						

(4)

部門費振替表

直接配賦法

令和○年1月分

部門費	配賦基準	金額	製造部門		補助部門	
			第1部門	第2部門	動力部門	工場事務部門
部門費計						
動力部門費	kW数×運転時間数					
工場事務部門費	従業員数					
配賦額計						
製造部門費合計						

(5)

製造指図書#1

原価計算表

直接材料費	直接労務費	製造間接費				集計	
		部門	時間	配賦率	金額	摘要	金額
580,000	174,000	各部門			98,000	直接材料費	
1,340,000	406,000					直接労務費	
						製造間接費	
						製造原価	
						完成品数量	1,500個
						製品単価	¥

製造指図書#2

原価計算表

直接材料費	直接労務費	製造間接費				集計	
		部門	時間	配賦率	金額	摘要	金額
1,200,000	365,000					直接材料費	
						直接労務費	

19 月末仕掛品原価の計算

学習の要点

1 総合原価計算

総合原価計算は，同種ないし異種の製品を連続して大量に製造する製造業で採用される原価計算の方法である。

総合原価計算では，月初仕掛品原価に当月製造費用を加え，月末仕掛品原価を差し引き，一原価計算期間の完成品の製造原価を計算する。そのために，月末仕掛品原価の計算が重要である。

2 平均法による月末仕掛品原価の計算

総製造費用（月初仕掛品原価＋当月製造費用）を，①完成品数量と，②月末仕掛品の完成品換算数量で比例配分して，月末仕掛品原価を求める方法を**平均法**という。

⑴　素材が製造着手のときにすべて投入される場合

$$\text{月末仕掛品素材費}=(\text{月初仕掛品素材費}+\text{当月素材費})\times\frac{\text{②月末仕掛品数量}}{\text{①完成品数量}+\text{②月末仕掛品数量}}$$

$$\text{月末仕掛品加工費}=(\text{月初仕掛品加工費}+\text{当月加工費})\times\frac{\text{②月末仕掛品完成品換算数量}}{\text{①完成品数量}+\text{②月末仕掛品完成品換算数量}}$$

当月加工費：素材費以外の材料費・労務費・経費

完成品換算数量：月末仕掛品数量×加工進捗度

$$\text{月末仕掛品原価}=\text{月末仕掛品素材費}+\text{月末仕掛品加工費}$$

⑵　素材が製造の進行に応じて投入される場合

$$\text{月末仕掛品原価}=(\text{月初仕掛品原価}+\text{当月製造費用})\times\frac{\text{月末仕掛品完成品換算数量}}{\text{完成品数量}+\text{月末仕掛品完成品換算数量}}$$

3 先入先出法による月末仕掛品原価の計算

月初仕掛品が先に加工され，すべて完成品になるものとみなし，①完成品数量から，③月初仕掛品の完成品換算数量を差し引いた数量（①－③）と，②月末仕掛品の完成品換算数量とで，当月製造費用を比例配分して，月末仕掛品原価を求める方法を**先入先出法**という。

⑴　素材が製造着手のときにすべて投入される場合

$$\text{月末仕掛品素材費}=\text{当月素材費}\times\frac{\text{②月末仕掛品数量}}{(\text{①完成品数量}-\text{③月初仕掛品数量})+\text{②月末仕掛品数量}}$$

$$\text{月末仕掛品加工費}=\text{当月加工費}\times\frac{\text{②月末仕掛品完成品換算数量}}{(\text{①完成品数量}-\text{③月初仕掛品完成品換算数量})+\text{②月末仕掛品完成品換算数量}}$$

⑵　素材が製造の進行に応じて投入される場合

$$\text{月末仕掛品原価}=\text{当月製造費用}\times\frac{\text{月末仕掛品完成品換算数量}}{(\text{完成品数量}-\text{月初仕掛品完成品換算数量})+\text{月末仕掛品完成品換算数量}}$$

19-1 次の資料から，平均法によって月末仕掛品原価を計算するための(1)～(3)の図と計算式を完成しなさい。ただし，素材は，製造着手のときにすべて投入されるものとする。

資　　料

① 生産データ

月初仕掛品	200個	（加工進捗度25%）
当 月 投 入	1,000個	
合　計	1,200個	
月末仕掛品	400個	（加工進捗度50%）
完 成 品	800個	

② 月初仕掛品原価　¥ 420,000　内訳（素材費 ¥ 90,000　加工費 ¥ 330,000）

③ 当月製造費用　¥1,630,000　内訳（素材費 ¥360,000　加工費 ¥1,270,000）

(1) 月末仕掛品素材費の計算

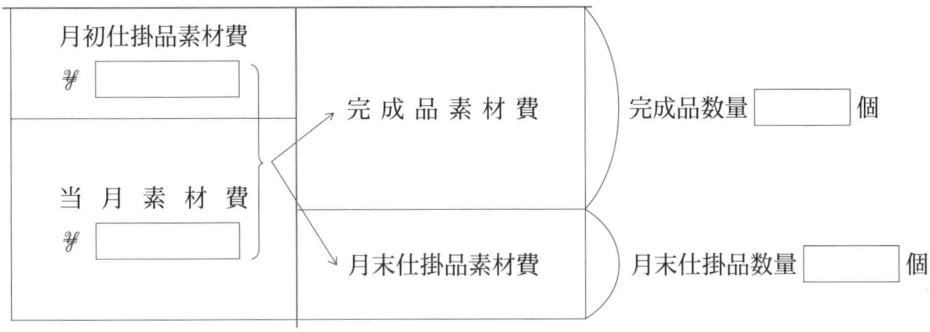

$$(¥\square + ¥\square) \times \frac{\square\text{個}}{\square\text{個} + 400\text{個}} = ¥\square$$

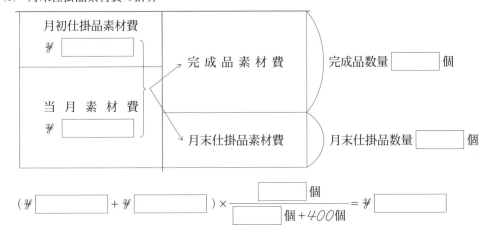

(2) 月末仕掛品加工費の計算

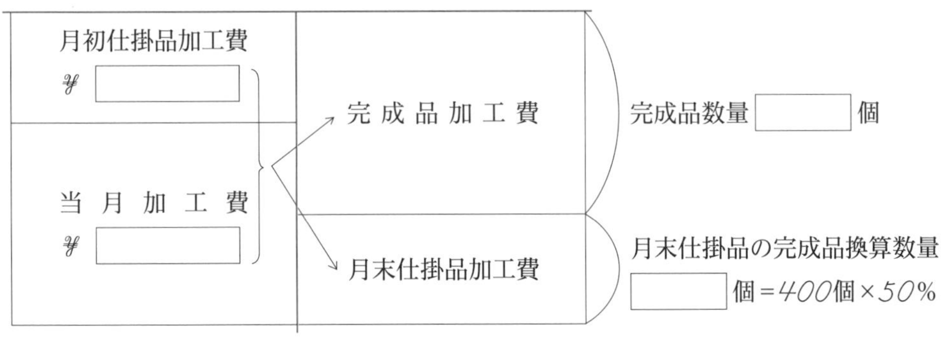

$$(¥\square + ¥\square) \times \frac{\square\text{個} \times \square\%}{\square\text{個} + \square\text{個} \times \square\%} = ¥\square$$

(3) 月末仕掛品原価の計算

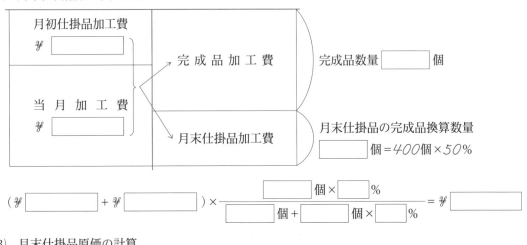

月末仕掛品素材費 ¥□ ＋月末仕掛品加工費 ¥□ ＝ ¥□

19-2　次の資料から，先入先出法によって月末仕掛品原価を計算するための(1)〜(3)の図と計算式を完成しなさい。ただし，素材は，製造着手のときにすべて投入されるものとする。

資　料

①　生産データ

月初仕掛品	200個	（加工進捗度25%）
当月投入	800個	
合　計	1,000個	
月末仕掛品	400個	（加工進捗度50%）
完成品	600個	

②　月初仕掛品原価　¥208,000　内訳（素材費 ¥120,000　加工費 ¥　88,000）

③　当月製造費用　¥2,220,000　内訳（素材費 ¥720,000　加工費 ¥1,500,000）

(1)　月末仕掛品素材費の計算

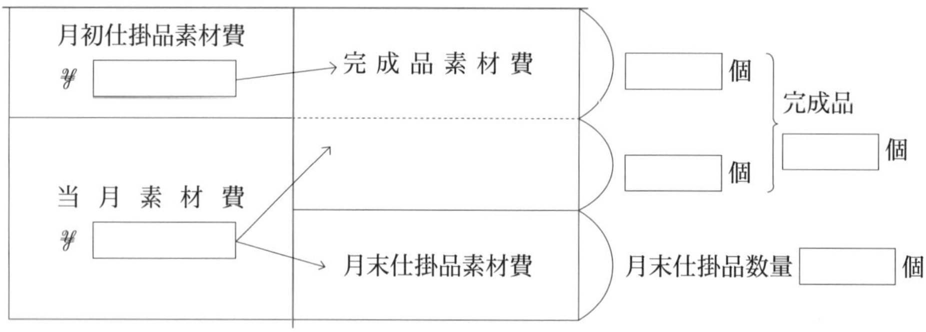

¥□ × □個 ／ （□個 − □個 + 400個） = ¥□

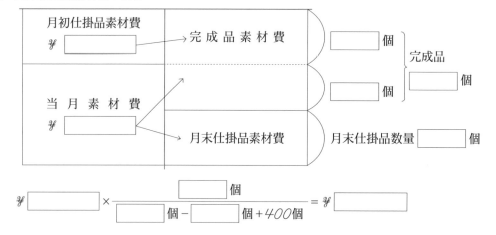

(2)　月末仕掛品加工費の計算

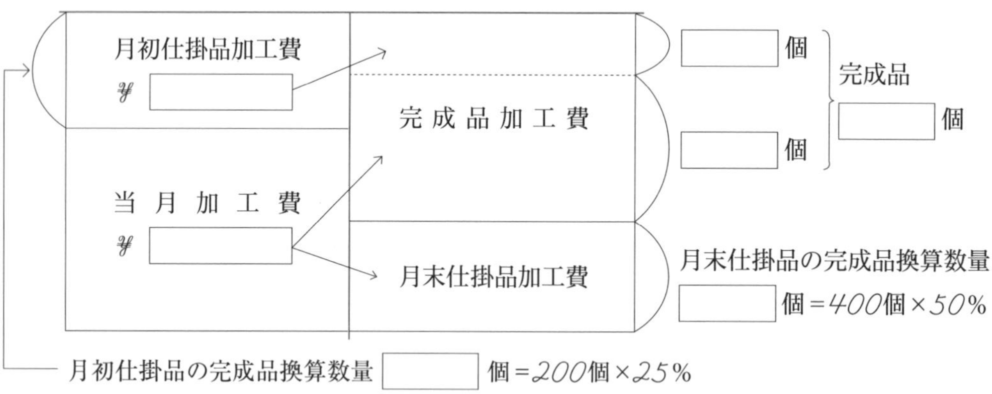

¥□ × □個×50% ／ （600個 − 200個×25% + □個×50%） = ¥□

(3)　月末仕掛品原価の計算

月末仕掛品素材費 ¥□ + 月末仕掛品加工費 ¥□ = ¥□

19-3 **19-2** の資料によって，素材が製造の進行に応じて投入される場合の月末仕掛品原価を，(1)平均法と(2)先入先出法によって計算しなさい。

	計　　算　　式	月末仕掛品原価
(1)		¥
(2)		¥

19-4 次の資料により，月末仕掛品原価を，(1)平均法と(2)先入先出法によって計算しなさい。ただし，素材は，製造着手のときにすべて投入されるものとする。

資　　料

① 生産データ

月初仕掛品	200個	(加工進捗度50%)
当月投入	1,900個	
合　計	2,100個	
月末仕掛品	100個	(加工進捗度60%)
完成品	2,000個	

② 月初仕掛品原価　¥ 90,300　内訳（素材費 ¥ 30,100　加工費 ¥ 60,200）

③ 当月製造費用　¥558,600　内訳（素材費 ¥186,200　加工費 ¥372,400）

	計　　算　　式	月末仕掛品原価
(1)		¥
(2)		¥

19-5 次の資料によって，(1)月末仕掛品原価，(2)完成品原価，(3)製品単価を計算しなさい。ただし，月末仕掛品原価の計算は平均法によること。なお，素材は，製造着手のときにすべて投入されるものとする。

資　　料

① 生産データ

月初仕掛品	600個	(加工進捗度50%)
当月投入	2,400個	
合　計	3,000個	
月末仕掛品	500個	(加工進捗度40%)
完成品	2,500個	

② 月初仕掛品原価　¥ 917,600

内訳（素材費 ¥ 450,000　加工費 ¥ 467,600）

③ 当月製造費用　¥8,008,000

内訳（素材費 ¥4,134,000　工場消耗品費 ¥ 342,000
　　　労務費 ¥2,240,000　経　費 ¥1,292,000）

(1)	月末仕掛品原価　¥	(2)	完成品原価　¥
(3)	製品単価　¥		

19-6 次の仕掛品勘定の記録と資料によって，(1)月末仕掛品原価，(2)完成品原価，(3)製品単価を計算しなさい。ただし，月末仕掛品原価の計算は先入先出法によること。なお，素材は，製造着手のときにすべて投入されるものとする。

仕　掛　品

前月繰越	383,000	
素材	1,702,000	
工場消耗品	120,000	
賃金	1,080,000	
減価償却費	235,000	
電力料	140,000	

資　　料

① 生産データ

月初仕掛品	200個	(加工進捗度50%)
当月投入	2,300個	
合　計	2,500個	
月末仕掛品	500個	(加工進捗度40%)
完成品	2,000個	

② 月初仕掛品原価　¥383,000

(1)	月末仕掛品原価　¥	(2)	完成品原価　¥
(3)	製品単価　¥		

20 単純総合原価計算

学習の要点

1 単純総合原価計算

単純総合原価計算は，同じ種類の製品を連続して大量生産する製造業，たとえば，製粉業・採鉱業・セメント製造業などに適用される原価の計算方法である。

2 単純総合原価計算の手続き

月初仕掛品原価に当月製造費用を加え，総製造費用を求める。総製造費用から月末仕掛品原価を差し引き，完成品原価を求め，これを完成品数量で割って製品単価を計算する。以上の手続きは，下記のような単純総合原価計算表のうえで行う。

単純総合原価計算表

令和○年3月分

摘要	素材費	加工費	合計
材料費	360,000	110,000	470,000
労務費	――	940,000	940,000
経費	――	450,000	450,000
計	360,000	1,500,000	1,860,000
月初仕掛品原価	60,000	88,000	148,000
計	420,000	1,588,000	2,008,000
月末仕掛品原価	168,000	397,000	565,000
完成品原価	252,000	1,191,000	1,443,000
完成品数量	600個	600個	600個
製品単価	¥ 420	¥ 1,985	¥ 2,405

3 記帳法

単純総合原価計算は，製品の種類が同じであるため，原価要素を直接費と間接費に分ける必要がない。したがって，製造間接費勘定は用いない。

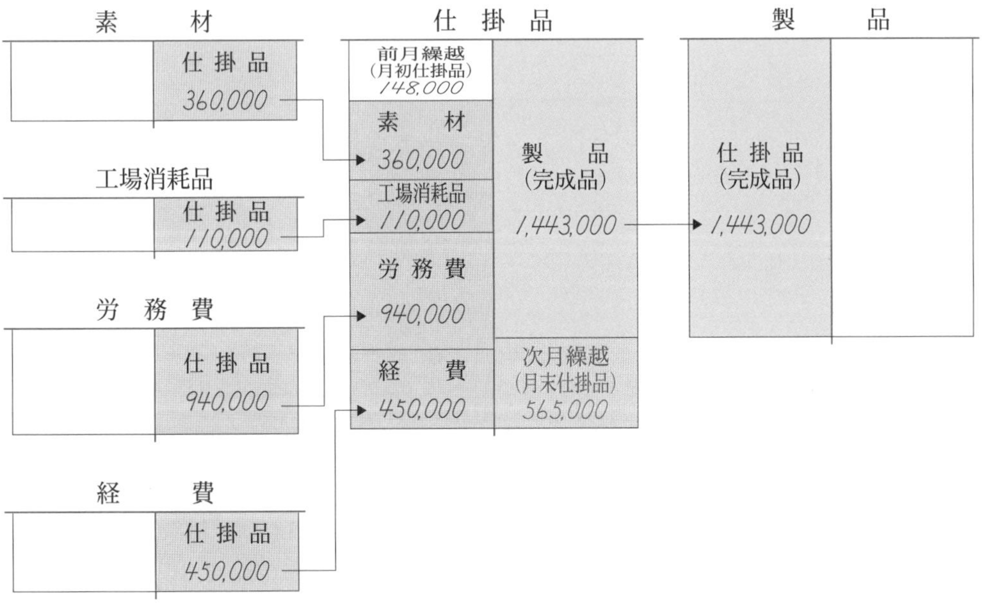

20-1 次の資料によって，

(1) 単純総合原価計算表を完成しなさい。

(2) 製品が完成したときの仕訳を示しなさい。

ただし，i　素材は製造着手のときに投入され，加工費は製造の進行に応じて消費される。

ii　月末仕掛品原価の計算は，平均法によること。

資　　料

① 生産データ

月初仕掛品	500個	(加工進捗度25%)
当月投入	2,000個	
合　計	2,500個	
月末仕掛品	1,000個	(加工進捗度50%)
完成品	1,500個	

② 月初仕掛品原価　¥ 296,000

内訳（素材費 ¥ 120,000　加工費 ¥176,000）

③ 当月製造費用　¥3,720,000

内訳（素材費 ¥ 720,000　工場消耗品費 ¥220,000
労務費 ¥1,880,000　経費 ¥900,000）

(1)

単純総合原価計算表

令和○年3月分

摘　要	素材費	加工費	合計
材料費			
労務費			
経費			
計			
月初仕掛品原価			
計			
月末仕掛品原価			
完成品原価			
完成品数量	1,500個	1,500個	1,500個
製品単価	¥	¥	¥

(2)

借　方	貸　方

20-2 次の資料によって，

(1) 単純総合原価計算表を完成しなさい。

(2) 製品が完成したときの仕訳を示しなさい。

ただし，i 素材は製造着手のときに投入され，加工費は製造の進行に応じて消費される。

ii 月末仕掛品原価の計算は，先入先出法によること。

資　　料

① 生産データ

月初仕掛品	500個	(加工進捗度25%)
当月投入	2,000個	
合　計	2,500個	
月末仕掛品	1,000個	(加工進捗度50%)
完成品	1,500個	

② 月初仕掛品原価 ¥ 296,000

内訳（素材費 ¥ 120,000　加工費 ¥176,000）

③ 当月製造費用 ¥3,720,000

内訳（素材費 ¥ 720,000　工場消耗品費 ¥220,000
労務費 ¥1,880,000　経　費 ¥900,000）

(1)

単純総合原価計算表

令和○年3月分

摘要	素材費	加工費	合計
材料費			
労務費			
経費			
計			
月初仕掛品原価			
計			
月末仕掛品原価			
完成品原価			
完成品数量	1,500個	1,500個	1,500個
製品単価	¥	¥	¥

(2)

借方	貸方

20-3 次の資料によって，単純総合原価計算表を完成しなさい。ただし，素材は製造着手のときに投入され，加工費は製造の進行に応じて消費されるものとする。また，月末仕掛品原価の計算は平均法によること。

資　　料

① 生産データ

月初仕掛品	1,600個	(加工進捗度20%)
当月投入	2,400個	
合　計	4,000個	
月末仕掛品	1,000個	(加工進捗度50%)
完成品	3,000個	

② 月初仕掛品原価 ¥1,100,000

内訳（素材費 ¥600,000　加工費 ¥500,000）

③ 当月製造費用 ¥5,700,000

内訳（素材費 ¥3,400,000　工場消耗品費 ¥180,000
労務費 ¥1,400,000　経費 ¥720,000）

単純総合原価計算表

令和○年/月分

摘　　要	素　材　費	加　工　費	合　　計
材料費			
労務費			
経費			
計			
月初仕掛品原価			
計			
月末仕掛品原価			
完成品原価			
完成品数量	3,000個	3,000個	3,000個
製品単価	¥	¥	¥

20-4 次の取引の仕訳を示しなさい。

(1) 単純総合原価計算を採用している静岡製作所は，下記の材料の消費高を計上した。

素　材 ¥100,000　工場消耗品 ¥30,000

(2) 単純総合原価計算を採用している愛知製作所は，当月の賃金消費高¥300,000を計上した。

(3) 単純総合原価計算を採用している三重製作所は，月末に健康保険料の事業主負担分¥70,000を計上した。

(4) 単純総合原価計算を採用している名古屋製作所は，当月分の電力料測定高¥40,000を計上した。

	借　　方	貸　　方
(1)		
(2)		
(3)		
(4)		

検定問題

20-5 次の取引の仕訳を示しなさい。

(1) 単純総合原価計算を採用している富山製作所では，月末に特許権使用料の月割額を計上した。ただし，1年分の特許権使用料は¥4,800,000である。 第93回改題

(2) 単純総合原価計算を採用している新潟製作所は，月末に工場の機械に対する減価償却費の月割額を消費高として計上した。ただし，1年分の減価償却費は¥264,000である。第92回改題

(3) 単純総合原価計算を採用している群馬製作所では，月末に特許権使用料の月割額を計上した。ただし，1年分の特許権使用料は¥6,000,000である。 第90回改題

	借　方	貸　方
(1)		
(2)		
(3)		

20-6 山梨製作所は，単純総合原価計算を採用し，A製品を製造している。下記の資料と仕掛品勘定によって， 第91回改題

(1) 単純総合原価計算表を完成しなさい。

(2) 仕掛品勘定の特許権使用料（アの金額）を求めなさい。

ただし，i 素材は製造着手のときにすべて投入され，加工費は製造の進行に応じて消費されるものとする。

ii 月末仕掛品原価の計算は平均法による。

資　料

a. 生産データ

月初仕掛品	800個	(加工進捗度50%)
当月投入	3,950個	
合　計	4,750個	
月末仕掛品	750個	(加工進捗度40%)
完成品	4,000個	

b. 月初仕掛品原価

素材費 ¥1,502,000

加工費 ¥ 410,000

c. 当月製造費用

素材費 ¥6,478,000

加工費 ¥4,836,000

仕　掛　品

前月繰越	(　　)	製　品	(　　)
素　材	(　　)	次月繰越	(　　)
工場消耗品	684,000		
賃　金	2,204,000		
従業員賞与手当	1,136,000		
健康保険料	260,000		
特許権使用料	(　ア　)		
減価償却費	213,000		
電力料	97,000		
雑　費	56,000		
	(　　)		(　　)

(1)

単純総合原価計算表

令和○年1月分

摘　要	素材費	加工費	合　計
材料費			
労務費			
経費			
計			
月初仕掛品原価			
計			
月末仕掛品原価			
完成品原価			
完成品数量	個	個	個
製品1個あたりの原価	¥	¥	¥

(2)

仕掛品勘定の特許権使用料（アの金額）	¥

20-7　九州工業株式会社は，単純総合原価計算を採用し，A製品を製造している。下記の資料によって，次の各問いに答えなさい。　第83回改題

(1)　1月11日と1月31日⑦の取引の仕訳を示しなさい。
(2)　消費賃金勘定・仕掛品勘定に必要な記入を行い，締め切りなさい。なお，勘定記入は日付・相手科目・金額を示すこと。
(3)　単純総合原価計算表を完成しなさい。
(4)　1月末の賃金未払高を求めなさい。

ただし，ⅰ　前月繰越高は，次のとおりである。

素　　材　300kg　@¥1,520　¥456,000
工場消耗品　600個　〃〃　70　¥ 42,000
仕 掛 品　¥972,000（うち，素材費 ¥600,000　加工費 ¥372,000）
賃　　金（未払高）¥657,000
健康保険料預り金　¥159,000

ⅱ　素材の消費高は，仕入単価が変動するため，1kgあたり¥1,500の予定価格を用いて計算し，消費材料勘定を設けて記帳している。なお，実際消費高の計算は総平均法によっている。
ⅲ　工場消耗品の消費数量の計算は棚卸計算法によっている。
ⅳ　賃金の消費高は，作業時間1時間につき¥1,260の予定賃率を用いて計算し，消費賃金勘定を設けて記帳している。
ⅴ　素材は製造着手のときにすべて投入され，加工費は製造の進行に応じて消費されるものとする。
ⅵ　月末仕掛品原価の計算は先入先出法による。

取　　　引

1月 6日　素材および工場消耗品を次のとおり買い入れ，代金は掛けとした。
　素　　材　1,700kg　@¥1,500　¥2,550,000
　工場消耗品　6,200個　〃〃　70　¥ 434,000

11日　事業主負担分の健康保険料¥159,000と従業員から預かっている健康保険料¥159,000をともに現金で支払った。

12日　素材を次のとおり買い入れ，代金は掛けとした。
　素　　材　2,600kg　@¥1,480　¥3,848,000

20日　製造経費を次のとおり当座預金から支払った。
　電 力 料　¥273,000　保 険 料　¥912,000

25日　賃金を次のとおり当座預金から支払った。
　賃金総額　¥3,540,000
　うち，控除額　所 得 税　¥283,000　健康保険料　¥159,000

31日　① 当月の素材消費数量は4,200kgであった。よって，素材の予定消費高を計上した。
② 工場消耗品の月末棚卸数量は500個であった。よって，消費高を計上した。
③ 当月の作業時間は2,700時間であった。よって，賃金の予定消費高を計上した。
④ 健康保険料の事業主負担分¥159,000を計上した。
⑤ 当月の製造経費消費高を次のとおり計上した。
　電 力 料 ¥269,000　保 険 料 ¥76,000　減価償却費 ¥931,000
⑥ 当月の生産データは次のとおりであった。よって，完成品原価を計上した。

月初仕掛品	200個	（加工進捗度60%）
当 月 投 入	2,100個	
合　計	2,300個	
月末仕掛品	300個	（加工進捗度50%）
完 成 品	2,000個	

⑦ 当月の素材実際消費高を計上した。なお，消費数量は4,200kgである。
⑧ 当月の賃金実際消費高¥3,429,000を計上した。
⑨ 素材の予定消費高と実際消費高との差額を，材料消費価格差異勘定に振り替えた。
⑩ 賃金の予定消費高と実際消費高との差額を，賃率差異勘定に振り替えた。

(1)

	借　　方	貸　　方
1月11日		
31日⑦		

(2)

消　費　賃　金

仕　掛　品

1/1 前月繰越 972,000	

(3)

単純総合原価計算表

令和○年1月分

摘　　要	素　材　費	加　工　費	合　　計
材　料　費			
労　務　費			
経　　費			
計			
月初仕掛品原価			
計			
月末仕掛品原価			
完成品原価			
完成品数量	個	個	個
製品単価	¥	¥	¥

(4)

1月末の賃金未払高　¥

21 等級別総合原価計算

学習の要点

1 等級別総合原価計算

衣料品製造業や醸造業など，同じ製造工程から種類は同じであるが大きさや重さ・品質などが異なる製品(**等級製品**) を連続して生産する製造業に適用される原価の計算方法である。

2 等級別総合原価計算の手続き

① 各等級製品の大きさや重さ・品質などをもとに，**等価係数**を決定する。

② 各等級製品の等価係数に完成品数量をかけて**積数**を求める。

積数＝等価係数×各等級製品の完成品数量

③ 単純総合原価計算と同じ方法で計算した１か月間の全部の製品の製造原価を，積数の比で各等級製品に比例配分する。

$$\text{等級別製造原価}=\text{全部の製品の製造原価}\times\frac{\text{各等級製品の積数}}{\text{積数の合計}}$$

④ 等級別製造原価を，各等級製品の完成品数量で割って製品単価を計算する。

各等級製品の単価＝等級別製造原価÷各等級製品の完成品数量

3 等級別総合原価計算表の作成

例 資料から等級別総合原価計算表を作成する。(等価係数は製品/個あたりの重量を基準)

i　月初仕掛品原価　¥ 120,000
ii　当月製造費用　¥1,220,000
　内訳：材 料 費　¥ 390,000
　　　　労 務 費　¥ 560,000
　　　　経　　費　¥ 270,000
iii　月末仕掛品原価　¥ 140,000

iv　完成品数量および製品/個の重量

製　　品	製品/個の重量	完成品数量
/級製品	900g	200個
2級製品	600g	500個
3級製品	300g	400個

当月完成品総合原価：¥120,000＋¥1,220,000－¥140,000＝¥1,200,000

等級別総合原価計算表

等級別製品	重　量	等価係数	完成品数量	積　数	等級別製造原価	製品単価
/級製品	900 g	3	200個	600 ②	360,000 ③	¥1,800 ④
2級製品	600 〃	2	500 〃	1,000	600,000	〃 1,200
3級製品	300 〃	/ ①	400 〃	400	240,000	〃 600
				2,000	1,200,000	

① 900g：600g：300g＝3：2：/　　② 3×200個＝600

③ $¥1,200,000\times\frac{600}{2,000}=¥360,000$　　④ ¥360,000÷200個＝¥1,800

4 等級別総合原価計算の記帳手続き

【材料・労務費・経費の消費】
①(借)仕掛品 390,000　(貸)材　料 390,000
②(借)仕掛品 560,000　(貸)労務費 560,000
③(借)仕掛品 270,000　(貸)経　費 270,000

【等級製品の完成】
④(借)/級製品 360,000　(貸)仕掛品 1,200,000
　　　2級製品 600,000
　　　3級製品 240,000

材　　料
　｜仕掛品 390,000 →①

労 務 費
　｜仕掛品 560,000 →②

経　　費
　｜仕掛品 270,000 →③

仕 掛 品
前月繰越 120,000 ｜ 諸　口 1,200,000
材　料 390,000 ｜
労 務 費 560,000 ｜
経　費 270,000 ｜ 次月繰越 140,000

④
/ 級 製 品
仕掛品 360,000 ｜

2 級 製 品
仕掛品 600,000 ｜

3 級 製 品
仕掛品 240,000 ｜

21-1 次の資料から，等級別総合原価計算表を完成しなさい。ただし，等価係数は，製品/個あたりの重量を基準として定め，3級製品の等価係数を/とする。

資　　料

i　当月完成品総合原価　¥3,900,000

ii　完成品数量および製品/個の重量

製　品	製品/個の重量	完成品数量
/級製品	450g	700個
2級製品	300g	1,500個
3級製品	150g	1,400個

等級別総合原価計算表

令和○年/月分

等級別製品	重　量	等価係数	完成品数量	積　数	等級別製造原価	製品単価
/級製品	450g		個			¥
2級製品	300〃		〃			〃
3級製品	150〃		〃			〃

21-2 次の資料から，

(1)　当月完成品総合原価を計算しなさい。

(2)　等級別総合原価計算表を完成しなさい。

(3)　製品が完成したときの仕訳を示しなさい。

資　　料

i　月初仕掛品原価　¥845,000

ii　当月製造費用　¥4,507,000

（内訳：材料費　¥1,500,000　労務費　¥2,500,000　経　費　¥507,000）

iii　月末仕掛品原価　¥972,000

iv　完成品数量および製品/個の重量

製　品	製品/個の重量	完成品数量
/級製品	600g	2,200個
2級製品	450g	3,500個
3級製品	300g	1,300個

v　等価係数は，製品/個あたりの重量を基準として定め，3級製品の等価係数を/とする。

(1)

当月完成品総合原価	¥

(2)

等級別総合原価計算表

令和○年/月分

等級別製品	重　量	等価係数	完成品数量	積　数	等級別製造原価	製品単価
/級製品	600g		個			¥
2級製品	450〃		〃			〃
3級製品	300〃		〃			〃

(3)

借　方	貸　方

検定問題

21 3 次の取引の仕訳を示しなさい。

(1) 等級別総合原価計算を採用している鳥取工業株式会社において，1級製品4,800個と2級製品4,000個が完成した。ただし，この完成品の総合原価は¥4,800,000であり，等価係数は次の各製品1個あたりの重量を基準としている。 第94回改題

1級製品　300g　　2級製品　240g

(2) 等級別総合原価計算を採用している福井工業株式会社において，1級製品400個と2級製品500個が完成した。ただし，この完成品の総合原価は¥4,400,000であり，等価係数は次の各製品1個あたりの重量を基準としている。 第92回改題

1級製品　150g　　2級製品　100g

(3) 等級別総合原価計算を採用している宮城工業株式会社は，月末に等級別総合原価計算表を次のとおり作成し，等級別に製造原価を計上した。 第89回改題

等級別総合原価計算表

令和○年1月分

等級別製品	重　量	等価係数	完成品数量	積　数	等級別製造原価	製品単価
1 級 製 品	120 g	1.2	800個	960	1,584,000	¥ 1,980
2 級 製 品	100 〃	1.0	1,000 〃	1,000	1,650,000	〃 1,650
3 級 製 品	80 〃	0.8	600 〃	480	792,000	〃 1,320
				2,440	4,026,000	

(4) 等級別総合原価計算を採用している石川製作所の6月分の製品の販売に関する資料は，次のとおりであった。よって，売上高および売上原価を計上した。 第86回

	1級製品	2級製品
売上高(掛け)	¥1,080,000	¥600,000
売上製品原価	¥ 756,000	¥420,000

(5) 等級別総合原価計算を採用している富山製作所において，1級製品850個と2級製品1,300個が完成した。ただし，この完成品の総合原価は¥1,825,000であり，等価係数は次の各製品1個あたりの重量を基準としている。 第81回改題

1級製品　400g　　2級製品　300g

(6) 等級別総合原価計算を採用している青森製作所は，工場の従業員に対する退職給付費用について，月末に当月分の消費高¥380,000を計上した。 第80回改題

	借　　方	貸　　方
(1)		
(2)		
(3)		
(4)		
(5)		
(6)		

21-4 大阪製作所は，等級別総合原価計算を採用し，1級製品と2級製品を製造している。次の資料によって，2級製品の製品単価を求めなさい。ただし，等価係数は，各製品の1個あたりの重量を基準としている。 第93回

資　　料

i　当月完成品総合原価　¥9,280,000
ii　製品1個あたりの重量　1級製品　150g　2級製品　120g
iii　完成品数量　1級製品　3,000個　2級製品　2,050個

¥

21-5 静岡工業株式会社における次の等級別総合原価計算表の（　ア　）に入る金額を求めなさい。ただし，等価係数は，各製品の1個あたりの重量を基準としている。 第91回

等級別総合原価計算表
令和○年1月分

等級別製品	重　量	等価係数	完成品数量	積　数	等級別製造原価	製品単価
1 級 製 品	950 g	1.0	2,400個	（　　）	（　　）	¥（　　）
2 級 製 品	760 〃	0.8	3,600 〃	（　　）	（　　）	〃（　　）
3 級 製 品	570 〃	（　　）	5,000 〃	（　　）	（　　）	〃（　ア　）
				（　　）	4,968,000	

¥

21-6 栃木製作所は，等級別総合原価計算を採用し，1級製品・2級製品・3級製品を製造している。下記の資料によって，次の金額を求めなさい。ただし，等価係数は，各製品の1個あたりの重量を基準としている。 第90回

a．1級製品の製造原価　　b．3級製品の製品単価（単位原価）

資　　料

① 完成品総合原価　¥3,156,000
② 製品1個あたりの重量
　1級製品　700g　2級製品　490g　3級製品　280g
③ 完成品数量
　1級製品　4,600個　2級製品　3,500個　3級製品　2,100個

a	1級製品の製造原価　¥	b	3級製品の製品単価　¥

21-7 群馬製作所は，等級別総合原価計算を採用し，1級製品と2級製品を製造している。下記の資料によって，次の金額を求めなさい。ただし，等価係数は，各製品の1個あたりの重量を基準とし，売上製品の払出単価の計算は，先入先出法による。 第71回

a．当月の1級製品の製造原価　　b．当月の2級製品の売上原価

資　　料

① 当月完成品総合原価　¥4,800,000
②

製　品	1個あたりの重量	当月完成品数量	月初製品		月末製品	
			数　量	単　価	数　量	単　価
1 級 製 品	150g	2,400個	300個	¥1,150	200個	¥(　　)
2 級 製 品	120g	2,000個	100個	¥ 920	50個	¥(　　)

a	当月の1級製品の製造原価　¥	b	当月の2級製品の売上原価　¥

21-8　関東工業株式会社は，等級別総合原価計算を採用し，1級製品・2級製品・3級製品を製造している。なお，同社では，単純総合原価計算によって総合原価を計算した後，等級別製品の原価を計算している。下記の資料によって，次の各問いに答えなさい。　第45回改題

(1)　1月中の取引の仕訳を示しなさい。
(2)　賃金勘定・仕掛品勘定に記入して締め切りなさい。
(3)　単純総合原価計算表および等級別総合原価計算表を完成しなさい。

ただし，ⅰ　前月繰越高は，次のとおりである。

素　　材	400kg	@¥680	¥272,000
工場消耗品	130個	〃〃320	¥ 41,600
賃　　金(未払高)			¥257,000
仕 掛 品	¥404,200		

(うち，素材費　¥139,000　　加工費　¥265,200)

ⅱ　素材の消費高の計算は移動平均法により，工場消耗品の消費数量の計算は棚卸計算法によっている。
ⅲ　賃金の消費高の計算には，作業時間1時間につき¥780の予定賃率を用いている。
ⅳ　素材は製造着手のときに投入され，加工費は製造の進行に応じて消費されるものとする。
ⅴ　月末仕掛品原価の計算は平均法による。
ⅵ　等価係数は，各製品の容量（L）を基準に定め，3級製品の等価係数を1とする。
ⅶ　製品に関する勘定は，1級製品勘定・2級製品勘定・3級製品勘定を設けている。
ⅷ　勘定には，日付・相手科目・金額を示すこと。

取　　　引

1月 8日　素材および工場消耗品を次のとおり買い入れ，代金のうち¥628,000は小切手を振り出して支払い，残額は掛けとした。

素　　材	2,400kg	@¥715	¥1,716,000
工場消耗品	350個	〃〃320	¥ 112,000

17日　次の製造経費を当座預金から支払った。

電 力 料　¥287,000　　保 険 料　¥165,000　　雑　　費　¥40,000

25日　賃金を次のとおり当座預金から支払った。

賃 金 総 額　¥1,724,000
うち，控除額　　所 得 税　¥103,000　　健康保険料　¥62,000

31日　①　素材2,500kgを消費した。
②　工場消耗品の月末棚卸数量は140個であった。よって，消費高を計上した。
③　当月の作業時間は2,100時間であった。よって，賃金の予定消費高を計上した。(消費賃金勘定を設けている。)
④　健康保険料の事業主負担額¥62,000を計上した。
⑤　当月の製造経費消費高を計上した。

電　力　料　¥314,000　　保　険　料　¥27,500
減価償却費　¥297,000　　雑　　　費　¥34,750

⑥　当月の製造数量および等級別製品について，次の資料を得た。なお，減損および仕損じは発生していない。(注)

完成品数量　2,400個　　月末仕掛品数量　500個（加工進捗度60%）
各製品の容量と等級別完成品数量

等級別製品	容　　量	完成品数量
1 級 製 品	120L	800個
2 級 製 品	100L	1,000個
3 級 製 品	80L	600個

⑦　当月の賃金未払高は¥185,000である。よって，賃金実際消費高を計上した。
⑧　賃金の予定消費高と実際消費高との差額を，賃率差異勘定に振り替えた。

(注) 減損および仕損じについて，くわしくはp.121で学習する。

(1)

		借　　方	貸　　方
1月 8日			
17日			
25日			
31日	①		
	②		
	③		
	④		
	⑤		
	⑥		
	⑦		
	⑧		

(2)

賃　金

	1/1 前月繰越 257,000

仕　掛　品

1/1 前月繰越 404,200	

(3)

単純総合原価計算表

令和○年1月分

摘　要	素　材　費	加　工　費	合　計
材　料　費			
労　務　費			
経　費			
計			
月初仕掛品原価			
計			
月末仕掛品原価			
完成品原価			4,026,000

等級別総合原価計算表

令和○年1月分

等級別製品	容　量	等価係数	完成品数量	積　数	等級別製造原価	製品単価
1級製品	120L		個			¥
2級製品	100〃		〃			〃
3級製品	80〃		〃			〃

22 組別総合原価計算

学習の要点

1 組別総合原価計算

食品工業や機械製造業など，種類の異なる製品を，組別に連続生産する製造業に適用される原価の計算方法である。

2 原価計算の手続き

(1) 当月製造費用を，各組の製品の製造のために直接に発生した**組直接費**と，共通に発生した**組間接費**に分ける。
(2) 組直接費は各組に賦課し，組間接費は個別原価計算の製造間接費の場合と同じように，適当な配賦基準によって各組に配賦する。
(3) 各組ごとに単純総合原価計算と同じ計算方法で完成品原価を求める。
(4) 各組ごとの完成品原価を各組製品の完成品数量で割って製品単価を計算する。

3 組別総合原価計算表の作成

例 **次の資料によって組別総合原価計算表を作成**

i　組間接費¥60,000は組直接費の素材費を基準として配賦する。
ii　月末仕掛品数量
　A組　200個(加工進捗度50%)
　B組　100個(加工進捗度40%)
iii　素材は製造着手のときに投入され，加工費は製造の進行に応じて消費されるものとする。
iv　月末仕掛品原価の計算は平均法による。

組別総合原価計算表

摘要	A組	B組	合計
組直接費			
素材費	560,000	640,000	1,200,000
加工費	150,000	210,000	360,000
*組間接費配賦額	28,000	32,000	60,000
当月製造費用	738,000	882,000	1,620,000
月初仕掛品原価			
素材費	34,000	40,000	74,000
加工費	12,000	17,000	29,000
計	784,000	939,000	1,723,000
月末仕掛品原価			
素材費	108,000	85,000	193,000
加工費	19,000	14,000	33,000
完成品原価	657,000	840,000	1,497,000
完成品数量	900個	700個	
製品単価	¥730	¥1,200	

*組間接費の配賦額計算。なお，組間接費は「加工費」として扱う。

A組へ　$¥60,000 \times \dfrac{¥560,000}{¥560,000+¥640,000} = ¥28,000$

B組へ　$¥60,000 \times \dfrac{¥640,000}{¥560,000+¥640,000} = ¥32,000$

4 組別総合原価計算の記帳

① 材料・労務費・経費の消費

(借)	A組仕掛品	710,000	(貸) 材料	1,200,000
	B組仕掛品	850,000	労務費	380,000
	組間接費	60,000	経費	40,000

② 組間接費の配賦

(借)	A組仕掛品	28,000	(貸) 組間接費	60,000
	B組仕掛品	32,000		

③ 製品の完成

(借)	A組製品	657,000	(貸) A組仕掛品	657,000
	B組製品	840,000	B組仕掛品	840,000

22-1 次の資料から，組別総合原価計算表を作成しなさい。ただし，素材は製造着手のときにすべて投入され，加工費は製造の進行に応じて消費されるものとし，組間接費は各組の直接労務費を基準として配賦する。また，月末仕掛品原価の計算は平均法によること。

i　生産データ

	A　組	B　組
月初仕掛品	300個(50%)	200個(30%)
当月投入	900個	1,200個
合　計	1,200個	1,400個
月末仕掛品	200個(40%)	200個(50%)
完成品	1,000個	1,200個

(　　)は加工進捗度を示す。

ii　月初仕掛品原価

	A　組	B　組
素材費	¥20,000	¥69,000
加工費	¥22,000	¥18,000

iii　当月製造費用

摘要		A組直接費	B組直接費	組間接費
材料費	素材費	¥160,000	¥246,000	――
	工場消耗品費	――	――	¥180,000
労務費		¥100,000	¥150,000	¥120,000
経費		¥ 56,000	¥ 26,000	¥200,000

組別総合原価計算表

令和○年11月分

摘要	A組	B組	合計
組直接費			
素材費			
労務費			
経費			
組間接費配賦額			
当月製造費用			
月初仕掛品原価			
素材費			
加工費			
計			
月末仕掛品原価			
素材費			
加工費			
完成品原価			
完成品数量	1,000個	1,200個	
製品単価	¥	¥	

22-2 次の取引の仕訳を示しなさい。

組別総合原価計算を採用している佐藤製作所は，組間接費¥690,000を機械運転時間を基準に，A組とB組に配賦した。当月の機械運転時間はA組800時間　B組1,500時間であった。

借方	貸方

22-3 次の資料から，⑴組別総合原価計算表を完成し，⑵B組仕掛品勘定に記入しなさい。ただし，素材は製造着手のときにすべて投入され，加工費は製造の進行に応じて消費されるものとする。また，月末仕掛品原価の計算は先入先出法による。

ⅰ　生産データ

	A　組	B　組
月初仕掛品	300個(40%)	100個(40%)
当月投入	800個	1,000個
合　計	1,100個	1,100個
月末仕掛品	200個(60%)	80個(50%)
完成品	900個	1,020個

(　　)は加工進捗度を示す。

ⅱ　組間接費¥80,000は組直接費の素材費を基準に配賦する。

ⅲ　月初仕掛品原価

	A　組	B　組
素材費	¥126,000	¥42,000
加工費	¥ 46,500	¥18,950

⑴

組別総合原価計算表

令和○年11月分

摘　要	A　組	B　組
組直接費		
素材費	350,000	450,000
労務費	112,000	(　　　)
経費	(　　　)	220,000
組間接費配賦額	(　　　)	(　　　)
当月製造費用	(　　　)	921,750
月初仕掛品原価	172,500	(　　　)
計	882,500	(　　　)
月末仕掛品原価	(　　　)	(　　　)
完成品原価	(　　　)	(　　　)
完成品数量	900個	1,020個
製品単価	¥(　　　)	¥(　　　)

⑵

B組仕掛品

前月繰越	(　　　)	B組製品	928,200
素材	(　　　)	次月繰越	(　　　)
労務費	(　　　)		
経費	220,000		
組間接費	(　　　)		
	(　　　)		(　　　)

検定問題

22-4 次の取引の仕訳を示しなさい。

組別総合原価計算を採用している京都工業株式会社における6月分の原価計算表の金額は，次のとおりであった。よって，各組の完成品原価を計上した。　［第86回］

	A　組	B　組
当月製造費用	¥7,640,000	¥4,059,000
月初仕掛品原価	¥ 525,000	¥ 417,000
月末仕掛品原価	¥ 665,000	¥ 564,000

借　方	貸　方

22-5 組別総合原価計算を採用している宮城製作所では，A組製品とB組製品を製造している。下記の資料によって，次の金額を求めなさい。 第94回

a．A組の組間接費配賦額　　b．B組の月末仕掛品原価に含まれる素材費

ただし，i　組間接費は直接材料費を基準として配賦する。
ii　素材は製造着手のときにすべて投入され，加工費は製造の進行に応じて消費されるものとする。
iii　月末仕掛品原価の計算は平均法による。

資　　料

① 生産データ　A組　完成品3,200個　月末仕掛品300個（加工進捗度50%）
B組　〃　2,600個　〃　500個（加工進捗度60%）
なお，どちらの組も減損および仕損じは発生していない。

② 月初仕掛品原価　A組　¥2,390,000（素材費 ¥1,520,000　加工費 ¥870,000）
B組　¥2,046,000（素材費 ¥1,392,000　加工費 ¥654,000）

③ 当月製造費用　組直接費　A組　¥13,476,000（うち素材費　¥8,700,000）
B組　¥ 8,829,000（うち素材費　¥5,800,000）
組間接費　¥6,670,000

a	¥	b	¥

22-6 次の取引の仕訳を示しなさい。

(1) 組別総合原価計算を採用している長野工業株式会社は，組間接費を各組の組直接費を基準として配賦率を求め，A組とB組に配賦した。なお，当月の製造費用は次のとおりである。 第91回

	A組直接費	B組直接費	組間接費
材料費	¥3,350,000	¥1,650,000	¥ 570,000
労務費	¥4,176,000	¥2,024,000	¥ 980,000
経費	¥1,574,000	¥1,226,000	¥1,950,000

(2) 組別総合原価計算を採用している青森工業株式会社における6月分の製品の販売に関する資料は，次のとおりであった。よって，売上高および売上原価を計上した。 第84回

	A　組	B　組
売上高（掛け）	¥420,000	¥750,000
売上製品製造原価	¥294,000	¥525,000

(3) 組別総合原価計算を採用している京都製作所は，当月分の製造経費の消費高を次のとおり計上した。なお，外注加工賃はA組製品に対するものである。 第82回

組直接費　外注加工賃 ¥180,000
組間接費　修繕料 ¥ 95,000　電力料 ¥22,000

	借　方	貸　方
(1)		
(2)		
(3)		

22-7　北陸工業株式会社は，組別総合原価計算を採用し，A組製品とB組製品を製造している。下記の資料によって，次の各問いに答えなさい。　第81回改題

(1)　1月31日⑨の取引の仕訳を示しなさい。
(2)　消費賃金勘定・組間接費勘定・A組仕掛品勘定に必要な記入を行い，締め切りなさい。なお，勘定記入は日付・相手科目・金額を示すこと。
(3)　組別総合原価計算表を完成しなさい。
(4)　1月末の賃金未払高を求めなさい。

ただし，i　前月繰越高は，次のとおりである。

素　　材　2,000個　@¥800　¥1,600,000
工場消耗品　3,200〃　〃〃30　¥　96,000
仕　掛　品　A組　¥1,504,000(うち，素材費¥820,000　加工費¥684,000)
　　　　　　B組　¥　728,000(うち，素材費¥492,000　加工費¥236,000)
賃　　金(未払高)¥1,192,000

ii　素材の消費高は，1個あたり¥820の予定価格を用いて計算し，消費材料勘定を設けて記帳している。なお，実際消費高の計算は総平均法によっている。
iii　工場消耗品の消費数量の計算は棚卸計算法によっている。
iv　賃金の消費高は，作業時間1時間につき¥1,500の予定賃率を用いて計算し，消費賃金勘定を設けて記帳している。
v　素材は製造着手のときにすべて投入され，加工費は製造の進行に応じて消費されるものとする。
vi　月末仕掛品原価の計算は先入先出法による。

取　　　引

1月 9日　素材および工場消耗品を次のとおり買い入れ，代金は掛けとした。
　素　　材　6,000個　@¥840　¥5,040,000
　工場消耗品　12,000〃　〃〃30　¥　360,000

24日　賃金を次のとおり当座預金から支払った。
　賃 金 総 額　¥3,725,000
　うち，控除額　所 得 税 ¥298,000　健康保険料 ¥149,000

31日　①　当月の素材予定消費高を次の消費数量によって計上した。
　A　組　2,800個　　B　組　2,700個
②　工場消耗品の月末棚卸数量は3,900個であった。よって，消費高を計上した。(組間接費)
③　当月の賃金予定消費高を次の作業時間によって計上した。
　A　組　1,200時間　B　組　1,000時間　間接作業　200時間
④　健康保険料の事業主負担分¥149,000を計上した。
⑤　当月の外注加工賃について，次のとおり消費高を計上した。
　A　組　¥245,000　　B　組　¥74,000
⑥　当月の間接経費について，次のとおり消費高を計上した。
　電 力 料 ¥426,000　保 険 料 ¥213,000　減価償却費 ¥718,000
⑦　組間接費¥2,145,000を，次の機械運転時間を基準に配賦した。
　A　組　4,290時間　　B　組　2,860時間
⑧　当月の生産データは次のとおりであった。よって，各組の完成品原価を計上した。

	A　組		B　組	
月初仕掛品	500個	(加工進捗度60%)	200個	(加工進捗度50%)
当月投入	1,400個		900個	
合　　計	1,900個		1,100個	
月末仕掛品	400個	(加工進捗度50%)	100個	(加工進捗度50%)
完 成 品	1,500個		1,000個	

⑨　当月の素材実際消費高を計上した。なお，消費数量は5,500個である。
⑩　当月の賃金実際消費高¥3,576,000を計上した。
⑪　素材の予定消費高と実際消費高との差額を，材料消費価格差異勘定に振り替えた。
⑫　賃金の予定消費高と実際消費高との差額を，賃率差異勘定に振り替えた。

(1)

	借　　方	貸　　方
1月31日⑨		

(2)

消　費　賃　金

組　間　接　費

A　組　仕　掛　品

1/1　前　月　繰　越　1,504,000	

(3)

組別総合原価計算表

令和○年1月分

摘　　要		A　　組	B　　組
組直接費	素　材　費		
	加　工　費		
組間接費	加　工　費		
当月製造費用			
月初仕掛品原価	素　材　費	820,000	492,000
	加　工　費	684,000	236,000
計			
月末仕掛品原価	素　材　費		246,000
	加　工　費	476,000	
完成品原価			
完成品数量		個	個
製品単価		¥	¥

(4)

1月末の賃金未払高　¥

総合問題 5

5-1 四日市製作所は，単純総合原価計算を採用し，A製品を製造している。下記の資料によって，次の各問いに答えなさい。

(1) /月中の取引の仕訳を示しなさい。

(2) 賃金勘定と仕掛品勘定に記入して締め切りなさい。なお，勘定記入は，日付・相手科目・金額を示すこと。

(3) 単純総合原価計算表を完成しなさい。

ただし，i　前月繰越高は，次のとおりである。

素　　材　1,400個　@¥ 400　¥560,000
工場消耗品　500〃　〃〃 100　¥ 50,000
仕 掛 品　600〃(加工進捗度40%)
¥690,000(うち，素材費¥480,000　加工費¥210,000)
製　　品　500個　@¥1,682　¥841,000
賃　　金(未払高)　¥421,000

ii　素材の消費高の計算は移動平均法により，工場消耗品の消費数量の計算は棚卸計算法によっている。

iii　賃金の消費高の計算には，作業時間/時間につき¥920の予定賃率を用いている。

iv　素材は製造着手のときにすべて投入され，加工費は製造の進行に応じて消費されるものとする。

v　月末仕掛品原価の計算は先入先出法による。

取　　引

/月 8日　素材および工場消耗品を次のとおり買い入れ，代金は掛けとした。
素　　材　5,600個　@¥425　¥2,380,000
工場消耗品　1,200〃　〃〃100　¥ 120,000

/2日　素材6,/50個を消費した。

/8日　次の製造経費を当座預金から支払った。
電 力 料 ¥/37,000　保 険 料 ¥2/6,000　雑　　費 ¥/3,000

25日　賃金を次のとおり当座預金から支払った。
賃 金 総 額　¥2,2/2,000
うち，控除額　所 得 税 額　¥/98,000　健康保険料　¥98,000

3/日　① 工場消耗品の月末棚卸数量は600個であった。よって，消費高を計上した。

② 当月の作業時間は2,450時間であった。よって，賃金の予定消費高を計上した。(消費賃金勘定を設けている。)

③ 健康保険料の事業主負担額¥98,000を計上した。

④ 当月の製造経費消費高を計上した。
電 力 料　¥/24,000　保 険 料　¥/8,000
減価償却費　¥//2,000　雑　　費　¥/2,500

⑤ 当月の製造数量について，次の資料を得た。なお，減損および仕損じは発生していない。
完 成 品 数 量　3,000個
月末仕掛品数量　750〃(加工進捗度60%)

⑥ 当月の賃金未払高は¥457,000である。よって，賃金実際消費高を計上した。

⑦ 賃金の予定消費高と実際消費高との差額を，賃率差異勘定に振り替えた。

⑧ 当月の製品の掛け取引による販売について，次の資料を得たので，売上高および売上原価を計上した。ただし，販売単価は¥2,500である。
売 上 数 量　3,200個　払出単価(原価)は総平均法による。

(1)

		借方	貸方
1月 8日			
12日			
18日			
25日			
31日	①		
	②		
	③		
	④		
	⑤		
	⑥		
	⑦		
	⑧		

(2)

賃金

	1/1	前月繰越	421,000

仕掛品

1/1	前月繰越	690,000	

(3)

単純総合原価計算表

令和○年1月分

摘要	素材費	加工費	合計
材料費			
労務費			
経費			
計			
月初仕掛品原価			
計			
月末仕掛品原価			
完成品原価			
完成品数量	3,000個	3,000個	3,000個
製品単価	¥	¥	¥

5-2 名古屋製作所は，組別総合原価計算を採用し，A組製品とB組製品を製造している。下記の資料によって，次の各問いに答えなさい。

(1) 6月中の取引の仕訳を示しなさい。

(2) 組間接費勘定とB組仕掛品勘定に記入して，締め切りなさい。なお，勘定記入は日付・相手科目・金額を示すこと。

(3) 組別総合原価計算表を完成しなさい。

ただし，i 前月繰越高は，次のとおりである。

素　　材　4,100個　@¥770　¥3,157,000
工場消耗品　640〃　〃〃250　¥ 160,000
仕 掛 品　A組　¥530,000(うち，素材費¥386,000　加工費¥144,000)
　　　　　B組　¥505,000(うち，素材費¥287,000　加工費¥218,000)
賃　　金(未払高)　¥ 648,000

ii 素材の消費高の計算は先入先出法により，工場消耗品の消費数量の計算は棚卸計算法によっている。

iii 賃金の消費高の計算には，作業時間1時間につき¥840の予定賃率を用いている。

iv 素材は製造着手のときにすべて投入され，加工費は製造の進行に応じて消費されるものとする。

v 月末仕掛品原価の計算は平均法による。

取　　引

6月 4日　素材3,200個をA組のために消費した。

7日　素材および工場消耗品を次のとおり買い入れ，代金は掛けとした。

素　　材　5,800個　@¥790　¥4,582,000
工場消耗品　1,500〃　〃〃250　¥ 375,000

9日　素材2,500個をB組のために消費した。

20日　次の製造経費を当座預金から支払った。

外注加工賃　¥354,000　電 力 料　¥192,000
保 険 料　¥576,000　雑　　費　¥ 45,000

24日　賃金を次のとおり当座預金から支払った。

賃金総額　¥3,891,000
うち，控除額　所 得 税　¥364,000　健康保険料　¥187,000

30日　① 工場消耗品の月末棚卸数量は500個であった。よって，消費高を計上した。(組間接費)

② 当月の賃金予定消費高を次の作業時間によって計上した。(消費賃金勘定を設けている。)

A　組　1,800時間　B　組　2,400時間　間接作業　400時間

③ 健康保険料の事業主負担分¥187,000を計上した。

④ 当月の経費消費高を計上した。

組直接費　外注加工賃　A組　¥216,000　B組　¥124,000
組間接費　電 力 料　¥204,000　保 険 料　¥96,000
　　　　　減価償却費　¥280,000　雑　　費　¥47,000

⑤ 当月の賃金実際消費高を計上した。ただし，当月の賃金未払高は¥635,000である。

⑥ 当月の組間接費総額(組間接費勘定を参照)を次の割合によって各組に配賦した。

A　組　55%　B　組　45%

⑦ 当月の製造数量について，次の資料を得た。なお，減損および仕損じは発生していない。

	完成品数量	月末仕掛品数量
A　組	3,200個	600個(加工進捗度50%)
B　組	2,800個	500個(加工進捗度40%)

⑧ 賃金の予定消費高と実際消費高との差額を，賃率差異勘定に振り替えた。

(1)

		借　　方	貸　　方
6月 4日			
7日			
9日			
20日			
24日			
30日	①		
	②		
	③		
	④		
	⑤		
	⑥		
	⑦		
	⑧		

(2)

組間接費

B組仕掛品

6/1 前月繰越 505,000	

(3)

組別総合原価計算表

令和○年6月分

摘　要		A　組	B　組
組直接費	素材費		
	加工費		
組間接費	加工費		
当月製造費用			
月初仕掛品原価	素材費		
	加工費		
計			
月末仕掛品原価	素材費		
	加工費		
完成品原価			
完成品数量		3,200個	2,800個
製品単価		¥	¥

23 工程別総合原価計算

学習の要点

1 工程別総合原価計算

製造工程が二つ以上の連続する工程に分かれているとき，その工程ごとに原価を計算する方法を**工程別総合原価計算**といい，食品製造業や化学工業・製紙業など多くの製造業で用いられている。

2 工程別総合原価計算の手続き

(1) 当月製造費用のうち，**工程個別費**を各工程に，**補助部門個別費**を各補助部門に賦課する。
(2) **部門共通費**を適切な配賦基準で，各製造工程および各補助部門に配賦する。
(3) 補助部門費を各製造工程に配賦する。
(4) 工程別に完成品原価を計算し，次工程の当月製造費用に**前工程費**として加算する。
(5) 最終工程の完成品原価を製品勘定に振り替える。

3 工程別総合原価計算の記帳

① 各原価要素の勘定から，消費高を各部門に振り替える。

(借)	第1工程仕掛品	450	(貸)	材　　料	700
	第2工程仕掛品	200			
	補助部門費	30			
	部門共通費	20			
(借)	第1工程仕掛品	300	(貸)	労 務 費	950
	第2工程仕掛品	350			
	補助部門費	180			
	部門共通費	120			
(借)	第1工程仕掛品	240	(貸)	経　　費	750
	第2工程仕掛品	360			
	補助部門費	90			
	部門共通費	60			

② 部門共通費を各工程仕掛品勘定・補助部門費勘定に振り替える。

(借)	第1工程仕掛品	80	(貸)	部門共通費	200
	第2工程仕掛品	100			
	補助部門費	20			

③ 補助部門費を各工程仕掛品勘定に振り替える。

(借)	第1工程仕掛品	200	(貸)	補助部門費	320
	第2工程仕掛品	120			

④ 第1工程の完成品原価を第2工程仕掛品勘定に振り替える。

(借)	第2工程仕掛品	1,200	(貸)	第1工程仕掛品	1,200

⑤ 第2工程（最終工程）の完成品原価を，製品勘定に振り替える。

(借)	製　　品	2,200	(貸)	第2工程仕掛品	2,200

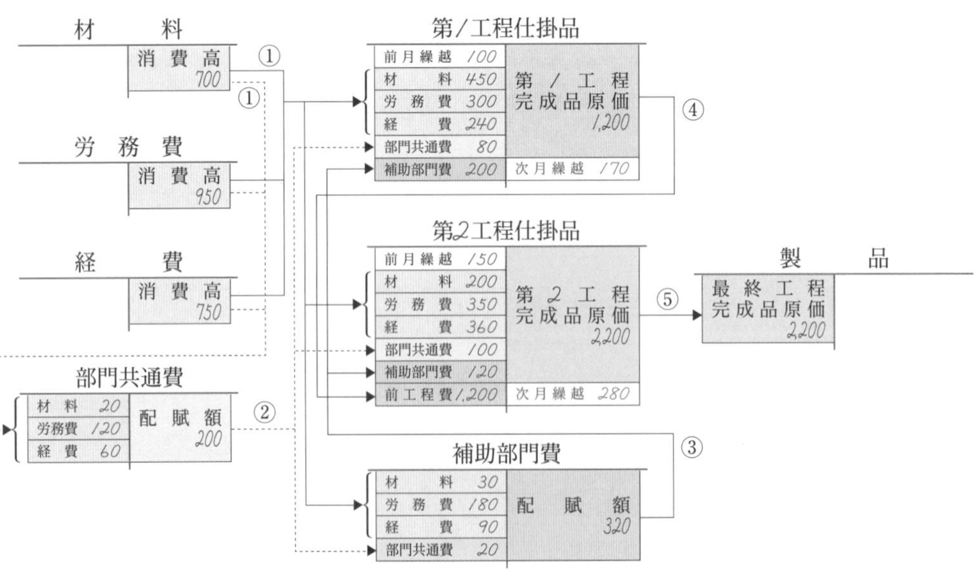

4 半製品がある場合の記帳

半製品とは，製造工程のすべてを完了しない途中の段階で，外部に販売することができる状態になっているものをいう。半製品の記帳については，第1工程仕掛品勘定と第2工程仕掛品勘定の間に，**第1工程半製品勘定**を設けて，下図のように記帳する。

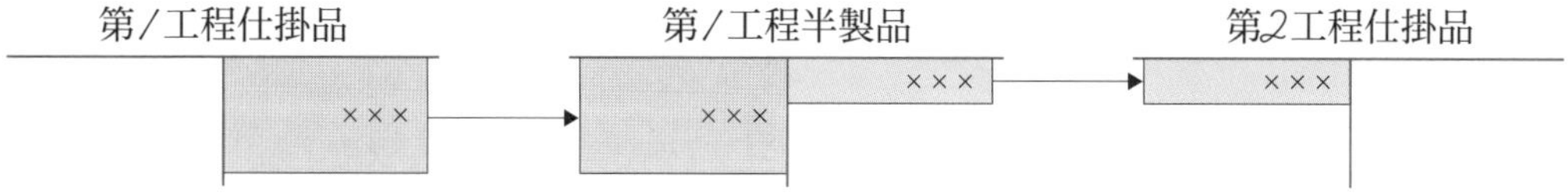

23-1 次の資料により，工程別総合原価計算表を完成しなさい。

① 生産データ

	第1工程	第2工程
完　成　品	1,600個	1,200個

② 工程および補助部門の個別費

第1工程　¥243,000　　第2工程　¥153,000　　補助部門　¥40,000

③ 部門共通費¥72,000の配賦

第1工程　¥ 30,000　　第2工程　¥ 22,000　　補助部門　¥20,000

④ 補助部門費を，第1工程に70%，第2工程に30%配賦する。

⑤ 月初および月末仕掛品原価

	第1工程	第2工程
月初仕掛品	¥30,000	¥28,000
月末仕掛品	¥25,000	¥61,000

工程別総合原価計算表

令和○年11月分

摘　　要	第 1 工 程	第 2 工 程
工程個別費		
部門共通費配賦額		
補助部門費配賦額		
前工程費		
当月製造費用		
月初仕掛品原価		
計		
月末仕掛品原価		
工程完成品原価		
工程完成品数量	個	個
工程完成品単価	¥	¥

23-2 次の資料により，工程別総合原価計算表を完成しなさい。ただし，素材は各工程において製造着手のときに投入され，加工費は製造の進行に応じて消費されるものとする。また，月末仕掛品の計算は平均法によること。

①　生産データ

	第/工程	第2工程
月初仕掛品	300個(50%)	600個(25%)
当月投入	3,000個	3,000個
合　計	3,300個	3,600個
月末仕掛品	300個(50%)	1,200個(20%)
完成品	3,000個	2,400個

(　　)は加工進捗度を示している。

②　月初仕掛品原価

	素材費	加工費	前工程費	計
第/工程	¥ 90,000	¥ 140,000	――	¥ 230,000
第2工程	〃 120,000	〃 210,000	¥ 600,000	〃 930,000

③　当月製造費用

ア．各製造工程および補助部門の個別費

	第/工程	第2工程	補助部門
素材費	¥ 900,000	¥ 510,000	
労務費	〃 1,000,000	〃 1,020,000	¥ 500,000
経費	〃 1,170,000	〃 1,080,000	〃 250,000

イ．部門共通費　¥750,000

内訳 { 工場消耗品費 ¥ 60,000 / 労務費 〃 300,000 / 経費 〃 390,000 }

部門共通費配賦割合 { 第/工程 40% / 第2工程 40% / 補助部門 20% }

ウ．補助部門費の配賦割合

第/工程　60%　　第2工程　40%

工程別総合原価計算表

令和○年/2月分

摘要	第/工程	第2工程
工程個別費		
部門共通費配賦額		
補助部門費配賦額		
前工程費		
当月製造費用		
月初仕掛品原価		
計		
月末仕掛品原価		
工程完成品原価		
工程完成品数量	個	個
工程完成品単価	¥	¥

23-3 金沢製作所の次の資料によって，(1)工程別総合原価計算表を完成しなさい。また，(2)第1工程で900個が完成し，第1工程完成品のうち500個が，第2工程に引き渡され，残りは倉庫に保管したときの仕訳を示しなさい。

資　料

i　補助部門費¥150,000を第1工程に70%，第2工程に30%配賦した。

ii　第1工程の月末仕掛品数量　200個　　加工進捗度　50%

ただし，素材費・加工費ともに製造の進行に応じて消費されるものとする。

なお，月末仕掛品原価の計算は平均法による。

(1)

工程別総合原価計算表

令和○年1月分

摘　要	第1工程	第2工程
工程個別費　素材費	405,000	247,500
前工程費	———	
労務費	243,000	147,000
経費	162,000	93,000
部門共通費配賦額	168,000	156,000
補助部門費配賦額		
当月製造費用		
月初仕掛品原価	33,000	84,000
計		
月末仕掛品原価		196,500
工程完成品原価		
工程完成品数量	900個	500個
工程完成品単価	¥	¥

(2)

借　方	貸　方

23-4 工程別総合原価計算を採用している横浜製作所の次の取引の仕訳を示しなさい。

(1) 素材を次のとおり消費した。　第1工程　¥420,000　修繕部門　¥ 30,000

(2) 賃金を次のとおり消費した。　第1工程　¥280,000　第2工程　¥250,000

(3) 第1工程完成品¥900,000のうち，¥720,000を第2工程に引き渡し，残りは倉庫に保管した。

(4) 第3工程(最終工程)完成品の製造原価は¥1,580,000である。

	借　方	貸　方
(1)		
(2)		
(3)		
(4)		

23-5 次の取引の仕訳を示しなさい。

(1) 工程別総合原価計算を採用している富山製作所は，次のとおり素材と買入部品を消費した。

第1工程　素　　材　¥455,000　　買入部品　¥270,000

第2工程　素　　材　¥120,000

(2) 工程別総合原価計算を採用している黒部工業株式会社は，賃金を次のとおり消費した。

第1工程　¥1,200,000　　第2工程　¥800,000　　第3工程　¥650,000

(3) 工程別総合原価計算を採用している高岡工業株式会社は，第1工程完成品1,500個のうち，1,200個を第2工程に引き渡し，残りは倉庫に保管した。ただし，第1工程の完成品単価は¥450である。

(4) 工程別総合原価計算を採用している加賀工業株式会社で，倉庫に保管してあった第1工程の完成品400個@¥1,500を第2工程に引き渡した。

(5) 工程別総合原価計算を採用している小松工業株式会社で，第2工程(最終工程)で製品¥2,500,000が完成したので，倉庫に引き渡した。

	借　　方	貸　　方
(1)		
(2)		
(3)		
(4)		
(5)		

検定問題

23-6 次の取引の仕訳を示しなさい。

(1) 山形工業株式会社は，月末にあたり，工程別総合原価計算表を作成し，各工程の完成品原価を次のとおり計上した。ただし，当社では第1工程の完成品原価をすべて第2工程仕掛品勘定に振り替えている。 第84回改題

第1工程　¥5,290,000　　第2工程（最終工程）　¥6,410,000

(2) 工程別総合原価計算を採用している鹿児島工業株式会社は，月末に工程別総合原価計算表を作成し，各工程の完成品原価を次のとおり計上した。ただし，各工程の完成品はすべていったん倉庫に保管しており，当月中に倉庫から第2工程（最終工程）に投入した第1工程の完成品原価は¥1,945,000である。なお，当社では第1工程の完成品原価をすべて第1工程半製品勘定に振り替えている。 第91回改題

第1工程　¥2,670,000　　第2工程　¥3,180,000

(3) 工程別総合原価計算を採用している大阪製作所は，月末に工程別総合原価計算表を次のとおり作成し，各工程の完成品原価を計上した。なお，第1工程の完成品はすべて第2工程（最終工程）に引き渡している。 第92回改題

工程別総合原価計算表 （一部）
令和○年8月分

摘　要	第1工程	第2工程
工程個別費　素材費	1,827,000	―――
前工程費	―――	3,500,000
〜〜〜	〜〜〜	〜〜〜
工程完成品原価	3,500,000	5,200,000
工程完成品数量	2,500個	2,000個
工程単価	¥ 1,400	¥ 2,600

(4) 工程別総合原価計算を採用している静岡工業株式会社は，月末に工程別総合原価計算表を作成し，各工程の完成品原価を次のとおり計上した。ただし，各工程の完成品はすべていったん倉庫に保管しており，当月中に倉庫から第2工程（最終工程）に投入した第1工程の完成品原価は¥2,250,000である。なお，当社では第1工程の完成品原価をすべて第1工程半製品勘定に振り替えている。 第88回改題

第1工程　¥1,850,000　　第2工程　¥3,010,000

(5) 工程別総合原価計算を採用している千葉工業株式会社は，倉庫に保管してある第1工程完成品の一部を¥2,160,000で売り渡し，代金は掛けとした。ただし，売り上げた半製品の原価は¥1,800,000であり，売上のつど売上原価に計上する。なお，当社では第1工程の完成品原価はすべて第1工程半製品勘定に振り替えている。 第90回

	借　方	貸　方
(1)		
(2)		
(3)		
(4)		
(5)		

23-7 鳥取製作所の下記の資料によって，次の各問いに答えなさい。 第89回

(1) 工程別総合原価計算表を完成しなさい。
(2) 第2工程の月末仕掛品原価に含まれる前工程費を答えなさい。
(3) 第1工程半製品勘定を完成しなさい。

ただし，i 第1工程の完成品原価は，すべて第1工程半製品勘定に振り替えている。
ii 素材は製造着手のときにすべて投入され，第1工程の完成品は第2工程の始点で投入されるものとする。
iii 加工費は第1工程・第2工程ともに製造の進行に応じて消費されるものとする。
iv 月末仕掛品原価の計算は平均法による。

資　　料

a．生産データ

	第1工程		第2工程	
月初仕掛品	400個	(加工進捗度50%)	600個	(加工進捗度40%)
当月投入	2,300個		1,800個	
合　計	2,700個		2,400個	
月末仕掛品	200個	(加工進捗度50%)	400個	(加工進捗度60%)
完成品	2,500個		2,000個	

b．当月製造費用

① 工程個別費および補助部門個別費

	第1工程	第2工程	補助部門
素材費	¥1,817,000	――	――
労務費	¥1,380,000	¥920,000	¥142,000
経　費	¥ 376,000	¥352,000	¥ 38,000

② 部門共通費を次のとおり配賦する。
第1工程 ¥128,000　第2工程 ¥112,000　補助部門 ¥80,000

③ 補助部門費を第1工程に60%，第2工程に40%の割合で配賦する。

c．月初仕掛品原価　第1工程 ¥ 460,000(素材費 ¥316,000　加工費 ¥144,000)
第2工程 ¥1,116,000(前工程費 ¥924,000　加工費 ¥192,000)

d．当月中に第1工程半製品1,800個を次工程に引き渡し，700個を外部に販売した。なお，払出単価（原価）は¥1,620である。

(1)

工程別総合原価計算表

令和○年1月分

摘　要	第1工程	第2工程
工程個別費　素材費		――
前工程費	――	
労務費		920,000
経　費		352,000
部門共通費配賦額	128,000	112,000
補助部門費配賦額		
当月製造費用		
月初仕掛品原価	460,000	1,116,000
計		
月末仕掛品原価		820,000
工程完成品原価		
工程完成品数量	2,500個	2,000個
工程単価	¥	¥

(2)

第2工程の月末仕掛品原価に含まれる前工程費	¥

(3)

第1工程半製品

前月繰越	785,000	第2工程仕掛品	2,916,000
(　　)	(　　)	売上原価	(　　)
		次月繰越	(　　)
	(　　)		(　　)

24 総合原価計算における減損・仕損じの処理

学習の要点

1 減損の意味

原料の一部が加工中に蒸発，粉散，ガス化などにより消失することを**減損**という。

2 減損の処理

減損によって消失した原料費と加工費を**減損費**といい，通常発生する程度であれば完成品と月末仕掛品に負担させる。「負担させる」というのは完成品または月末仕掛品の原価に算入するという意味である。

(1) 減損が製造工程の始点または途中で発生した場合

減損費を完成品と月末仕掛品の両方に負担させる。なお，月末仕掛品原価の計算は平均法とし，原料は製造着手のときにすべて投入されるものとする。

月末仕掛品原価＝(i)月末仕掛品原料費＋(ii)月末仕掛品加工費

(i)月末仕掛品原料費＝(月初仕掛品原料費＋当月原料費)

$$\times \frac{\text{月末仕掛品数量}}{\text{完成品数量}+\text{月末仕掛品数量}}$$

(ii)月末仕掛品加工費＝(月初仕掛品加工費＋当月加工費)

$$\times \frac{\text{月末仕掛品の完成品換算数量}}{\text{完成品数量}+\text{月末仕掛品の完成品換算数量}}$$

(2) 減損が製造工程の終点で発生した場合

減損費を完成品だけに負担させる。なお，月末仕掛品原価の計算は平均法とし，原料は製造着手のときにすべて投入されるものとする。

月末仕掛品原価＝(i)月末仕掛品原料費＋(ii)月末仕掛品加工費

(i)月末仕掛品原料費＝(月初仕掛品原料費＋当月原料費)

$$\times \frac{\text{月末仕掛品数量}}{(\text{完成品数量}+\text{減損数量})+\text{月末仕掛品数量}}$$

(ii)月末仕掛品加工費＝(月初仕掛品加工費＋当月加工費)

$$\times \frac{\text{月末仕掛品の完成品換算数量}}{(\text{完成品数量}+\text{減損数量})+\text{月末仕掛品の完成品換算数量}}$$

3 仕損じの処理

総合原価計算における仕損じの処理方法は，仕損品の評価額を差し引くことをのぞき減損の処理と同じである。

24-1 次の資料によって，月末仕掛品原価を平均法を用いて計算しなさい。ただし，原料は製造着手のときにすべて投入されるものとする。なお，減損は製造工程の始点で発生している。

① 生産データ

月初仕掛品	200kg	(加工進捗度50%)
当月投入	1,000kg	
合　計	1,200kg	
月末仕掛品	300kg	(加工進捗度40%)
減　損	100kg	
完成品	800kg	

② 月初仕掛品原価　¥198,000　内訳(原料費　¥156,000　　加工費　¥42,000)

③ 当月製造費用　原料費　¥688,800　　加工費　¥327,840

月末仕掛品原価　¥

24-2 次の資料によって，月末仕掛品原価を平均法を用いて計算しなさい。ただし，原料は製造着手のときにすべて投入されるものとする。なお，減損は製造工程の終点で発生している。

① 生産データ

月初仕掛品	300kg	(加工進捗度60%)
当月投入	1,200kg	
合　計	1,500kg	
月末仕掛品	300kg	(加工進捗度40%)
減　損	200kg	
完成品	1,000kg	

② 月初仕掛品原価　¥198,000　内訳(原料費　¥157,500　　加工費　¥40,500)

③ 当月製造費用　原料費　¥614,250　　加工費　¥250,560

月末仕掛品原価　¥

24-3 次の資料によって，月末仕掛品原価を平均法を用いて計算しなさい。ただし，原料は製造着手のときにすべて投入されるものとする。なお，仕損じは進捗度40%の段階で発生し，それらはすべて当月投入分から生じたものである。

① 生産データ

月初仕掛品	2,250kg	(加工進捗度50%)
当月投入	24,450kg	
合　計	26,700kg	
月末仕掛品	1,800kg	(加工進捗度50%)
仕損じ	330kg	
完成品	24,570kg	

② 月初仕掛品原価　¥596,250　内訳(原料費　¥270,000　　加工費　¥326,250)

③ 当月製造費用　原料費　¥2,762,550　　加工費　¥6,932,700

月末仕掛品原価　¥

24-4 次の資料によって，月末仕掛品原価を先入先出法を用いて計算しなさい。ただし，原料は製造着手のときにすべて投入されるものとする。なお，仕損じは進捗度40%の段階で発生し，それらはすべて当月投入分から生じたものである。

① 生産データ

月初仕掛品	2,250kg	(加工進捗度50%)
当月投入	24,450kg	
合計	26,700kg	
月末仕掛品	1,800kg	(加工進捗度50%)
仕損じ	330kg	
完成品	24,570kg	

② 月初仕掛品原価　¥596,250　内訳(原料費　¥270,000　　加工費　¥326,250)

③ 当月製造費用　原料費　¥2,773,800　　加工費　¥6,913,980

月末仕掛品原価 ¥

検定問題

24-5 単純総合原価計算を採用している大分製作所の次の資料から，完成品単価を求めなさい。 第88回

ただし，i　素材は製造着手のときにすべて投入され，加工費は製造の進行に応じて消費されるものとする。

ii　月末仕掛品原価の計算は先入先出法による。

iii　正常減損は製造工程の終点で発生しており，正常減損費は完成品のみに負担させる。

資　料

① 生産データ

月初仕掛品	400kg	(加工進捗度50%)
当月投入	4,300kg	
合計	4,700kg	
月末仕掛品	500kg	(加工進捗度40%)
正常減損	200kg	
完成品	4,000kg	

② 月初仕掛品原価

素材費　¥ 620,000

加工費　¥ 420,000

③ 当月製造費用

素材費　¥6,450,000

加工費　¥8,400,000

完成品単価 ¥

25 副産物・作業くずの処理

学習の要点

1 副産物

総合原価計算において，主産物（製品）の製造工程から，必然的に発生する物品を**副産物**という。たとえば，豆腐を製造するさいに，必然的に発生するおからや食肉加工のさいに生じる皮革などがある。

2 副産物の評価

(1) そのまま売却できるとき→見積売却価額－(販売費及び一般管理費＋利益見積額)
(2) 加工後売却できるとき→見積売却価額－(加工費＋販売費及び一般管理費＋利益見積額)
(3) そのまま自家消費するとき→自家消費することによって節約できる物品の見積購入価額
(4) 加工後自家消費するとき→節約できる物品の見積購入価額－見積加工費

3 副産物の記帳

副産物が発生したときは，その評価額を主産物の製造原価から差し引いて，**副産物勘定**の借方に記入する。ただし，副産物の価額がわずかなときは，売却時にその売却額を雑益として処理することができる。

例1 副産物が発生したとき　単純総合原価計算を採用している工場で，副産物が発生し，これを¥20,000と評価した。

(借) 副産物 20,000　**(貸) 仕掛品** 20,000

4 作業くずの処理

作業くずが発生したときには，副産物と同じように評価し，**作業くず勘定**を設けて処理する。

例2 作業くずが発生したとき　A組の製造過程において，作業くず¥5,000が発生した。

(借) 作業くず 5,000　**(貸) A組仕掛品** 5,000

25-1 次の取引の仕訳を示しなさい。

(1) 組別総合原価計算を採用している福井工業株式会社で，A組の製造過程から副産物¥50,000が発生したので，A組の製造原価から差し引いた。
(2) 上記の副産物を¥56,000で売却し，代金は現金で受け取った。
(3) 工程別総合原価計算を採用している黒部製作所で，第3工程において副産物が発生した。この売却価額は¥180,000　販売費¥10,000　利益¥25,000と見積もられた。
(4) 工程別総合原価計算を採用している富山工業株式会社で，第1工程において作業くずが発生し，これを¥20,000と評価し，第1工程の製造原価から差し引いた。

	借　　方	貸　　方
(1)		
(2)		
(3)		
(4)		

25-2 次の取引の仕訳を示しなさい。

(1) 組別総合原価計算を採用している小松工業株式会社で，B組の製造過程から副産物が発生した。この売却価額は¥80,000で，販売費が¥5,000　利益が¥15,000と見積もられた。

(2) 組別総合原価計算を採用している高岡製作所において，A組の製品の完成とともに副産物が発生した。ただし，A組の総合原価は¥870,000で，副産物の評価額は¥60,000である。

(3) 単純総合原価計算を採用している金沢工業株式会社で，作業くずが発生した。この作業くずの評価額は¥50,000である。

	借　　　方	貸　　　方
(1)		
(2)		
(3)		

25-3 次の取引の仕訳を示しなさい。

(1) 等級別総合原価計算を採用している富山製作所において，1級製品850個と2級製品1,300個が完成するとともに副産物が発生した。ただし，総合原価は¥1,977,000であり，そのうち副産物の評価額は¥152,000であった。なお，等価係数は次の各製品1個あたりの重量を基準としている。

1級製品　400g　　2級製品　300g

(2) 工程別総合原価計算を採用している福井工業製作所は，第1工程完成品をすべて第2工程(最終工程)に投入し，第2工程において製品の完成とともに副産物が発生した。ただし，第1工程の完成品は¥3,900,000　第2工程の総合原価は¥6,800,000であり，そのうち副産物の評価額は¥750,000であった。

(3) 工程別総合原価計算を採用している鹿児島工業製作所の第3工程(最終工程)において，製品の完成とともに副産物が発生した。ただし，第3工程の総合原価は¥6,000,000であり，そのうち副産物の評価額は¥780,000であった。

	借　　　方	貸　　　方
(1)		
(2)		
(3)		

総合問題 6

6 1 次の取引の仕訳を示しなさい。

(1) 工程別総合原価計算を採用している富山工業株式会社は，次のとおり素材を消費した。ただし，@¥640の予定価格を用い，消費材料勘定を設けている。

第1工程　1,500個　　第2工程　500個

(2) 工程別総合原価計算を採用している黒部工業株式会社は，第1工程完成品2,000個@¥850のうち，1,600個を第2工程に引き渡し，残りは倉庫に保管した。

(3) 工程別総合原価計算を採用している高岡工業株式会社は，倉庫に保管してあった第1工程の完成品800個@¥750を第2工程に引き渡した。

(4) 工程別総合原価計算を採用している金沢工業株式会社において，第3工程(最終工程)で製品500個@¥1,260が完成し，倉庫に保管した。

(5) 工程別総合原価計算を採用している加賀工業株式会社は，第1工程完成品2,400個のうち，2,100個を第2工程に引き渡し，残りは倉庫に保管した。ただし，第1工程の完成品原価は¥4,200,000である。

(6) 組別総合原価計算を採用している小松工業株式会社で，B組の製品の完成とともに副産物が発生した。ただし，B組の総合原価は¥980,000であり，そのうち副産物の評価額は¥60,000である。

(7) 工程別総合原価計算を採用している輪島工業の第1工程において，第1工程の完成品とともに副産物が発生し，これらをすべて倉庫に保管した。ただし，第1工程の総合原価は¥850,000であり，そのうち副産物の評価額は¥38,000であった。

	借　　　方	貸　　　方
(1)		
(2)		
(3)		
(4)		
(5)		
(6)		
(7)		

6 2 福井工業株式会社の次の資料によって，

(1) 工程別総合原価計算表を完成しなさい。

(2) 第1工程完成品を第2工程(最終工程)に引き渡したときの仕訳を示しなさい。ただし，当社では，第1工程の完成品はすべて，ただちに第2工程に引き渡している。

(3) 第2工程(最終工程)において，製品が完成したときの仕訳を示しなさい。

(4) 第2工程仕掛品勘定への記入を完成しなさい。なお，勘定には，相手科目・金額を示すこと。

資　　料

i　当月製造費用

費　目	工程および補助部門の個別費			部門共通費
	第1工程	第2工程	補助部門	
素材費	¥1,500,000	――	―	――
労務費	¥ 385,500	¥ 577,500	¥ 225,000	¥ 210,000
経　費	――	¥ 123,000	¥ 120,000	¥ 450,000

ii　部門共通費は，第1工程に50%，第2工程に40%，補助部門に10%の割合で配賦する。

iii　補助部門費¥411,000は，第1工程と第2工程にそれぞれ50%の割合で配賦する。

iv　仕　掛　品

①　月初仕掛品　　第1工程　¥621,000
　　　　　　　　　第2工程　¥945,000（前工程費¥675,000　加工費¥270,000）

②　月末仕掛品　　第1工程　¥792,000
　　　　　　　　　第2工程　900個（加工進捗度50%）

月末仕掛品原価の計算は平均法により，素材はすべて製造着手のときに投入され，加工費は製造の進行に応じて消費されるものとする。なお，前工程費は，第2工程の製造着手のときに投入されるものとする。また，減損および仕損じは発生していない。

v　完成品数量　　第1工程　1,500個　　第2工程　1,350個

(1)

工程別総合原価計算表

令和○年11月分

摘　　要	第 1 工 程	第 2 工 程
工程個別費　素材費		
前工程費		
労務費		
経　費		
部門共通費配賦額		
補助部門費配賦額		
当月製造費用		
月初仕掛品原価		
計		
月末仕掛品原価		
工程完成品原価		
工程完成品数量	個	個
工程完成品単価	¥	¥

(2)

借　　方	貸　　方

(3)

借　　方	貸　　方

(4)

第2工程仕掛品

前月繰越	945,000	(　　　)	(　　　)
労務費	577,500	次月繰越	(　　　)
経　費	123,000		
部門共通費	(　　　)		
補助部門費	(　　　)		
(　　　)	(　　　)		
	(　　　)		(　　　)

26 製品の完成と販売

学習の要点

1 製品の完成

製品の完成にともなう記帳手続きは，個別原価計算の場合は**完成品原価月報**にもとづき，総合原価計算の場合は総合原価計算表にもとづき，一般に次のように行われる。

例1 個別原価計算のとき　完成品原価月報にもとづき，当月の完成品原価¥300,000を計上した。

(借) 製　品 300,000　(貸) 仕 掛 品 300,000

例2 総合原価計算のとき　総合原価計算表にもとづき，当月の完成品原価¥400,000を計上した。

(借) 製　品 400,000　(貸) 仕 掛 品 400,000

2 製品の販売

製品の販売にともなう記帳手続きは，売上帳の合計額と**売上製品原価月報**にもとづき，一般に次のように行われる。

例3 売上高と売上原価の計上　売上帳の合計額¥700,000（全額掛け売り）と売上製品原価月報の合計額¥500,000にもとづき，当月の売上高と売上原価を計上した。

(借) 売 掛 金 700,000　(貸) 売　上 700,000
　　 売上原価 500,000　　　 製　品 500,000

3 販売費及び一般管理費

販売費は，広告宣伝費，発送費など販売のために要した費用であり，**一般管理費**は，支払家賃・租税公課など経営全般の管理のために要した費用である。これらは，月末に集合勘定である**販売費及び一般管理費勘定**に振り替える。

26-1 次の取引の仕訳を示しなさい。

(1) 個別原価計算を採用している滋賀製作所の当月の完成品原価月報の合計額は¥900,000であった。よって，完成品原価を計上した。

(2) 和歌山製作所の単純総合原価計算表の完成品原価は¥800,000と計算された。よって，月末に完成品原価を計上した。

(3) 個別原価計算を採用している大阪製作所の売上帳の合計額¥2,000,000(全額掛け売り)と売上製品原価月報の合計額¥1,600,000にもとづき，当月の売上高と売上原価を計上した。

	借　方	貸　方
(1)		
(2)		
(3)		

26-2 次の取引の仕訳を示しなさい。

(1) 個別原価計算を採用している神戸製作所の11月分の完成品原価月報は，次のとおりであった。

完 成 品 原 価 月 報　　No.11

令和○年11月30日

製造指図書番号	完成日	品名および規格	数量	単価	金額
#101	11/25	A 品	40	5,000	200,000
合計					770,000

(2) 個別原価計算を採用している関西工業株式会社の/月分の製品の売上高合計(全額掛け売り)は¥3,000,000であり，同月の売上製品原価月報は，次のとおりであった。

売上製品原価月報　No./
令和○年/月分

売上伝票番号	品名および規格	摘要	数量	単価	金額
46	B品8号	近畿商会	30	9,000	270,000
					2,250,000

(3) 奈良商会に掛け売りした製品のうち，¥72,000が品違いのため返品された。ただし，この製品の製造原価は¥55,000である。

	借方	貸方
(1)		
(2)		
(3)		

検定問題

26-3 次の取引の仕訳を示しなさい。

(1) 工程別総合原価計算を採用している千葉工業株式会社は，倉庫に保管してある第/工程完成品の一部を¥2,160,000で売り渡し，代金は掛けとした。ただし，売り上げた半製品の原価は¥1,800,000であり，売上のつど売上原価に計上する。なお，当社では第/工程の完成品原価はすべて第/工程半製品勘定に振り替えている。 第90回

(2) 個別原価計算を採用している三重製作所は，次の製品を発注元に発送した。よって，売上高および売上原価を計上した。 第93回

	A製品（製造指図書#3/）	B製品（製造指図書#32）
売上高(掛け)	¥7,500,000	¥410,000
製造原価	¥4,500,000	¥246,000

(3) 個別原価計算を採用している埼玉製作所における/月分の製品の販売に関する資料は，次のとおりであった。よって，売上高および売上原価を計上した。 第87回

	A製品（製造指図書#//）	B製品（製造指図書#/2）
売上高(掛け)	¥763,000	¥628,000
製造原価	¥452,000	¥391,000

	借方	貸方
(1)		
(2)		
(3)		

27 決算の手続き

学習の要点

1 月次損益勘定・年次損益勘定

製造業では，経営成績を短期に明らかにするため毎月末（原価計算期末）に１か月ごとの営業損益を計算する**月次決算**を行う。月次決算では，元帳に**月次損益勘定**を設ける。

なお，月次決算と区別するために，会計期末に行う決算をとくに**年次決算**といい，元帳に損益勘定（または，**年次損益勘定**）を設ける。

2 月次決算・年次決算の手続き

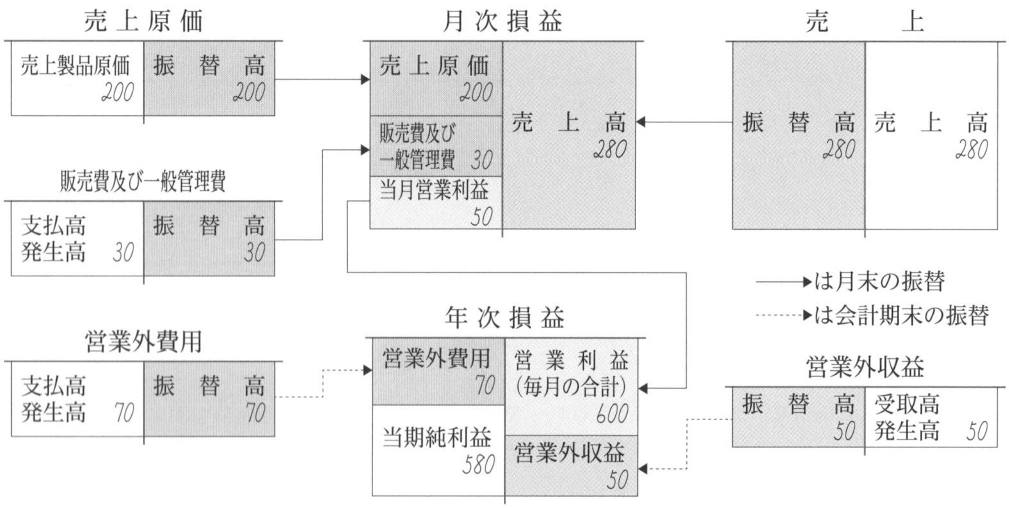

27-1 次の各文の　　　　のなかに，下記の語群のなかから，もっとも適当なものを選び，その番号を記入しなさい。

(1) 製造業では，経営成績を短期に明らかにするために月次決算を行う。月次決算では月次損益勘定の借方に［ア］と販売費及び一般管理費を，貸方には［イ］を振り替え，営業利益を計算する。

(2) 月次決算と区別するために，会計期末に行う決算をとくに年次決算という。年次決算では，年次損益勘定の借方に［ウ］を，貸方に［エ］と営業外収益を振り替えて，一会計期間の純損益を計算する。

1. 製造原価　2. 営業費　3. 営業利益　4. 売上高
5. 売上原価　6. 営業外費用　7. 売上純利益　8. 資本金

	ア	イ		ウ	エ
(1)			(2)		

27-2 京都製作所の/月末の次の元帳勘定残高から，

(1) 月次決算に必要な仕訳を示しなさい。

(2) 月次損益勘定に転記して締め切りなさい。なお，勘定記入は，日付・相手科目・金額を示すこと。

元帳勘定残高

売　　上 ¥6,800,000　売上原価 ¥4,900,000　販売費及び一般管理費 ¥750,000

(1)

借　　方	貸　　方

(2)

月　次　損　益

27-3 株式会社兵庫製作所の勘定残高によって，

(1) 営業外収益と営業外費用を年次損益勘定に振り替える仕訳を行い，転記しなさい。

(2) 当期純損益を計上する仕訳を行い，転記しなさい。

(3) 年次損益勘定を締め切りなさい。

勘定残高

有価証券売却益 ¥260,000　支払利息 ¥17,000

	借　　方	貸　　方
(1)		
(2)		

(3)

年　次　損　益

	月　次　損　益　2,870,000

28 財務諸表の作成

学習の要点

1 製造業の財務諸表

製造業では，損益計算書・貸借対照表などの財務諸表のほかに，**製造原価報告書**も作成する。

2 製造原価報告書

製造原価報告書は，当期製品製造原価の内訳・明細を示す報告書である。

(1)　製造間接費を実際配賦している場合

製造間接費を実際配賦している場合の製造原価報告書の作成方法は次のとおりである。

①　原価要素別の消費高（Ⅰ材料費・Ⅱ労務費・Ⅲ経費）を表示する。

②　上記①の合計額を当期製造費用として表示する。

③　当期製造費用に期首仕掛品棚卸高を加え，そこから期末仕掛品棚卸高を差し引いて**当期製品製造原価**を表示する。

製造原価報告書で算出した当期製品製造原価は，損益計算書では売上原価の内訳項目として表示する。

製造原価報告書

Ⅰ　材料費	×××
Ⅱ　労務費	×××
Ⅲ　経費	×××
当期製造費用	×××
期首仕掛品棚卸高	×××
合計	×××
期末仕掛品棚卸高	×××
当期製品製造原価	×××

損益計算書

Ⅰ　売上高		×××
Ⅱ　売上原価		
1. 期首製品棚卸高	×××	
2. 当期製品製造原価	×××	
合計	×××	
3. 期末製品棚卸高	×××	×××
売上総利益		×××

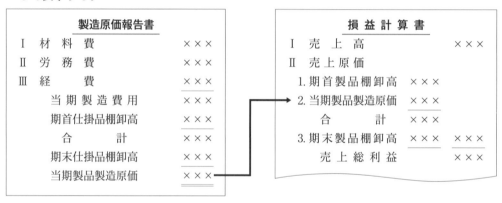

(2)　製造間接費を予定配賦している場合

製造間接費を予定配賦している場合の製造原価報告書の作成方法は次のとおりである。

①　原価要素別の直接消費高（Ⅰ直接材料費・Ⅱ直接労務費・Ⅲ直接経費）を表示する。

②　製造間接費の実際発生額（Ⅳ　製造間接費）を表示し，これに製造間接費配賦差異をプラスまたはマイナスして製造間接費予定配賦額を表示する。

ここから下の表示は上記(1)③と同じである。なお，次ページの製造原価報告書は，製造間接費の実際発生額￥200,000　予定配賦額￥190,000の場合の例である。

製造間接費

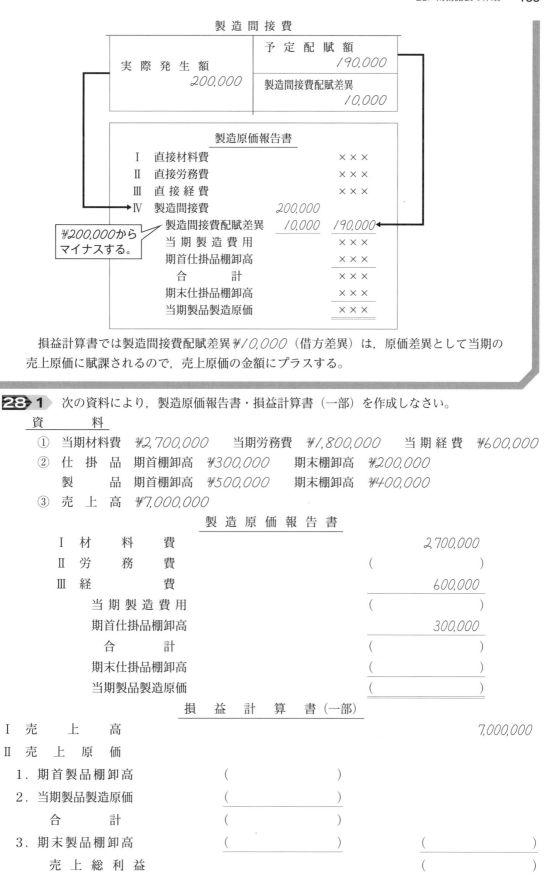

借方	貸方
実際発生額 200,000	予定配賦額 190,000
	製造間接費配賦差異 10,000

製造原価報告書

Ⅰ	直接材料費		×××
Ⅱ	直接労務費		×××
Ⅲ	直接経費		×××
Ⅳ	製造間接費	200,000	
	製造間接費配賦差異	10,000	190,000
	当期製造費用		×××
	期首仕掛品棚卸高		×××
	合計		×××
	期末仕掛品棚卸高		×××
	当期製品製造原価		×××

¥200,000から
マイナスする。

損益計算書では製造間接費配賦差異¥10,000（借方差異）は，原価差異として当期の売上原価に賦課されるので，売上原価の金額にプラスする。

28-1 次の資料により，製造原価報告書・損益計算書（一部）を作成しなさい。

資料

① 当期材料費 ¥2,700,000　当期労務費 ¥1,800,000　当期経費 ¥600,000

② 仕掛品　期首棚卸高 ¥300,000　期末棚卸高 ¥200,000

　 製品　期首棚卸高 ¥500,000　期末棚卸高 ¥400,000

③ 売上高 ¥7,000,000

製造原価報告書

Ⅰ	材料費	2,700,000
Ⅱ	労務費	(　　　)
Ⅲ	経費	600,000
	当期製造費用	(　　　)
	期首仕掛品棚卸高	300,000
	合計	(　　　)
	期末仕掛品棚卸高	(　　　)
	当期製品製造原価	(　　　)

損益計算書（一部）

Ⅰ	売上高		7,000,000
Ⅱ	売上原価		
	1．期首製品棚卸高	(　　　)	
	2．当期製品製造原価	(　　　)	
	合計	(　　　)	
	3．期末製品棚卸高	(　　　)	(　　　)
	売上総利益		(　　　)

28-2 大阪製作所の次の資料によって，製造原価報告書を完成しなさい。

資　　料

i　材　　料	期首棚卸高 ¥250,000	当期仕入高 ¥950,000	期末棚卸高 ¥200,000		
ii　労務費	賃　　金	当期消費高 ¥800,000			
	諸手当・福利費	当期消費高 ¥100,000			
iii　経　　費	電　力　料	当期支払高 ¥ 60,000	当期測定高 ¥70,000		
	減価償却費	当期消費高 ¥140,000			
	修　繕　料	当期支払高 ¥ 20,000	当期未払高 ¥10,000		
	保　管　料	当期支払高 ¥ 30,000	当期前払高 ¥10,000		
	雑　　費	当期消費高 ¥ 10,000			
iv　仕掛品	期首棚卸高 ¥230,000	期末棚卸高 ¥400,000			

製造原価報告書

令和○年4月1日から令和△年3月31日まで

I　材　料　費			
1.(　　　　)	(　　　　)		
2.当期材料仕入高	(　　　　)		
合　計	(　　　　)		
3.(　　　　)	(　　　　)		
当期材料費		(　　　　)	
II　労　務　費			
1.基　本　給	(　　　　)		
2.諸手当・福利費	(　　　　)		
当期労務費		(　　　　)	
III　経　　費			
1.電　力　料	(　　　　)		
2.減価償却費	(　　　　)		
3.修　繕　料	(　　　　)		
4.保　管　料	(　　　　)		
5.雑　　費	(　　　　)		
当期経費		(　　　　)	
当期製造費用			(　　　　)
(　　　　)			(　　　　)
合　計			(　　　　)
(　　　　)			(　　　　)
(　　　　)			(　　　　)

28-3 次の資料により，製造原価報告書・損益計算書（一部）を作成しなさい。なお，製造間接費は予定配賦しており，原価差異は売上原価に賦課すること。

資　　料

① 直接材料費 ¥3,100,000　直接労務費 ¥2,000,000　直接経費 ¥310,000

② 製造間接費実際発生額 ¥1,020,000　製造間接費は，直接労務費の50%を予定配賦している。

③ 仕掛品　期首棚卸高 ¥500,000　期末棚卸高 ¥600,000
　製　品　期首棚卸高 ¥400,000　期末棚卸高 ¥500,000

④ 売上高 ¥9,000,000

製造原価報告書

Ⅰ 直接材料費		3,100,000
Ⅱ 直接労務費		2,000,000
Ⅲ 直接経費		310,000
Ⅳ 製造間接費	(　　　)	
製造間接費配賦差異	(　　　)	(　　　)
当期製造費用		(　　　)
期首仕掛品棚卸高		(　　　)
合　計		(　　　)
期末仕掛品棚卸高		(　　　)
当期製品製造原価		(　　　)

損益計算書（一部）

Ⅰ 売上高		9,000,000
Ⅱ 売上原価		
1．期首製品棚卸高	(　　　)	
2．当期製品製造原価	(　　　)	
合　計	(　　　)	
3．期末製品棚卸高	(　　　)	
差　引	(　　　)	
4．原価差異	(　　　)	(　　　)
売上総利益		(　　　)

検定問題

28-4 京都産業株式会社の下記の資料により，製造原価報告書に記載する次の金額を求めなさい。

a．当期材料費　b．当期労務費　c．当期製品製造原価　第93回

資　　料

① 素材　期首棚卸高 ¥277,000　当期仕入高 ¥1,962,000　期末棚卸高 ¥283,000

② 工場消耗品　期首棚卸高 ¥58,000　当期仕入高 ¥342,000　期末棚卸高 ¥60,000

③ 消耗工具器具備品　当期消費高 ¥192,000

④ 賃金　前期未払高 ¥251,000　当期支払高 ¥1,723,000　当期未払高 ¥247,000

⑤ 給料　当期消費高 ¥953,000

⑥ 健康保険料　当期消費高 ¥136,000

⑦ 水道料　基本料金 ¥18,000
　当期使用料 ¥□(当期使用量 2,100㎥　単価/㎥あたり¥130)
　水道料の計算方法は，基本料金に当期使用料を加算して求める。

⑧ 減価償却費　当期消費高 ¥175,000

⑨ 仕掛品　期首棚卸高 ¥594,000　期末棚卸高 ¥608,000

a	¥	b	¥	c	¥

28-5　富山製作所における当期（令和○年/月/日から令和○年/2月3/日）の勘定記録・製造原価報告書・損益計算書（一部）・貸借対照表（一部）により，（ア）から（ウ）に入る金額を求めなさい。ただし，会計期間は原価計算期間と一致しているものとする。　第92回改題

仕　掛　品

前期繰越	（　　）	製　品	（　　）
素　材	2,240,000	次期繰越	（　　）
賃　金	（　　）		
外注加工賃	740,000		
製造間接費	（　　）		
	（　　）		（　　）

製造間接費

工場消耗品	340,000	仕掛品	（　　）
賃　金	403,000		
給　料	520,000		
減価償却費	（　ア　）		
電力料	420,000		
雑　費	48,000		
	（　　）		（　　）

製　　品

前期繰越	（　　）	売上原価	（　　）
仕掛品	（　　）	次期繰越	（　　）
	7,243,000		7,243,000

製造原価報告書

富山製作所　令和○/月/日から令和○年/2月3/日　（単位：円）

Ⅰ　材料費		（　　）
Ⅱ　労務費		2,280,000
Ⅲ　経　費		1,880,000
	当期製造費用	（　　）
	期首仕掛品棚卸高	320,000
	合　計	（　　）
	期末仕掛品棚卸高	360,000
	当期製品製造原価	（　イ　）

損益計算書（一部）

富山製作所　令和○/月/日から令和○年/2月3/日　（単位：円）

Ⅰ　売上高	8,640,000
Ⅱ　売上原価	（　　）
売上総利益	（　ウ　）

貸借対照表（一部）

富山製作所　令和○年/2月3/日　（単位：円）

製　品	720,000	
仕掛品	（　　）	

ア	¥	イ	¥	ウ	¥

28-6　佐賀製作所の下記の勘定記録と資料により，次の金額を求めなさい。ただし，会計期間は原価計算期間と一致しているものとする。なお，製造間接費配賦差異は売上原価に振り替える。

a．材料の実際消費高　　b．間接労務費の実際発生額　　c．売上原価　第91回改題

仕　掛　品

前期繰越	385,000	製　品	10,788,000
素　材	（　　）	次期繰越	（　　）
賃　金	3,690,000		
外注加工賃	361,000		
製造間接費	（　　）		
	（　　）		（　　）

製造間接費

素　材	246,000	仕掛品	（　　）
工場消耗品	（　　）	製造間接費配賦差異	（　　）
賃　金	（　　）		
給　料	1,340,000		
退職給付費用	412,000		
健康保険料	148,000		
水道料	（　　）		
減価償却費	185,000		
	（　　）		（　　）

資　料

① 素　材　期首棚卸高 ¥700,000　当期仕入高 ¥3,800,000　期末棚卸高 ¥675,000
② 工場消耗品　期首棚卸高 ¥32,000　当期仕入高 ¥276,000　期末棚卸高 ¥36,000
③ 賃　金　実際平均賃率　作業時間/時間につき¥900
　直接作業時間4,/00時間　間接作業時間400時間
④ 水道料　基本料金 ¥/2,000　当期使用量 /,900㎥　単価/㎥あたり ¥/20
　水道料の計算方法は，基本料金に当期使用料を加算して求める。
⑤ 仕掛品　期首棚卸高 ¥385,000　期末棚卸高 ¥425,000
⑥ 製　品　期首棚卸高 ¥830,000　期末棚卸高 ¥9/7,000
⑦ 製造間接費配賦額は，直接作業時間/時間につき¥780の予定配賦率を用いている。

a	材料の実際消費高　¥	b	間接労務費の実際発生額　¥
c	売上原価　¥		

29 本社・工場間の取引

学習の要点

1 工場会計の独立

工場の会計を本社の会計から独立させ，おもに製造活動に関する記録・計算を工場会計に行わせることを**工場会計の独立**という。

2 取引の記帳

工場会計を独立させた場合，ふつう本社・工場には，次のような勘定を設け，取引を記帳する。

会計単位	勘定組織	
工場	製造活動に関する諸勘定	材料勘定・労務費勘定・経費勘定・仕掛品勘定・製造間接費勘定・製品勘定など
	本社との貸借関係を処理する勘定	本社勘定
本社	購買活動・販売活動に関する諸勘定	買掛金勘定・売掛金勘定・売上勘定・売上原価勘定など
	工場との貸借関係を処理する勘定	工場勘定

29-1 次の取引について，本社と工場の仕訳を示しなさい。

(1) 本社は，素材¥380,000を掛けで仕入れ，工場に直送させた。

(2) 工場は，本月分の労務費の支払いについて，次のように本社に報告した。
本社では，この報告書にもとづいて，現金¥1,130,000を工場に送金し，工場はこれを受け取り，従業員に支払った。

労務費に関する報告書

基本賃金	1,200,000
諸手当	150,000
計	1,350,000
控除額	
所得税額	135,000
健康保険料	85,000
差引正味支払額	1,130,000

(3) 当月の素材消費高¥870,000のうち，¥730,000を製造直接費とし，残額を製造間接費とした。

(4) 当月の賃金消費高¥1,240,000のうち，¥810,000を製造直接費とし，残額を製造間接費とした。

	本社の仕訳		工場の仕訳	
	借方	貸方	借方	貸方
(1)				
(2)				
(3)				
(4)				

29-2 次の取引について，本社と工場の仕訳を示しなさい。

(1) 当月の電力料消費高￥390,000のうち，3分の2は工場分，残額は本社分である。なお，工場での消費高は，全額製造間接費として処理した。

(2) 当月製品完成高は￥2,000,000である。

(3) 工場は本社からの命令で，製品￥1,800,000（原価）を得意先へ発送し，本社は，掛売上高￥2,250,000を計上した。

(4) 本社は，期末に工場の建物について減価償却費￥1,440,000を計上した。

	本社の仕訳		工場の仕訳	
	借方	貸方	借方	貸方
(1)				
(2)				
(3)				
(4)				

29-3 次の取引の仕訳を示しなさい。

(1) 本社は，工場の電力料￥280,000を小切手を振り出して支払い，工場はこの通知を受けた。ただし，工場会計は本社会計から独立している。（工場の仕訳）

(2) 本社は掛けで購入した素材を工場に送付していたが，本日，工場から不良品20個@￥3,000を直接本社の仕入先に返品したむねの通知を受けた。ただし，工場会計は本社会計から独立している。（本社の仕訳）

(3) 本社は，当月分の修繕料￥340,000（うち，工場分￥240,000）を小切手を振り出して支払った。ただし，工場会計は本社会計から独立している。（本社の仕訳）

(4) 本社は，決算にさいし，本社の建物に対する減価償却費￥570,000　工場の建物に対する減価償却費￥190,000をそれぞれ計上し，間接法で記帳した。また，これを工場に通知した。ただし，建物減価償却累計額勘定は，本社のみに設けてあり，工場会計は本社会計から独立している。（本社の仕訳）

	借方	貸方
(1)		
(2)		
(3)		
(4)		

検定問題

29-4 次の取引の仕訳を示しなさい。

(1) 工場会計が独立している福井産業株式会社の本社は，決算にさいし，建物の減価償却費¥2,300,000を計上した。ただし，このうち¥1,260,000は工場の建物に対するものであり，建物減価償却累計額勘定は，本社のみに設けてある。(本社の仕訳) 第93回

(2) 工場会計が独立している京都製作所の本社は，工場の従業員に対する健康保険料¥864,000を当座預金から支払った。ただし，健康保険料のうち半額は事業主負担分であり，半額は従業員負担分である。なお，健康保険料預り金勘定は本社にのみ設けてある。(本社の仕訳) 第92回改題

(3) 工場会計が独立している長崎製作所の本社は，工場から製品¥3,675,000(製造原価)を得意先熊本商店に引き渡したとの通知を受けたので，売上高(掛け)¥5,250,000および売上原価を計上した。ただし，売上勘定と売上原価勘定は本社に，製品に関する勘定は工場に設けてある。(本社の仕訳) 第91回

(4) 工場会計が独立している埼玉工業株式会社の工場は，本社から工場の従業員に対する健康保険料¥560,000を支払ったとの通知を受けた。ただし，健康保険料¥560,000のうち半額は事業主負担分であり，半額は従業員負担分である。なお，健康保険料預り金勘定は本社のみに設けてある。(工場の仕訳) 第90回

(5) 工場会計が独立している秋田製作所の本社は，さきに得意先山形商店に売り渡した製品について，月末に製造原価は¥1,300,000であったと工場から報告を受け，売上製品の原価に計上した。ただし，売上原価勘定は本社に，製品に関する勘定は工場に設けてある。(本社の仕訳) 第89回

(6) 単純総合原価計算を採用している愛知製作所の工場は，本社の指示により製造原価¥2,750,000の製品を得意先栃木商店に発送した。ただし，工場会計は本社会計から独立しており，売上勘定と売上原価勘定は本社に，製品に関する勘定は工場に設けてある。(工場の仕訳) 第88回

(7) 工場会計が独立している東京工業株式会社の工場は，本社から工場の従業員に対する本月分の賃金¥2,120,000を当座預金から支払ったとの報告を受けた。ただし，この支払額は，所得税額¥174,000と健康保険料¥86,000が差し引かれており，これらの預り金に関する勘定は本社のみに設けてある。(工場の仕訳) 第87回改題

	借方	貸方
(1)		
(2)		
(3)		
(4)		
(5)		
(6)		
(7)		

29-5 工場会計が本社から独立している大阪製作所は，個別原価計算を採用し，A製品(製造指図書#1)およびB製品(製造指図書#2)を製造している。下記の資料によって，

(1) 工場における，1月中の取引の仕訳を示しなさい。 第39回改題
(2) 賃金勘定・仕掛品勘定に記入して締め切りなさい。
(3) A製品(製造指図書#1)の原価計算表を完成しなさい。

ただし，i　月初棚卸高は，次のとおりである。
素　　材　1,800個　@¥750　¥1,350,000
工場消耗品　500〃　〃〃250　¥ 125,000
仕掛品(製造指図書#1)　¥830,000(原価計算表に記入済み)
ii　素材の消費高の計算は移動平均法により，工場消耗品の消費数量の計算は棚卸計算法によっている。
iii　賃金の前月未払高は¥187,000である。
iv　賃金の消費高の計算には，作業時間1時間につき¥680の予定賃率を用いている。
v　製造間接費は直接作業時間を基準として予定配賦している。なお，1年間における製造間接費予定額は¥11,340,000　予定直接作業時間は21,000時間である。
vi　勘定記入は，日付・相手科目・金額を示すこと。
vii　工場元帳には製造に関する勘定が設けられている。(製品勘定を含む。)

取　　引

1月 6日　素材800個を消費した。(製造指図書#1)
9日　工場は，本社が掛けで仕入れた素材と工場消耗品を，次のとおり受け入れた。
素　　材　1,500個　@¥850　¥1,275,000
工場消耗品　1,000〃　〃〃250　¥ 250,000
16日　経費を次のとおり小切手を振り出して支払ったむね，本社から報告があった。
外注加工賃　¥ 80,000　電 力 料　¥150,000
雑　　費　¥120,000
20日　素材1,000個を消費した。(製造指図書#2)
22日　A製品(製造指図書#1)150個が完成し，入庫した。なお，A製品の賃金予定消費高と製造間接費予定配賦額を，次の作業時間によって計算し，原価計算表に記入した。
製造指図書#1　800時間
(注)　賃金予定消費高と製造間接費予定配賦額を計上する仕訳は，月末に行うことにしている。
25日　本社からの指示により上記のA製品150個を得意先に発送した。
30日　工場は，本月分の賃金の支払額について，次のように本社から送金を受けて従業員に支払った。なお，健康保険料預り金勘定は本社のみに設けてある。
賃金総額　¥1,435,000
うち，控除額　所 得 税　¥115,000　健康保険料　¥60,000
31日　① 工場消耗品の月末棚卸数量は600個であった。よって，消費高を計上した。(間接材料)
② 当月の賃金を次のとおり消費した。(賃金勘定で処理すること。)
製造指図書#1　800時間　製造指図書#2　1,000時間
間接作業　300時間
③ 健康保険料の事業主負担分¥60,000を計上した。
④ 当月の経費の消費高は，次のとおりであった。
外注加工賃　¥90,000(製造指図書#2)　減価償却費　¥173,000
電 力 料　¥170,000　雑　　費　¥105,000
⑤ 製造間接費を予定配賦した。
製造指図書#1　800時間　製造指図書#2　1,000時間
⑥ 当月の賃金未払高は¥192,000である。よって，賃金の予定賃率による消費高と実際消費高との差額を賃率差異勘定に振り替えた。
⑦ 製造間接費の予定配賦額と実際発生額との差額を製造間接費配賦差異勘定に振り替えた。

(1)

		借　　　方	貸　　　方
1月 6日			
9日			
16日			
20日			
22日			
25日			
30日			
31日	①		
	②		
	③		
	④		
	⑤		
	⑥		
	⑦		

(2)

賃　　金

	1/1 前月繰越　187,000

仕　掛　品

1/1 前月繰越　830,000	

(3)

製造指図書#1　　　　原　価　計　算　表

直接材料費	直接労務費	製造間接費	集計 摘　要	集計 金　額
525,000	170,000	135,000	直接材料費	
			直接労務費	
			製造間接費	
			製造原価	
			完成品数量	150個
			製品単価	¥

総合問題 7

7-1 三重製作所の次の資料によって，

(1) 各勘定口座の(　　)のなかに，相手科目・金額を記入しなさい。
(2) 製造原価報告書を完成しなさい。
(3) 損益計算書(一部)の記入を完成しなさい。
(4) 貸借対照表に記載する次の金額を求めなさい。

a．材　　料　b．製　　品　c．仕　掛　品

資　　料

i 材料費

費目	期首棚卸高	当期仕入高	期末棚卸高
素材	¥177,000	¥410,000	¥150,000
工場消耗品	¥ 21,000	¥ 78,000	¥ 30,000

ii 労務費

費目	当期支払高	前期未払高	当期未払高
賃金	¥575,000	¥ 95,000	¥ 73,000
給料	¥220,000	―――	―――
従業員賞与手当	¥230,000	―――	―――
健康保険料	¥ 41,000	―――	―――

iii 経費

費目	当期支払高(または発生高)	前期		当期	
		未払高	前払高	未払高	前払高
外注加工賃	¥105,000	―――	―――	¥5,000	―――
電力料	¥ 73,000	―――	―――	―――	―――
減価償却費	¥ 54,000	―――	―――	―――	―――
保管料	¥ 33,000	―――	¥3,000	―――	¥4,000
修繕料	¥ 35,000	―――	¥7,000	¥2,000	―――
雑費	¥ 30,000	¥2,000	―――	―――	¥1,000

(1)

仕　掛　品

前期繰越	280,000	製品	(　　)
素材	(　　)	次期繰越	290,000
賃金	(　　)		
外注加工賃	(　　)		
(　　)	(　　)		
	(　　)		(　　)

製造間接費

工場消耗品	(　　)	(　　)	(　　)
賃金	130,000		
給料	(　　)		
従業員賞与手当	230,000		
健康保険料	(　　)		
電力料	(　　)		
(　　)	54,000		
保管料	(　　)		
修繕料	(　　)		
雑費	(　　)		
	(　　)		(　　)

製　　品

前期繰越	360,000	(　　)	(　　)
(　　)	(　　)	次期繰越	450,000
	(　　)		(　　)

売上原価

(　　)	(　　)		

売　　上

		諸口	2,200,000

(2) 製造原価報告書

三重製作所　令和○年4月1日から令和△年3月31日まで

Ⅰ 材料費			
1. 期首材料棚卸高	(　　)		
2.(　　)	(　　)		
合計	(　　)		
3.(　　)	(　　)		
当期材料費		(　　)	
Ⅱ 労務費			
1. 基本給	(　　)		
2. 諸手当・福利費	(　　)		
(　　)		(　　)	
Ⅲ 経費			
1. 外注加工賃	(　　)		
2.(　　)	(　　)		
3. 減価償却費	54,000		
4. 保管料	(　　)		
5.(　　)	(　　)		
6. 雑費	(　　)		
当期経費		(　　)	
(　　)			(　　)
(　　)			(　　)
合計			(　　)
期末仕掛品棚卸高			(　　)
当期製品製造原価			(　　)

(3) 損益計算書(一部)

三重製作所　令和○年4月1日から令和△年3月31日まで

Ⅰ 売上高		2,200,000
Ⅱ 売上原価		
1. 期首製品棚卸高	360,000	
2.(　　)	(　　)	
合計	(　　)	
3. 期末製品棚卸高	(　　)	(　　)
売上総利益		(　　)

(4)

a	材料 ¥	b	製品 ¥	c	仕掛品 ¥

30 標準原価計算(1)

学習の要点

1 標準原価計算の意義

製造業にとっては，原価の水準を引き下げ，それを維持する**原価管理**が大切である。製造現場のむだや不能率を取り除いた**標準原価**を計算し，それを実際原価と比較して差異を求め，これを分析することで原価管理に必要な情報を得ることができる。

2 原価標準の設定

標準原価計算を行うには，製品の製造の前に，その計算の基礎となる**原価標準**を設定する。原価標準は，おもに製品1単位あたりの標準原価として設定される。

A製品　標準原価カード

	標準単価	標準消費数量	金　額
直接材料費	¥10	2kg	¥20
	標準賃率	標準直接作業時間	
直接労務費	¥20	1時間	¥20
	標準配賦率	標準直接作業時間	
製造間接費	¥10	1時間	¥10
	製品1個あたりの標準原価		¥50

3 標準原価の計算

例 上記の標準原価カードと次の生産データにより標準原価を計算する

生産データ

月初仕掛品	200個	(加工進捗度50%)
当月投入	1,000個	
合　計	1,200個	
月末仕掛品	300個	(加工進捗度50%)
完成品	900個	

注）直接材料は製造着手のときにすべて投入されるものとする。

(1) 月初・月末仕掛品の完成品換算数量および当月投入量の計算

① 直接材料費の場合

仕　掛　品

月初仕掛品　200個	完成品　900個
当月投入量　1,000個	月末仕掛品　300個

② 加工費の場合

仕　掛　品

月初仕掛品　100個分	完成品　900個
当月投入量　950個分	月末仕掛品　150個分

(2) 標準原価の計算

完成品の標準原価＝原価標準¥50×完成品数量900個＝¥45,000

月末仕掛品の標準原価

① 直接材料費＝原価標準¥20×月末仕掛品数量300個＝¥6,000

② 直接労務費＝原価標準¥20×月末仕掛品の完成品換算数量150個分＝¥3,000

③ 製造間接費＝原価標準¥10×月末仕掛品の完成品換算数量150個分＝¥1,500

当月投入量に対する標準原価

① 直接材料費＝原価標準¥20×当月投入量1,000個＝¥20,000

② 直接労務費＝原価標準¥20×当月投入量　950個分＝¥19,000

③ 製造間接費＝原価標準¥10×当月投入量　950個分＝¥　9,500

30-1 次の資料によって，(1)完成品の標準原価と(2)月末仕掛品の標準原価を計算しなさい。なお，直接材料は製造着手のときにすべて投入されるものとする。

資　　料

① 標準原価カード

A製品　　標準原価カード

	標準単価	標準消費数量	金額
直接材料費	¥700	3kg	¥2,100
	標準賃率	標準直接作業時間	
直接労務費	¥600	2時間	¥1,200
	標準配賦率	標準直接作業時間	
製造間接費	¥500	2時間	¥1,000
	製品/個あたりの標準原価		¥4,300

② 生産データ

月初仕掛品	100個
(加工進捗度50%)	
当月投入	1,000個
合　計	1,100個
月末仕掛品	200個
(加工進捗度50%)	
完成品	900個

(1)	完成品の標準原価	(計算式)		¥
(2)	月末仕掛品の標準原価	直接材料費	(計算式)	¥
		直接労務費	(計算式)	¥
		製造間接費	(計算式)	¥
			計	¥

30-2 次の資料によって，(1)完成品の標準原価，(2)月初仕掛品，および(3)月末仕掛品の標準原価を計算しなさい。なお，直接材料は製造着手のときにすべて投入されるものとする。

資　　料

① 標準原価カード

A製品　　標準原価カード

	標準単価	標準消費数量	金額
直接材料費	¥500	5kg	¥2,500
	標準賃率	標準直接作業時間	
直接労務費	¥600	3時間	¥1,800
	標準配賦率	標準直接作業時間	
製造間接費	¥500	3時間	¥1,500
	製品/個あたりの標準原価		¥5,800

② 生産データ

月初仕掛品	150個
(加工進捗度40%)	
当月投入	950個
合　計	1,100個
月末仕掛品	100個
(加工進捗度60%)	
完成品	1,000個

(1)	完成品の標準原価　¥	(2)	月初仕掛品の標準原価　¥
(3)	月末仕掛品の標準原価　¥		

30-3 次の資料によって，(1)直接材料費と(2)加工費に対する当月投入量を計算しなさい。

資　　料

生産データ　月初仕掛品　150個(加工進捗度40%)
　　　　　　完成品　1,000個
　　　　　　月末仕掛品　100個(加工進捗度60%)

なお，直接材料は製造着手のときにすべて投入されるものとする。

(1)	直接材料費に対する当月投入量　個	(2)	加工費に対する当月投入量　個

31 標準原価計算(2)

学習の要点

1 原価差異の分析

(1)　原価差異は，原価要素別に次のように分析する。

①　**直接材料費差異**

材料消費価格差異＝(標準単価－実際単価)×実際消費数量

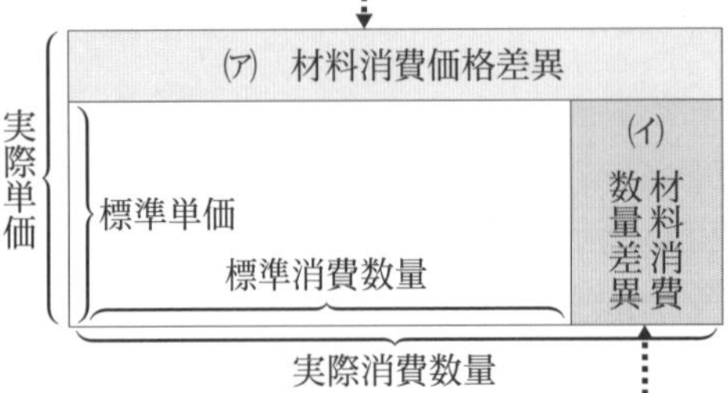

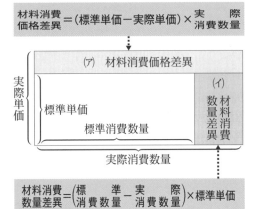

材料消費数量差異＝(標準消費数量－実際消費数量)×標準単価

②　**直接労務費差異**

賃率差異＝(標準賃率－実際賃率)×実際直接作業時間

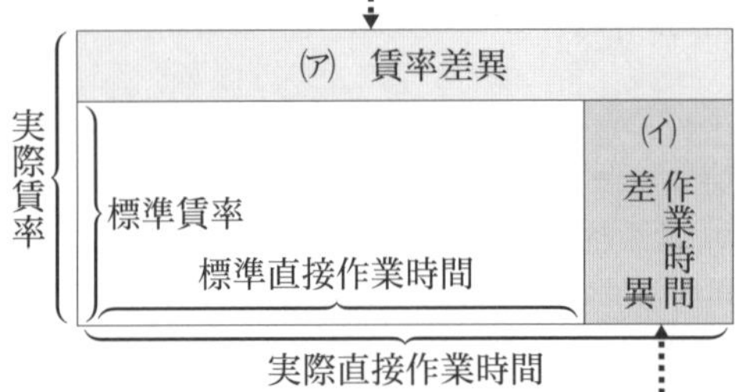

作業時間差異＝(標準直接作業時間－実際直接作業時間)×標準賃率

③　**製造間接費差異**

i　公式法変動予算の場合

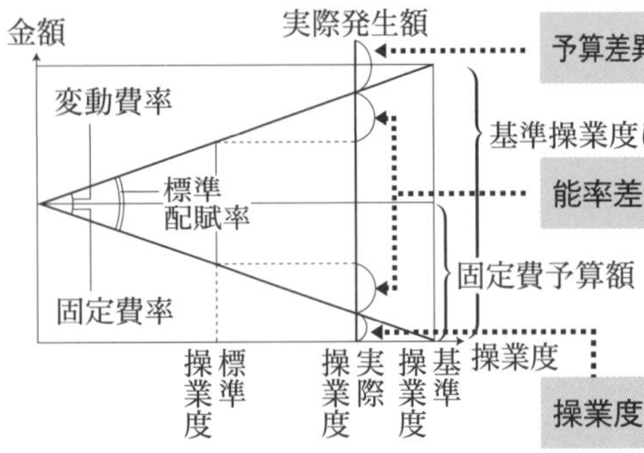

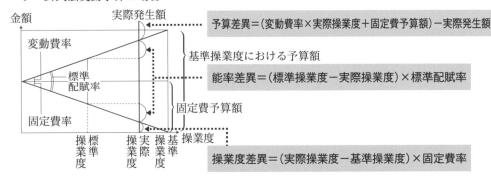

予算差異＝(変動費率×実際操業度＋固定費予算額)－実際発生額

能率差異＝(標準操業度－実際操業度)×標準配賦率

操業度差異＝(実際操業度－基準操業度)×固定費率

ii　固定予算の場合

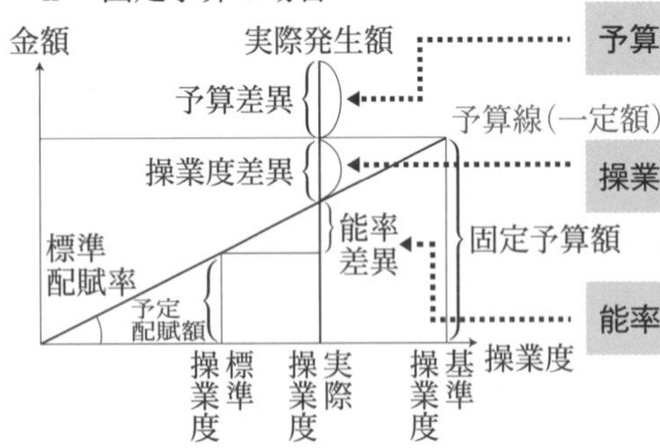

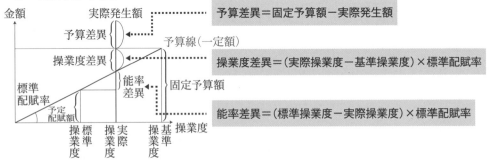

予算差異＝固定予算額－実際発生額

操業度差異＝(実際操業度－基準操業度)×標準配賦率

能率差異＝(標準操業度－実際操業度)×標準配賦率

(2)　原価差異の有利・不利

実際の原価データが標準の原価データを超過した場合，その超過分はむだや不能率によるので，その差異を**不利差異**という。この差異は各原価差異勘定の借方に記入されるので**借方差異**ともいう。

実際の原価データ＞標準の原価データ	不利差異	借方差異
実際の原価データ＜標準の原価データ	有利差異	貸方差異

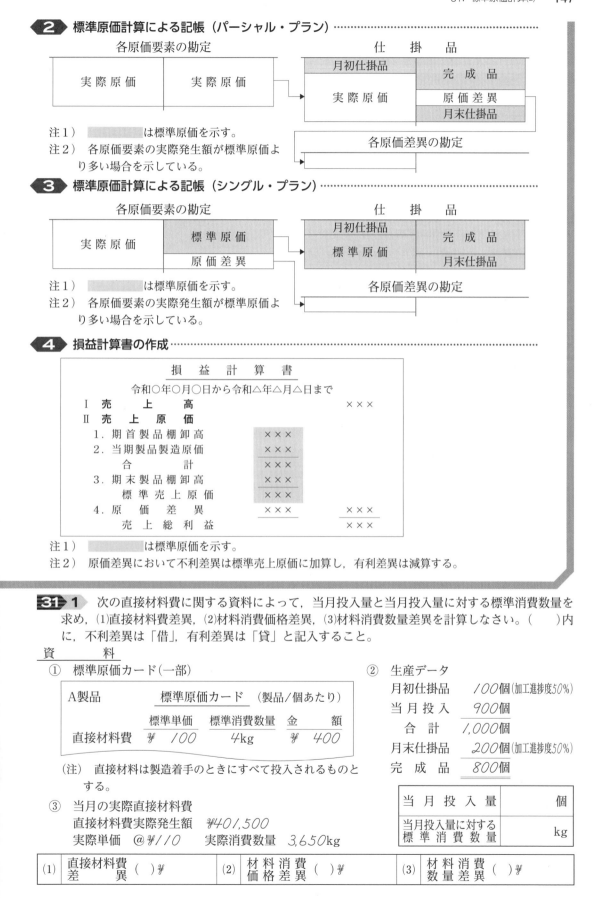

2 標準原価計算による記帳（パーシャル・プラン）

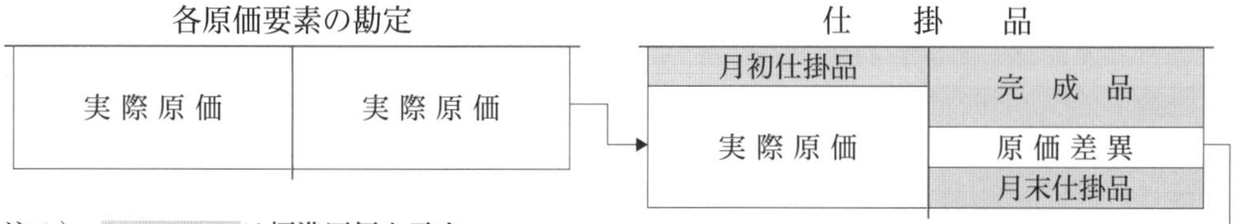

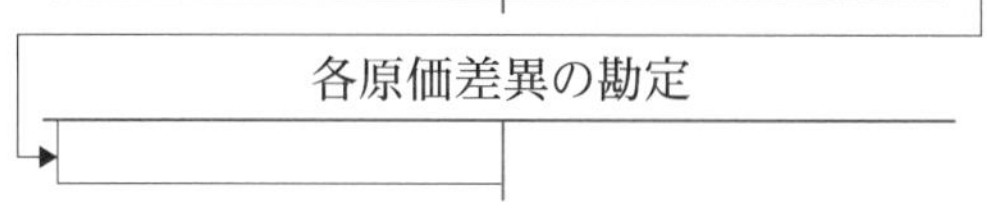

注1）　　　　　は標準原価を示す。
注2）各原価要素の実際発生額が標準原価より多い場合を示している。

3 標準原価計算による記帳（シングル・プラン）

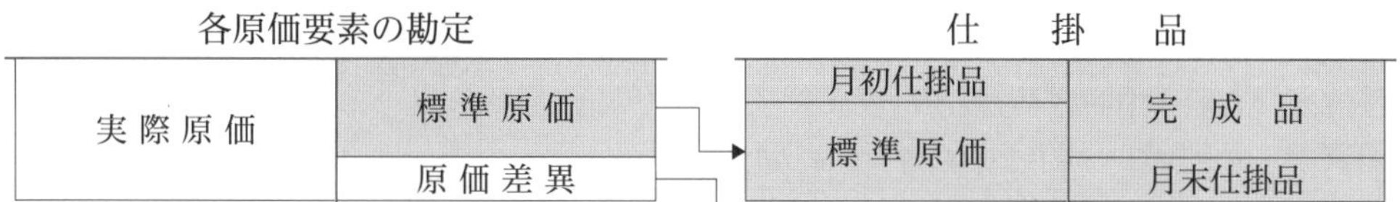

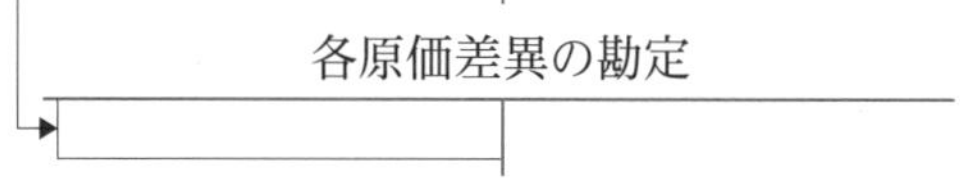

注1）　　　　　は標準原価を示す。
注2）各原価要素の実際発生額が標準原価より多い場合を示している。

4 損益計算書の作成

損　益　計　算　書

令和○年○月○日から令和△年△月△日まで

Ⅰ 売上高		×××
Ⅱ 売上原価		
1. 期首製品棚卸高	×××	
2. 当期製品製造原価	×××	
合計	×××	
3. 期末製品棚卸高	×××	
標準売上原価	×××	
4. 原価差異	×××	×××
売上総利益		×××

注1）　　　　　は標準原価を示す。
注2）原価差異において不利差異は標準売上原価に加算し，有利差異は減算する。

31 1 次の直接材料費に関する資料によって，当月投入量と当月投入量に対する標準消費数量を求め，(1)直接材料費差異，(2)材料消費価格差異，(3)材料消費数量差異を計算しなさい。(　　)内に，不利差異は「借」，有利差異は「貸」と記入すること。

資　料

① 標準原価カード(一部)

A製品　　標準原価カード　(製品/個あたり)

	標準単価	標準消費数量	金額
直接材料費	¥100	4kg	¥400

(注) 直接材料は製造着手のときにすべて投入されるものとする。

② 生産データ

月初仕掛品	100個	(加工進捗度50%)
当月投入	900個	
合計	1,000個	
月末仕掛品	200個	(加工進捗度50%)
完成品	800個	

③ 当月の実際直接材料費
直接材料費実際発生額　¥401,500
実際単価　@¥110　　実際消費数量　3,650kg

当月投入量	個
当月投入量に対する標準消費数量	kg

(1)	直接材料費差異 (　)¥	(2)	材料消費価格差異 (　)¥	(3)	材料消費数量差異 (　)¥

31-2 次の直接労務費に関する資料によって，当月投入量と当月投入量に対する標準直接作業時間を求め，(1)直接労務費差異，(2)賃率差異，(3)作業時間差異を計算しなさい。(　　)内に，不利差異は「－」，有利差異は「＋」と記入すること。

資　　料

① 標準原価カード(一部)

A製品　標準原価カード　(製品/個あたり)

	標準賃率	標準直接作業時間	金額
直接労務費	¥ 300	2時間	¥ 600

② 生産データ

月初仕掛品	100個	(加工進捗度40%)
当月投入	1,100個	
合計	1,200個	
月末仕掛品	200個	(加工進捗度50%)
完成品	1,000個	

③ 当月の実際直接労務費

直接労務費実際発生額　¥640,500

実際賃率　@¥305　実際直接作業時間　2,100時間

当月投入量	個
当月投入量に対する標準直接作業時間	時間

(1)	直接労務費差異 (　)¥	(2)	賃率差異 (　)¥	(3)	作業時間差異 (　)¥

31-3 次の資料によって，(1)標準直接材料費，(2)標準直接労務費を計算し，それぞれの差異を分析しなさい。(　　)内に，不利差異は(不利)，有利差異は(有利)と記入すること。

資　　料

① 標準原価カード(一部)

B製品　標準原価カード　(製品/個あたり)

	標準単価	標準消費数量	金額
直接材料費	¥500	2kg	¥1,000
	標準賃率	標準直接作業時間	
直接労務費	¥200	3時間	¥ 600

② 生産データ

月初仕掛品	100個	(加工進捗度50%)
当月投入	1,050個	
合計	1,150個	
月末仕掛品	250個	(加工進捗度40%)
完成品	900個	

③ 当月の実際直接材料費

直接材料費実際発生額　¥1,053,500　(実際消費数量　2,150kg)

ただし，直接材料は製造着手のときにすべて投入されているものとする。

④ 当月の実際直接労務費

直接労務費実際発生額　¥609,000　(実際直接作業時間　2,900時間)

(1)	標準直接材料費	¥	(2)	標準直接労務費	¥
	直接材料費差異	¥ (　　)		直接労務費差異	¥ (　　)
	材料消費価格差異	¥ (　　)		賃率差異	¥ (　　)
	材料消費数量差異	¥ (　　)		作業時間差異	¥ (　　)

31-4 次の製造間接費に関する資料によって，当月投入量と当月投入量に対する標準直接作業時間を求め，製造間接費差異を計算し，それぞれの差異を分析しなさい。なお，公式法変動予算を採用している。(　　)内に，不利差異は(不利)，有利差異は(有利)と記入すること。

資　　料

① 標準原価カード(一部)

C製品　　標準原価カード　(製品/個あたり)

	標準配賦率	標準直接作業時間	金　　額
製造間接費	¥ 200	2時間	¥ 400

② 生産データ

月初仕掛品	300個	(加工進捗度40%)
当月投入	800個	
合　計	1,100個	
月末仕掛品	160個	(加工進捗度50%)
完成品	940個	

③ 製造間接費予算

変動費率　¥120　　月間固定費予算額　¥144,000

基準操業度　1,800時間(直接作業時間)

④ 当月の実際製造間接費

製造間接費実際発生額　¥381,300　　(実際直接作業時間　1,860時間)

当月投入量	個	予算差異	¥　　(　　)
当月投入量に対する標準直接作業時間	時間	能率差異	¥　　(　　)
製造間接費差異	¥　　(　　)	操業度差異	¥　　(　　)

31-5 次の製造間接費に関する資料によって，当月投入量と当月投入量に対する標準直接作業時間を求め，製造間接費差異を計算し，それぞれの差異を分析しなさい。なお，固定予算を採用している。(　　)内に，不利差異は(不利)，有利差異は(有利)と記入すること。

資　　料

① 標準原価カード(一部)

D製品　　標準原価カード　(製品/個あたり)

	標準配賦率	標準直接作業時間	金　　額
製造間接費	¥1,500	4時間	¥6,000

② 生産データ

月初仕掛品	500個	(加工進捗度60%)
当月投入	1,500個	
合　計	2,000個	
月末仕掛品	500個	(加工進捗度50%)
完成品	1,500個	

③ 製造間接費予算

製造間接費予算額　¥9,150,000

基準操業度　6,100時間(直接作業時間)

④ 当月の実際製造間接費

製造間接費実際発生額　¥9,100,000　　(実際直接作業時間　5,850時間)

当月投入量	個	予算差異	¥　　(　　)
当月投入量に対する標準直接作業時間	時間	能率差異	¥　　(　　)
製造間接費差異	¥　　(　　)	操業度差異	¥　　(　　)

31-6 高松製作所は標準原価計算を採用している。次の資料によって，下記の差異金額を計算しなさい。なお，公式法変動予算を採用している。(　　)内に，不利差異の場合は(不利)，有利差異の場合は(有利)と記入すること。

資　　料

① 標準原価カード

E製品　　標準原価カード

	標準単価	標準消費数量	金　額
直接材料費	¥100	10kg	¥1,000
	標準賃率	標準直接作業時間	
直接労務費	¥200	2時間	¥ 400
	標準配賦率	標準直接作業時間	
製造間接費	¥300	2時間	¥ 600
	製品／個あたりの標準原価		¥2,000

② 製造間接費予算
変動費率　¥50
固定費(月額)　¥45,000

③ 生産データ
月初仕掛品　10個(加工進捗度1/2)
完成品　80個
月末仕掛品　15個(加工進捗度2/3)

④ 当月製造費用実際発生額
直接材料費　¥92,400(@¥110×840kg)
ただし，直接材料は，製造着手のときにすべて投入されているものとする。
直接労務費　¥33,250(@¥190×175時間)　　製造間接費　¥50,000

材料消費価格差異	¥　　(　　)	材料消費数量差異	¥　　(　　)
賃率差異	¥　　(　　)	作業時間差異	¥　　(　　)
予算差異	¥　　(　　)	能率差異	¥　　(　　)
操業度差異	¥　　(　　)		

31-7 松山製作所は標準原価計算を採用している。当月における次の資料にもとづいて，パーシャル・プランにより仕掛品勘定に記入しなさい。また，同月を一会計期間とする損益計算書(一部)を完成しなさい。

資　　料

① 完成品　80個
② 製品／個あたりの標準原価　¥ 1,000
③ 実際原価のデータ
　直接材料費　¥27,500
　直接労務費　¥29,200
　製造間接費　¥30,000
④ 製品棚卸高
　月初製品棚卸高　2個
　月末製品棚卸高　1個

仕　掛　品

前月繰越	7,200	製　品	(　　)
材　料	(　　)	諸　口	(　　)
労務費	(　　)	次月繰越	10,800
製造間接費	(　　)		
	(　　)		(　　)

損　益　計　算　書(一部)

令和○年○月○日から令和△年△月△日まで

Ⅰ 売上高		117,000
Ⅱ 売上原価		
1. 期首製品棚卸高	(　　)	
2. 当期製品製造原価	(　　)	
合　計	(　　)	
3. 期末製品棚卸高	(　　)	
標準売上原価	(　　)	
4. 原価差異	(　　)	(　　)
売上総利益		(　　)

31-8 高知製作所は標準原価計算を採用している。当月における次の資料にもとづいて，シングルプランにより下記の勘定に記入しなさい。

資　料

① 標準原価データ

A製品　　標準原価カード

	標準単価	標準消費数量	金　額
直接材料費	¥ 100	6kg	¥ 600
	標準賃率	標準直接作業時間	
直接労務費	¥ 100	3時間	¥ 300
	標準配賦率	標準直接作業時間	
製造間接費	¥ 200	3時間	¥ 600
	製品/個あたりの標準原価		¥ 1,500

② 製造間接費予算
変動費率 ¥100
固定費(月額) ¥30,000

③ 実際生産数量
月初仕掛品　20個(加工進捗度50%)
完成品　100個
月末仕掛品　15個(加工進捗度40%)

④ 当月製造費用実際発生額
直接材料費　¥60,900(@¥105×580kg)
ただし，直接材料は，製造着手のときにすべて投入されているものとする。
直接労務費　¥29,700(@¥110×270時間)　　製造間接費　¥58,200

⑤ 月初製品　10個　　月末製品　20個

材　料

前月繰越	18,000	仕掛品	( )
買掛金	61,000	諸口	( )
		次月繰越	( )
	( )		( )

労　務　費

当座預金	29,300	前月繰越	9,600
次月繰越	( )	仕掛品	( )
		諸口	( )
	( )		( )

製造間接費

諸口	58,200	仕掛品	( )
		諸口	( )
	58,200		( )

仕　掛　品

前月繰越	( )	製品	( )
材料	( )	次月繰越	( )
労務費	( )		
製造間接費	( )		
	( )		( )

製　品

前月繰越	( )	売上原価	( )
仕掛品	( )	次月繰越	( )
	( )		( )

材料消費価格差異

材料消費数量差異

賃率差異

作業時間差異

予算差異

能率差異

操業度差異

検定問題

31-9　次の各文の［　　］のなかに，下記の語群のなかから，もっとも適当なものを選び，その番号を記入しなさい。

(1)　標準原価計算は，一定の品質を下げずに原価の水準を引き下げ，それを維持していく［　ア　］を目的としている。このため，あらかじめ科学的・統計的な分析・調査にもとづいて原価の達成目標を設定し，これによって算出された［　イ　］と実際原価を比較し，その差額を分析する。　第63回

(2)　標準原価計算では，1か月間の作業量に対する標準原価と実際原価を比較して原価差異を計算する。実際原価が標準原価より大きい場合，むだや不能率な部分があることを意味するので，このときの原価差異を［　ア　］差異という。原価差異は，効果的な原価管理を行うため，原価要素別に直接材料費差異・直接労務費差異・製造間接費差異に分け，さらに，これらの差異を細かく分析する必要がある。たとえば，直接労務費差異については，賃率差異と［　イ　］とに分析する。　第60回

1．利益計画　2．標準原価　3．作業時間差異　4．原価管理
5．総原価　6．能率差異　7．不利　8．有利

(1)	ア		イ		(2)	ア		イ	

31-10　佐賀製作所は，標準原価計算を採用し，A製品を製造している。下記の資料によって，次の金額を求めなさい。ただし，直接材料は製造着手のときにすべて投入されるものとする。

a．完成品の標準原価　b．月末仕掛品の標準原価　第59回改題

資　料

① 標準原価カード

A製品　標準原価カード

	標準消費数量	標準単価	金　額
直接材料費	3kg	¥500	¥1,500
	標準直接作業時間	標準賃率	
直接労務費	2時間	¥800	¥1,600
	標準直接作業時間	標準配賦率	
製造間接費	2時間	¥200	¥ 400
	製品1個あたりの標準原価		¥3,500

② 生産データ

月初仕掛品	100個	(加工進捗度55%)
当月投入	2,900個	
合　計	3,000個	
月末仕掛品	250個	(加工進捗度40%)
完成品	2,750個	

a	完成品の標準原価	¥
b	月末仕掛品の標準原価	¥

31-11　標準原価計算を採用している滋賀製作所の下記の資料から，次の金額を求めなさい。ただし，解答欄の(　　)のなかに不利差異の場合は(不利)，有利差異の場合は(有利)と記入すること。

a．月末仕掛品の標準直接材料費　b．材料消費数量差異　第62回改題

資　料

① 標準原価カード(一部)

A製品　標準原価カード　(製品1個あたり)

	標準消費数量	標準単価	金　額
直接材料費	2kg	¥1,150	¥2,300

② 生産データ

月初仕掛品	50個	(加工進捗度40%)
当月投入	440個	
合　計	490個	
月末仕掛品	90個	(加工進捗度50%)
完成品	400個	

③ 実際直接材料費　¥1,012,000　(実際単価　¥1,100　実際消費数量　920kg)
なお，直接材料は製造着手のときにすべて投入されるものとする。

a	月末仕掛品の標準直接材料費　¥	b	材料消費数量差異　¥	(　　)

31-12 標準原価計算を採用している栃木製作所の下記の資料から，次の金額を求めなさい。ただし，解答欄の(　　)のなかに不利差異の場合は(不利)，有利差異の場合は(有利)と記入すること。

a．月末仕掛品の標準直接労務費　　b．賃率差異　**第64回改題**

資　　料

① 標準原価カード(一部)

A製品　標準原価カード　(製品/個あたり)

	標準直接作業時間	標準賃率	金　額
直接労務費	3時間	¥1,000	¥3,000

② 生産データ

月初仕掛品	200個	(加工進捗度60%)
当月投入	900個	
合　計	1,100個	
月末仕掛品	100個	(加工進捗度40%)
完成品	1,000個	

③ 実際直接労務費　¥2,907,000　(実際賃率　¥1,020　実際直接作業時間　2,850時間)

a	月末仕掛品の標準直接労務費 ¥	b	賃率差異 ¥　　(　　)

31-13 標準原価計算を採用している宮城製作所の当月における下記の資料から，次の金額を求めなさい。　a．完成品の標準原価　　b．材料消費価格差異　　c．直接労務費差異　**第84回**

ただし，i　直接材料は製造着手のときにすべて投入されるものとする。

ii　解答欄の(　　)のなかに不利差異の場合は(不利)，有利差異の場合は(有利)と記入すること。

資　　料

① 標準原価カード(一部)

M製品　標準原価カード

	標準消費数量	標準単価	金　額
直接材料費	4kg	¥ 650	¥2,600
	標準直接作業時間	標準賃率	
直接労務費	3時間	¥ 800	¥2,400
		製品/個あたりの標準原価	¥7,100

② 生産データ

月初仕掛品	300個	(加工進捗度50%)
当月投入	800個	
合　計	1,100個	
月末仕掛品	200個	(加工進捗度40%)
完成品	900個	

③ 実際直接材料費
　実際消費数量　3,100kg
　実際単価　¥640

④ 実際直接労務費
　実際直接作業時間　2,600時間
　実際賃率　¥750

a	完成品の標準原価 ¥	b	材料消費価格差異 ¥　　(　　)	c	直接労務費差異 ¥　　(　　)

31-14 標準原価計算を採用している大分製作所の当月における下記の資料から，次の金額を求めなさい。　a．完成品の標準原価　　b．直接材料費差異　　c．能率差異　**第91回**

ただし，i　直接材料は製造着手のときにすべて投入されるものとする。

ii　能率差異は，変動費能率差異と固定費能率差異を合計すること。

iii　解答欄の(　　)のなかに不利差異の場合は(不利)，有利差異の場合は(有利)と記入すること。

資　　料

① 標準原価カード

A製品　標準原価カード

	標準消費数量	標準単価	金　額
直接材料費	8kg	¥ 700	¥ 5,600
	標準直接作業時間	標準賃率	
直接労務費	3時間	¥1,600	¥ 4,800
	標準直接作業時間	標準配賦率	
製造間接費	3時間	¥1,200	¥ 3,600
		製品/個あたりの標準原価	¥14,000

② 生産データ

月初仕掛品	400個	(加工進捗度50%)
当月投入	1,700個	
合　計	2,100個	
月末仕掛品	500個	(加工進捗度40%)
完成品	1,600個	

③ 実際直接材料費
　実際消費数量　13,700kg
　実際単価　¥690

④ 実際直接労務費
　実際直接作業時間　4,850時間
　実際賃率　¥1,620

⑤ 製造間接費予算(公式法変動予算)
　変動費率　¥500
　固定費予算額　¥3,500,000
　基準操業度(直接作業時間)　5,000時間

a	完成品の標準原価 ¥
b	直接材料費差異 ¥　　(　　)
c	能率差異 ¥　　(　　)

31-15 標準原価計算を採用している広島製作所の当月における下記の資料から，次の金額を求めなさい。 第89回

a．月末仕掛品の標準原価　　b．作業時間差異　　c．予算差異

ただし，i　直接材料は製造着手のときにすべて投入されるものとする。

ii　解答欄の(　　)のなかに不利差異の場合は(不利)，有利差異の場合は(有利)と記入すること。

資　　料

① 標準原価カード

A製品　標準原価カード

	標準消費数量	標準単価	金　額
直接材料費	5kg	¥ 400	¥2,000
	標準直接作業時間	標準賃率	
直接労務費	2時間	¥1,700	¥3,400
	標準直接作業時間	標準配賦率	
製造間接費	2時間	¥ 900	¥1,800
	製品/個あたりの標準原価		¥7,200

② 生産データ

月初仕掛品	100個	(加工進捗度60%)
当月投入	1,100個	
合　計	1,200個	
月末仕掛品	200個	(加工進捗度40%)
完成品	1,000個	

③ 実際直接労務費

実際直接作業時間	2,100時間
実際賃率	¥1,600

④ 製造間接費実際発生額　¥1,938,000

⑤ 製造間接費予算(公式法変動予算)

変動費率	¥400
固定費予算額	¥1,100,000
基準操業度(直接作業時間)	2,200時間

a	月末仕掛品の標準原価 ¥	b	作業時間差異 ¥　　(　　)	c	予算差異 ¥　　(　　)

31-16 標準原価計算を採用している宮崎製作所の当月における下記の資料と仕掛品勘定の記録から，仕掛品勘定の（a）～（c）の金額を求めなさい。なお，仕掛品勘定への記帳方法は，パーシャルプランによっている。

ただし，直接材料は製造着手のときにすべて投入されるものとする。 第88回改題

資　　料

① 標準原価カード(一部)

A製品　標準原価カード

	標準消費数量	標準単価	金　額
直接材料費	5kg	¥ 380	¥1,900
	標準直接作業時間	標準賃率	
直接労務費	3時間	¥ 900	¥2,700
	製品/個あたりの標準原価		¥6,700

② 生産データ

月初仕掛品	140個	(加工進捗度50%)
当月投入	970個	
合　計	1,110個	
月末仕掛品	150個	(加工進捗度60%)
完成品	960個	

③ 実際直接材料費

実際消費数量	5,050kg
実際単価	¥400

④ 実際直接労務費

実際直接作業時間	2,950時間
実際賃率	¥940

仕　掛　品

前月繰越	602,000	製　品	(　a　)
材　料	2,020,000	材料消費価格差異	(　b　)
労務費	2,773,000	材料消費数量差異	76,000
製造間接費	2,047,000	賃率差異	118,000
予算差異	38,000	作業時間差異	(　c　)

a	¥	b	¥	c	¥

32 直接原価計算(1)

学習の要点

1 利益計画と直接原価計算

企業は，将来の一定期間において必要とされる利益の目標額を設定し，これを達成するための経営活動を実行していく必要がある。これらの計画を売上高や原価などで表したものを**利益計画**という。**直接原価計算**は，売上高の増減にともなって原価や利益がどのように増減するかを明らかにし，利益計画に役立つ資料を提供する。

2 直接原価計算の特色

直接原価計算は，原価要素を**変動費**と**固定費**に分けて，変動費だけを製品の原価(直接原価)として集計し，固定費は全額その会計期間の費用として処理する方法で，**部分原価計算**に分類される。

3 直接原価計算の手続きと損益計算書

① 原価を変動費と固定費に分け，仕掛品と完成品の原価を変動費だけで計算する。

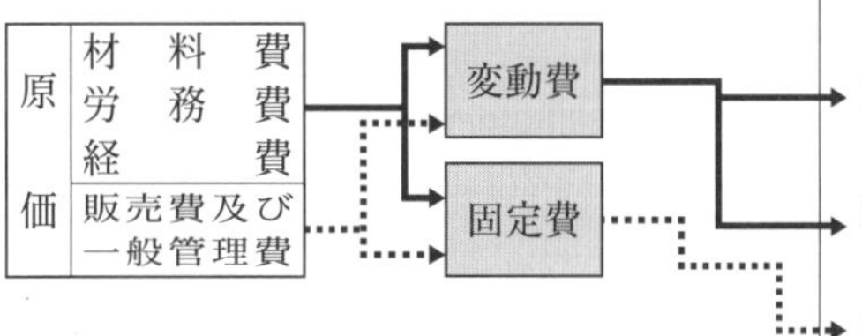

損　益　計　算　書

令和○年○月○日から令和□年□月□日まで

Ⅰ	**売　上　高**		10,000
Ⅱ	**変動売上原価**		3,000
	変動製造マージン		7,000
Ⅲ	**変動販売費**		1,000
	貢献利益		6,000
Ⅳ	**固　定　費**		
	固定製造間接費	4,000	
	固定販売費及び一般管理費	800	4,800
	営業利益		1,200

② 売上高から，**変動売上原価**を差し引いて，**変動製造マージン**を求める。

③ 変動製造マージンから，変動販売費を差し引いて，**貢献利益（限界利益）**を求める。

④ 貢献利益から，会計期間に発生したすべての固定費を差し引いて，営業利益を求める。

32-1 次の当月の資料によって，直接原価計算による損益計算書を完成しなさい。

資　　料

i 変動製造費(製品/個あたりの直接材料費・直接労務費・変動製造間接費) ¥1,200
ii 変動販売費(製品/個あたり) ¥500
iii 固定製造間接費 ¥48,000
iv 固定販売費及び一般管理費 ¥10,000
v 販売単価 ¥3,000
vi 製造・販売数量 50個

損　益　計　算　書

Ⅰ	**売　上　高**		(　　　)
Ⅱ	(　　　　)		(　　　)
	変動製造マージン		(　　　)
Ⅲ	**変動販売費**		(　　　)
	(　　　　)		(　　　)
Ⅳ	**固　定　費**		
	1．固定製造間接費	(　　　)	
	2．固定販売費及び一般管理費	(　　　)	(　　　)
	営業利益		(　　　)

32-2 次の資料によって，⑴全部原価計算による損益計算書と，⑵直接原価計算による損益計算書を作成しなさい。

資　　料

i	変動製造費(製品/個あたり)	¥　200
ii	変動販売費(製品/個あたり)	¥　50
iii	固定製造間接費	¥30,000
iv	固定販売費及び一般管理費	¥19,000
v	販売単価	¥　500
vi	製造数量	

期首仕掛品	0個
当期投入	400個
合計	400個
期末仕掛品	0個
当期完成品	400個

vii 販売数量

期首製品	0個
当期完成品	400個
合計	400個
期末製品	50個
当期販売数量	350個

⑴

全部原価計算損益計算書

売上高		(　　　)
売上原価		(　　　)
売上総利益		(　　　)
販売費及び一般管理費		(　　　)
営業利益		(　　　)

⑵

直接原価計算損益計算書

売上高		(　　　)
変動売上原価		(　　　)
変動製造マージン		(　　　)
変動販売費		(　　　)
貢献利益		(　　　)
固定製造間接費	(　　　)	
固定販売費及び一般管理費	(　　　)	(　　　)
営業利益		(　　　)

検定問題

32-3 次の文の ［　　　］ にあてはまるもっとも適当な語を，下記の語群のなかから選び，その番号を記入しなさい。 【第84回】

原価は集計される原価の範囲によって２つに区別される。１つめは，製品を製造するために消費したすべての原価要素を製品の原価として計算する ［　ア　］ であり，財務諸表の作成や，製品の販売価格の設定に必要な資料を提供する目的に適している。２つめは，原価要素の一部を集計して製品の原価を計算する ［　イ　］ であり，原価管理や利益計画に必要な資料を提供する目的に適している。この代表的な計算方法が直接原価計算である。

１．実際原価計算　　２．部分原価計算　　３．標準原価計算　　４．全部原価計算

ア		イ	

32-4 鹿児島製作所において，X製品を販売価格@¥3,000で1,800個製造・販売したときの直接原価計算による損益計算書は下記のとおりである。よって，次の金額を求めなさい。【第73回改題】

a．X製品1個あたりの変動販売費
b．販売数量が2倍になったときの営業利益

鹿児島製作所　　損益計算書

Ⅰ	売上高		5,400,000
Ⅱ	変動売上原価		3,078,000
	変動製造マージン		(　　　)
Ⅲ	変動販売費		972,000
	貢献利益		(　　　)
Ⅳ	固定費		
	1．固定製造間接費	576,000	
	2．固定販売費及び一般管理費	234,000	810,000
	営業利益		(　　　)

a	X製品1個あたりの変動販売費	¥	b	販売数量が2倍になったときの営業利益	¥

32-5 広島製作所は，X製品を1個あたり¥2,000で販売している。この製品を1,800個製造・販売したときの直接原価計算による損益計算書は下記のとおりである。よって，次の金額を求めなさい。【第75回改題】

a．販売数量が2倍になったときの貢献利益
b．販売数量が2,000個のときの営業利益

広島製作所　　損益計算書

Ⅰ	売上高		3,600,000
Ⅱ	変動売上原価		(　　　)
	変動製造マージン		1,710,000
Ⅲ	変動販売費		(　　　)
	貢献利益		1,080,000
Ⅳ	固定費		
	1．固定製造間接費	610,000	
	2．固定販売費及び一般管理費	350,000	960,000
	営業利益		(　　　)

a	販売数量が2倍になったときの貢献利益	¥	b	販売数量が2,000個のときの営業利益	¥

33 直接原価計算(2)

学習の要点

1 CVP分析

売上高（営業量：volume）の増減により原価（cost）と利益（profit）がどのように変化するかを計算し，分析することを**CVP分析（損益分岐分析）**という。

直接原価計算では，売上高・変動費・貢献利益は比例して増減するので，売上高に対する貢献利益の比率（**貢献利益率**）と売上高に対する変動費の比率（**変動費率**）はつねに一定である。

損益計算書

			比率
売上高	10,000	一定	1
変動費	4,000	⇨	0.4
貢献利益	6,000		0.6
固定費	4,800		
営業利益	1,200		

$$変動費率=\frac{変動費}{売上高}$$

$$貢献利益率=\frac{貢献利益}{売上高}$$

売上高と総原価（変動費＋固定費）の金額が一致している点を**損益分岐点**という。

例 損益分岐点の売上高と変動費の計算

		比率								
売上高	②*2	1		売上高	②*2	← 1		売上高	8,000	← 1
変動費	③*3	0.4		変動費	③*3			変動費	③*3	← 0.4
貢献利益	①*1	0.6	⇨	貢献利益	4,800	← 0.6	⇨	貢献利益	4,800	
固定費	4,800			固定費	4,800			固定費	4,800	
営業利益	0			営業利益	0			営業利益	0	

＊1：固定費はつねに¥4,800発生するので，営業利益が0になるときの貢献利益［①］は¥4,800である。

＊2：売上高と貢献利益の比率は1：0.6であるから，［②］の売上高は4,800÷0.6＝8,000となる。

＊3：売上高と変動費の比率は1：0.4であるから，［③］の変動費は8,000×0.4＝3,200となる。

$$損益分岐点の売上高=\frac{固定費}{貢献利益率}=\frac{固定費}{1-\frac{変動費}{売上高}}$$

$$目標営業利益を達成するために必要な売上高=\frac{固定費+目標営業利益}{貢献利益率}=\frac{固定費+目標営業利益}{1-\frac{変動費}{売上高}}$$

2 損益分岐図表

売上高・原価・利益の関係は**損益分岐図表**によって示すことができる。企業が利益をあげるには損益分岐点以上の売上高が必要である。

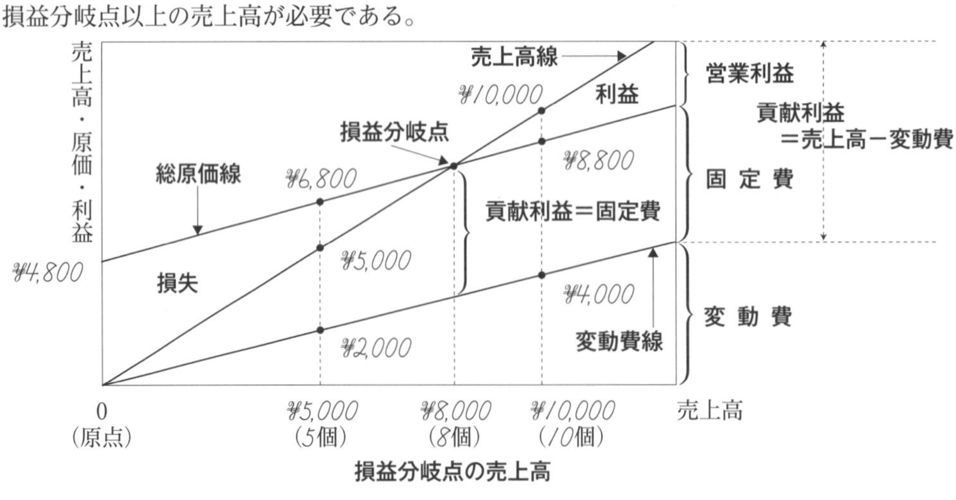

3 サービス業におけるCVP分析

飲食業や宿泊業，運送業やソフトウェア開発業などのサービス業においてもCVP分析は行われる。計算の方法は基本的には製造業の場合と同じである。

33-1 次の資料によって，(1)損益分岐点の売上高および，(2)目標利益¥300,000をあげるために必要な売上高を計算しなさい。

資　料

i　販売単価　¥400　　販売数量　1,000個
ii　製品/個あたりの変動費　¥150
iii　固定費　¥60,000

(1)	損益分岐点の売上高　¥	(2)	目標利益¥300,000をあげるために必要な売上高　¥

33-2 個人宅への宅配を行う横浜運送株式会社の次の資料によって，(1)損益分岐点の月間売上高および，(2)目標利益¥700,000をあげるために必要な月間売上高を計算しなさい。

資　料

i　荷物/個あたりの受託料（売上）　¥500　　取扱量　2,000個（月間）
ii　製品/個あたりの変動費　¥250
iii　固定費　¥150,000（月間）

(1)	損益分岐点の月間売上高　¥	(2)	目標利益¥700,000をあげるために必要な月間売上高　¥

33-3 香川製作所は，現在，次期の利益計画を策定中である。当期の業績は次の資料のとおりであった。次期においても，販売価格，変動費額，固定費額は当期と同一であるとして，以下の問いに答えなさい。なお，仕掛品および製品の在庫はないものとする。

資　料

i　当期の売上高　@¥600×5,000個＝¥3,000,000
ii　当期の総原価
　　変動費　@¥300×5,000個＝¥1,500,000
　　固定費　¥1,230,000
iii　当期の営業利益　¥270,000

(1)　損益分岐点の売上高および販売数量を求めなさい。
(2)　目標営業利益¥540,000を達成するために必要な売上高および販売数量を求めなさい。
(3)　次年度の販売価格を20%値下げするとき，¥300,000の営業利益を達成するために必要な売上高および販売数量を求めなさい。
(4)　販売部長の試算によると，(3)で求めた販売数量は実現不可能であり，販売価格を20%値下げした場合の販売数量の限界は7,000個である。そこで，この販売価格と販売数量を前提とし，固定費を削減することにした。¥270,000の営業利益を達成するために削減しなければならない固定費を求めなさい。

(1)	損益分岐点の売上高　¥	販売数量　個
(2)	目標営業利益¥540,000を達成するために必要な売上高　¥	販売数量　個
(3)	¥300,000の営業利益を達成するために必要な売上高　¥	販売数量　個
(4)	削減しなければならない固定費　¥	

検定問題

33-4　次の各文の [　　　] のなかに，下記の語群のなかから，もっとも適当なものを選び，その番号を記入しなさい。

(1)　企業は将来の一定期間における目標利益を設定し，これを達成するために [　ア　] をたてる。これは売上高の増減が原価と利益にどのように影響するかという資料にもとづいて行われる。この資料を作成するのに，もっとも適した原価計算が [　イ　] である。　第64回

(2)　直接原価計算では，一定期間の売上高から変動売上原価と変動販売費を差し引くことによって，売上高と比例関係にある [　ア　] を計算する。さらに，その期間に発生したすべての [　イ　] を差し引いて営業利益を計算する。　第59回

1．標準原価計算　2．利 益 計 画　3．原 価 管 理　4．直接原価計算
5．売上総利益　6．貢 献 利 益　7．変動製造マージン　8．固　定　費

(1)	ア		イ		(2)	ア		イ	

33-5　宮崎製作所では，直接原価計算を行い利益計画をたてている。当月における下記の資料から，次の金額または数量を求めなさい。　第79回

a．売上高が¥5,500,000のときの営業利益　b．損益分岐点の売上高
c．目標営業利益¥1,500,000を達成するための販売数量

資　　料

①	売　上　高	¥5,000,000
②	変動売上原価	¥2,200,000
③	変動販売費	¥ 800,000
④	固定製造間接費	¥ 500,000
⑤	固定販売費及び一般管理費	¥ 330,000
⑥	販売単価	¥ 1,000

a	売上高が¥5,500,000のときの営業利益　¥		b	損益分岐点の売上高　¥
c	目標営業利益¥1,500,000を達成するための販売数量	個		

33-6　石川製作所では，直接原価計算を行い利益計画をたてている。当月における下記の資料から，次の金額または数量を求めなさい。　第92回

a．販売数量が3,600個のときの営業利益　b．損益分岐点の売上高
c．目標営業利益¥5,460,000を達成するための販売数量

資　　料

① 販売単価　¥3,500
② 製造費用
　変動製造費(製品/個あたり)　¥1,230
　固定製造間接費　¥1,760,000
③ 販売費及び一般管理費
　変動販売費(製品/個あたり)　¥450
　固定販売費及び一般管理費　¥970,000

a	販売数量が3,600個のときの営業利益　¥		b	損益分岐点の売上高　¥
c	目標営業利益¥5,460,000を達成するための販売数量	個		

33-7 埼玉製作所は，A製品を1個あたり¥4,500で販売している。この製品を2,000個製造・販売したときの直接原価計算による損益計算書は下記のとおりである。よって，次の金額または数量を求めなさい。 第84回

a．販売数量が2倍になったときの営業利益
b．損益分岐点の売上高
c．目標営業利益¥1,134,000を達成するための販売数量

埼玉製作所　損益計算書　(単位：円)

Ⅰ	**売上高**		9,000,000
Ⅱ	**変動売上原価**		4,860,000
	変動製造マージン		4,140,000
Ⅲ	**変動販売費**		900,000
	貢献利益		3,240,000
Ⅳ	**固定費**		
	1．固定製造間接費	1,500,000	
	2．固定販売費及び一般管理費	930,000	2,430,000
	営業利益		810,000

a	¥	b	¥	c	個

33-8 大分製作所では，直接原価計算を行い利益計画をたてている。当月における下記の資料から，次の金額または数量を求めなさい。 第83回

a．損益分岐点の売上高　　b．目標営業利益¥60,000を達成するための販売数量
c．変動製造費が製品1個あたり¥100減少した場合の損益分岐点売上高

資　料
① 販売数量　820個
② 販売単価　¥5,000
③ 変動製造費　¥3,200（製品1個あたり）
④ 変動販売費　¥300（製品1個あたり）
⑤ 固定製造間接費　¥900,000
⑥ 固定販売費及び一般管理費　¥300,000

a	¥	b	個	c	¥

33-9 次の文の□のなかに，適当な金額・数量・比率を記入しなさい。 第89回

山口工業株式会社は，直接原価計算を行い利益計画をたてている。当月における次の資料から，損益計算書を作成したところ，営業利益は¥[a]で，損益分岐点の販売数量は[b]個であった。

今後，変動費が製品1個あたり¥4,180になることが予想される。販売数量および販売単価は当月と変わらない場合，目標営業利益¥12,000,000を達成するには，固定費を[c]%減らす必要がある。

資　料
① 販売数量　3,200個
② 販売単価　¥10,000
③ 変動費　¥4,000（製品1個あたり）
④ 固定費　¥6,900,000

a	¥	b	個	c	%

34 発展学習　高低点法

※検定試験の出題範囲外です。

学習の要点

1 原価予測

短期利益計画のために，原価を固定費と変動費に分けなければならない。しかし，現実には固定費と変動費ははじめから，はっきりと分けられるわけではない。そこで，操業度の増減により，原価がどのように変化するかを予測する必要がある。

2 高低点法による原価予測

高低点法は，過去の一定期間内における実際の原価データから，正常な操業度の範囲内で，最高の操業をしたときの原価と最低の操業をしたときの原価を選び出し，単位あたりの変動費と固定費を計算する方法である。

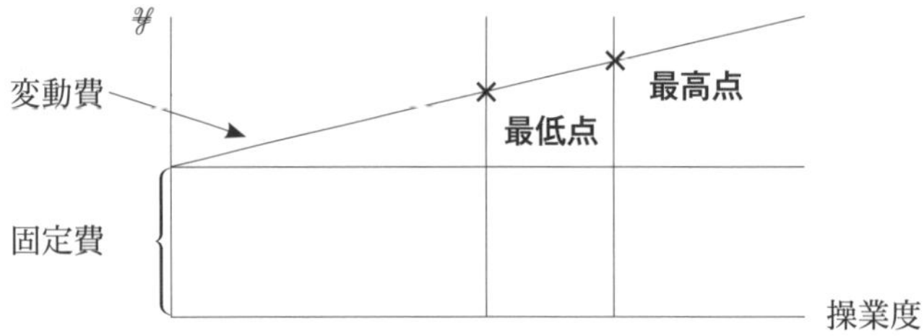

$$\text{単位あたりの変動費} = \frac{\text{最高点原価発生額} - \text{最低点原価発生額}}{\text{最高点の操業度} - \text{最低点の操業度}}$$

固定費＝最高(低)点原価発生額－最高(低)点操業度×単位あたりの変動費

例 高低点法による計算例

最高点の操業度が900時間（原価発生額¥1,260,000）
最低点の操業度が780時間（原価発生額¥1,158,000）

$$\text{単位あたりの変動費} = \frac{¥1,260,000 - ¥1,158,000}{900\text{時間} - 780\text{時間}} = ¥850／\text{時間}$$

固定費＝¥1,260,000－900時間×¥850＝¥495,000

問題　次の資料により，高低点法を用いて単位あたりの変動費と月間固定費を求めなさい。なお，正常な操業度の範囲は，900時間から1,200時間である。

月	操業度	原価発生額
1月	960時間	¥1,772,000
2月	850時間	¥1,560,000
3月	1,080時間	¥1,886,000
4月	1,040時間	¥1,816,000
5月	990時間	¥1,802,000
6月	1,020時間	¥1,834,000

単位あたりの変動費　¥　　　／時間	月間固定費　¥

35 発展学習　損益分岐点比率と安全余裕率

※検定試験の出題範囲外です。

学習の要点

1 損益分岐点比率

予想売上高や実際売上高に対して，損益分岐点売上高がどの位置にあるかを示す指標を損益分岐点比率という。

$$損益分岐点比率 = \frac{損益分岐点売上高}{予想売上高} \times 100(\%)$$

2 安全余裕率

予想売上高や実際売上高が損益分岐点からどのくらい離れているかを示す指標を安全余裕率という。高いほど利益が多く，経営に余裕があることを示す。

$$安全余裕率 = \frac{予想売上高 - 損益分岐点売上高}{予想売上高} \times 100(\%)$$

例 損益分岐点比率と安全余裕率の計算

予想売上高　¥300,000（販売単価　¥300　販売数量　1,000個）

製品/個あたりの変動費　¥120　固定費　¥144,000

$$変動費率 = \frac{¥120 \times 1,000個}{¥300,000} = 0.4 \qquad 貢献利益率 = 1 - 0.4 = 0.6$$

損益分岐点における売上高 = ¥144,000 ÷ 0.6 = ¥240,000

損益分岐点売上高における損益計算書

損益計算書

		（比率）
売上高	240,000	1
変動費	96,000	0.4
貢献利益	144,000	0.6
固定費	144,000	
営業利益	0	

144,000÷0.6

予想売上高における損益計算書

損益計算書

売上高	300,000
変動費	120,000
貢献利益	180,000
固定費	144,000
営業利益	36,000

$$①損益分岐点比率 = \frac{¥240,000}{¥300,000} \times 100 = 80\%$$

$$②安全余裕率 = \frac{¥300,000 - ¥240,000}{¥300,000} \times 100 = 20\%$$

問題　次の資料によって，損益分岐点比率および安全余裕率を求めなさい。

予想売上高　¥125,000（販売単価　¥200　販売数量　625個）

製品/個あたりの変動費　¥130　固定費　¥28,000

損益分岐点比率	%	安全余裕率	%

総合問題 9

9-1 当社は製品Aを生産しており，標準原価計算を採用している。次の資料によって，各差異を計算し，仕掛品勘定の記入を行いなさい。なお，仕掛品勘定の借方には実際発生額を記入し，貸方には標準原価を記入する方法(パーシャル・プラン)によること。

資　　料

i　製品A／台あたりの原価標準

直接材料費	@¥500	2kg	¥1,000
直接労務費	@¥600	5時間	¥3,000
製造間接費	@¥500	5時間	¥2,500
合　　計			¥6,500

ii　製造間接費予算

変 動 費 率　¥200／時間　　固定費(月額)　¥150,000

基準操業度における直接作業時間　500時間

iii　生産データ

月初仕掛品	10台(1/2)
当 月 投 入	100台
合　計	110台
月末仕掛品	10台(1/5)
完 成 品	100台

(　　)内は加工進捗度を示す。なお，直接材料は製造着手のときにすべて投入されている。

iv　当月製造費用実際発生額

直接材料費　¥　98,800(@¥520×190kg)

直接労務費　¥284,200(@¥580×490時間)

製造間接費　¥250,000

(1)	材料消費価格差異	(　　)　¥	(2)	材料消費数量差異	(　　)　¥
(3)	賃　率　差　異	(　　)　¥	(4)	作 業 時 間 差 異	(　　)　¥
(5)	予　算　差　異	(　　)　¥	(6)	能　率　差　異	(　　)　¥
(7)	操 業 度 差 異	(　　)　¥			

(　　)内に，不利差異は「借」，有利差異は「貸」と記入すること。

仕　掛　品

前 月 繰 越	(　　　)	製　　品	(　　　)
材　　料	(　　　)	材料消費価格差異	(　　　)
賃　　金	(　　　)	(　　　)差異	(　　　)
製 造 間 接 費	(　　　)	(　　　)差異	(　　　)
材料消費数量差異	(　　　)	(　　　)差異	(　　　)
(　　　)差異	(　　　)	(　　　)差異	(　　　)
		次 月 繰 越	(　　　)
	(　　　)		(　　　)

9-2 次の資料によって，(1)全部原価計算による場合の損益計算書と，(2)直接原価計算による場合の損益計算書を完成しなさい。（第1期，第2期，第3期の3期分作成すること）

資　料

i　変動製造費（製品1個あたり）　¥　2,000
ii　変動販売費（製品1個あたり）　¥　500
iii　固定製造間接費　¥1,200,000
iv　固定販売費及び一般管理費　¥1,050,000
v　販売単価　¥　5,000
vi　製造数量と販売数量

	第1期	第2期	第3期
期首在庫量	0個	0個	200個
当期製造数量	1,000個	1,200個	1,200個
当期販売数量	1,000個	1,000個	1,100個
期末在庫量	0個	200個	300個

（注）　期首と期末に仕掛品はないものとする。

(1)

損益計算書（全部原価計算）

	第1期	第2期	第3期
売上高	(　)	(　)	(　)
売上原価	(　)	(　)	(　)
売上総利益	(　)	(　)	(　)
販売費及び一般管理費	(　)	(　)	(　)
営業利益	(　)	(　)	(　)

(2)

損益計算書（直接原価計算）

	第1期	第2期	第3期
Ⅰ **売上高**	(　)	(　)	(　)
Ⅱ **変動売上原価**	(　)	(　)	(　)
変動製造マージン	(　)	(　)	(　)
Ⅲ **変動販売費**	(　)	(　)	(　)
貢献利益	(　)	(　)	(　)
Ⅳ **固定費**	(　)	(　)	(　)
営業利益	(　)	(　)	(　)

9-3 次の資料によって，(1)損益分岐点の売上高および，(2)目標利益¥480,000をあげるために必要な売上高を計算しなさい。

資　料

i　販売単価　¥500　販売数量　2,000個
ii　製品1個あたりの変動費　¥200
iii　固定費　¥720,000

(1)	損益分岐点の売上高　¥	(2)	目標利益¥480,000をあげるために必要な売上高　¥

36 仕訳の問題

36-1 下記の取引の仕訳を示しなさい。ただし，勘定科目は，次のなかからもっとも適当なものを使用すること。

売掛金	製品	/級製品	2級製品
第/工程半製品	売上	売上原価	素材
消費材料	特許権使用料	仕掛品	第/工程仕掛品
第2工程仕掛品	材料消費価格差異	製造間接費配賦差異	工場

(1) 青森製作所の素材に関する資料は次のとおりである。よって，予定価格による消費高と実際価格による消費高との差額を消費材料勘定から材料消費価格差異勘定に振り替えた。ただし，素材の予定価格は@¥840であり，実際消費単価の計算は総平均法によっている。

前月繰越高	600個	@¥820	¥492,000
当月仕入高	3,600〃	〃〃855	¥3,078,000
当月消費数量	3,800〃		

(2) 単純総合原価計算を採用している秋田工業株式会社は，月末に特許権使用料の月割額を計上した。ただし，/年分の特許権使用料は¥5,400,000である。

(3) 会計期末にあたり，製造間接費配賦差異勘定の残高を売上原価勘定に振り替えた。なお，製造間接費配賦差異勘定の前月繰越高は¥46,000（借方）であり，当月の製造間接費の実際発生額は予定配賦額より¥6,000多く，この額は製造間接費配賦差異勘定に振り替えられている。

(4) 等級別総合原価計算を採用している岩手製作所において，/級製品500個と2級製品450個が完成した。ただし，完成品の総合原価は¥1,290,000であり，等価係数は次の各製品/個あたりの重量を基準としている。

/級製品　50g　　2級製品　40g

(5) 宮城工業株式会社は，月末にあたり，工程別総合原価計算表を作成し，各工程の完成品原価を次のとおり計上した。ただし，当社では第/工程の完成品原価をすべて第2工程仕掛品勘定に振り替えている。

第/工程　¥2,720,000　　第2工程（最終工程）　¥3,400,000

(6) 工場会計が独立している山形製作所の本社は，工場から製品¥675,000（製造原価）を得意先福島商店に引き渡したとの通知を受けたので，売上高（掛け）¥945,000および売上原価を計上した。ただし，売上勘定と売上原価勘定は本社に，製品に関する勘定は工場に設けてある。（本社の仕訳）

	借方	貸方
(1)		
(2)		
(3)		
(4)		
(5)		
(6)		

36-2 下記の取引の仕訳を示しなさい。ただし，勘定科目は，次のなかからもっとも適当なものを使用すること。

製品	A組製品	B組製品	第/工程半製品
売上	売上原価	消費材料	従業員賞与手当
健康保険料	仕掛品	A組仕掛品	B組仕掛品
第/工程仕掛品	第2工程仕掛品	製造間接費	組間接費
材料消費価格差異	本社	工場	

(1) 個別原価計算を採用している福岡製作所は，製造間接費を機械運転時間を基準に各製品に予定配賦した。ただし，予定配賦率は機械運転時間/時間につき¥260であり，各製造指図書の機械運転時間は次のとおりであった。

製造指図書#/ /60時間　製造指図書#2 /40時間

(2) 単純総合原価計算を採用している佐賀製作所は，月末に工場の従業員に対する賞与の月割額を計上した。ただし，半年分の賞与の支払予定額は¥5,220,000である。

(3) 組別総合原価計算を採用している熊本産業株式会社は，組間接費¥700,000を次の製造直接費を基準にA組とB組に配賦した。

	A組	B組
直接材料費	¥275,000	¥225,000
直接労務費	¥348,000	¥252,000
直接経費	¥/6/,000	¥/39,000

(4) 長崎工業株式会社は，会計期末にあたり，材料消費価格差異勘定の残高を売上原価勘定に振り替えた。なお，材料消費価格差異勘定の前月繰越高は¥//,000（借方）であり，当月の素材の実際消費高は予定消費高より¥3,000少なく，この額は材料消費価格差異勘定に振り替えられている。

(5) 工程別総合原価計算を採用している大分工業株式会社は，月末に工程別総合原価計算表を作成し，各工程の完成品原価を次のとおり計上した。なお，各工程の完成品はすべていったん倉庫に保管しており，当月中に倉庫から第2工程（最終工程）に投入した第/工程の完成品原価は¥2,800,000である。ただし，当社では第/工程の完成品原価をすべて第/工程半製品勘定に振り替えている。

第/工程　¥2,350,000　第2工程　¥3,280,000

(6) 工場会計が独立している宮崎工業株式会社の工場は，本社から工場の従業員に対する健康保険料¥640,000を支払ったとの通知を受けた。ただし，健康保険料¥640,000のうち半額は事業主負担分であり，半額は従業員負担分である。なお，健康保険料預り金勘定は本社のみに設けてある。（工場の仕訳）

	借方	貸方
(1)		
(2)		
(3)		
(4)		
(5)		
(6)		

36-3 下記の取引の仕訳を示しなさい。ただし，勘定科目は，次のなかからもっとも適当なものを使用すること。

売掛金	製品	第1工程半製品	売上
売上原価	素材	賃金	外注加工賃
減価償却費	棚卸減耗損	仕掛品	第1工程仕掛品
第2工程仕掛品	第1製造部門費	第2製造部門費	動力部門費
工場事務部門費	賃率差異	本社	工場

(1) 単純総合原価計算を採用している千葉工業株式会社は，月末に当月分の外注加工賃¥210,000および工場の建物の減価償却費¥170,000を消費高として計上した。

(2) 個別原価計算を採用している埼玉製作所では，補助部門費を次の配賦基準によって各製造部門に配賦した。ただし，部門費配分表に集計された補助部門費の金額は，動力部門費¥408,000　工場事務部門費¥192,000であった。

	配賦基準	第1製造部門	第2製造部門
動力部門費	kW数×運転時間	40kW×800時間	32kW×500時間
工場事務部門費	従業員数	12人	4人

(3) 神奈川製作所の1月末における素材の実地棚卸数量は1,760kgであった。よって，次の素材に関する資料にもとづいて，素材勘定の残高を修正した。ただし，消費数量は8,200kgである。なお，消費単価の計算は総平均法によっている。

2月1日	前月繰越	2,000kg	1kgにつき¥605
8日	仕入	3,200 〃	〃 〃615
19日	仕入	4,800 〃	〃 〃640

(4) 工程別総合原価計算を採用している東京工業株式会社は，倉庫に保管してある第1工程完成品の一部を¥1,125,000で売り渡し，代金は掛けとした。ただし，売り上げた半製品の原価は¥900,000であり，売上のつど売上原価を計上している。なお，当社では第1工程の完成品原価はすべて第1工程半製品勘定に振り替えている。

(5) 茨城産業株式会社は，会計期末にあたり，賃率差異勘定の残高を売上原価勘定に振り替えた。なお，賃率差異勘定の前月繰越高は¥7,000（借方）であり，当月の賃金の実際消費高は予定消費高より多く，この差額の¥2,000は賃率差異勘定に振り替えられている。

(6) 工場会計が独立している栃木工業株式会社の工場は，本社から工場の従業員に対する本月分の賃金¥1,550,000を当座預金から支払ったとの報告を受けた。ただし，この支払額は，所得税額¥124,000と健康保険料¥62,000が差し引かれており，これらの預り金に関する勘定は本社のみに設けてある。(工場の仕訳)

	借方	貸方
(1)		
(2)		
(3)		
(4)		
(5)		
(6)		

36-4 下記の取引の仕訳を示しなさい。ただし，勘定科目は，次のなかからもっとも適当なものを使用すること。

当座預金	製品	第1工程半製品	建物減価償却累計額
所得税預り金	健康保険料預り金	消費材料	賃金
従業員賞与手当	減価償却費	保険料	仕掛品
A組仕掛品	B組仕掛品	第1工程仕掛品	第2工程仕掛品
組間接費	材料消費価格差異	本社	工場

(1) 単純総合原価計算を採用している島根製作所は，月末に工場の建物に対する火災保険料の月割額を計上した。ただし，1年分の火災保険料の支払額は¥648,000である。

(2) 当月の素材の消費高について，次の資料を得たので，予定価格による消費高と実際価格による消費高との差額を材料消費価格差異勘定に振り替えた。ただし，消費材料勘定を設けている。

素材消費数量　700個　　予定価格　@¥620　　実際価格　@¥650

(3) 当月分の従業員の賃金¥1,860,000と諸手当¥256,000から，次の控除額を差し引き，当座預金から支払った。ただし，諸手当は賃金勘定に含めない方法で処理している。

控除額　所得税　¥55,000　　健康保険料　¥36,000

(4) 組別総合原価計算を採用している岡山工業株式会社は，組間接費¥750,000を機械運転時間を基準にA組とB組に配賦した。なお，当月の機械運転時間はA組3,480時間　B組2,520時間であった。

(5) 工程別総合原価計算を採用している山口製作所で第2工程（最終工程）で製品¥8,400,000が完成したので，倉庫に引き渡した。

(6) 工場会計が独立している広島製作所の本社は，決算にさいし，建物の減価償却費¥912,000を計上した。ただし，このうち¥384,000は工場の建物に対するものであり，建物減価償却累計額勘定は本社のみに設けてある。（本社の仕訳）

	借方	貸方
(1)		
(2)		
(3)		
(4)		
(5)		
(6)		

37 総合原価計算の問題

37-1 青森製作所は，単純総合原価計算を採用し，A製品を製造している。下記の資料と仕掛品勘定によって，

(1) 単純総合原価計算表を完成しなさい。

(2) 仕掛品勘定の特許権使用料（アの金額）を求めなさい。

ただし，i 素材は製造着手のときにすべて投入され，加工費は製造の進行に応じて消費されるものとする。

ii 月末仕掛品原価の計算は平均法による。

資料

a. 生産データ

月初仕掛品	600個	（加工進捗度50%）
当月投入	5,100個	
合計	5,700個	
月末仕掛品	700個	（加工進捗度40%）
完成品	5,000個	

b. 月初仕掛品原価

素材費 ￥480,000

加工費 ￥354,000

c. 当月製造費用

素材費 ￥4,023,000

加工費 ￥5,718,000

仕掛品

前月繰越	（　　）	製品	（　　）
素材	（　　）	次月繰越	（　　）
工場消耗品	386,000		
賃金	3,121,000		
従業員賞与手当	729,000		
健康保険料	285,000		
特許権使用料	（ア）		
減価償却費	525,000		
電力料	247,000		
雑費	98,000		
	（　　）		（　　）

(1)

単純総合原価計算表

令和○年/月分

摘要	素材費	加工費	合計
材料費			
労務費			
経費			
計			
月初仕掛品原価			
計			
月末仕掛品原価			
完成品原価			
完成品数量	個	個	個
製品/個あたりの原価	￥	￥	￥

(2)

仕掛品勘定の特許権使用料（アの金額）	￥

37-2 岩手製作所は，組別総合原価計算を採用し，A組製品とB組製品を製造している。下記の資料によって，

(1) 組別総合原価計算表を完成しなさい。

(2) A組仕掛品勘定を完成しなさい。

ただし，i 組間接費は直接労務費を基準として配賦する。

ii 素材は製造着手のときにすべて投入され，加工費は製造の進行に応じて消費されるものとする。

iii 月末仕掛品の計算は先入先出法による。

資　　料

a．月初仕掛品原価

A組 ¥1,401,000（素材費 ¥763,000 加工費 ¥638,000）

B組 ¥1,098,000（素材費 ¥705,000 加工費 ¥393,000）

b．当月製造費用

	A組直接費	B組直接費	組間接費
材料費	¥3,402,000	¥2,508,000	¥ 207,000
労務費	¥3,744,000	¥2,496,000	¥ 738,000
経費	¥ 840,000	¥ 760,000	¥ 615,000

c．生産データ

	A組	B組
月初仕掛品	1,000個（加工進捗度50%）	500個（加工進捗度40%）
当月投入	4,500個	1,900個
合計	5,500個	2,400個
月末仕掛品	500個（加工進捗度60%）	400個（加工進捗度50%）
完成品	5,000個	2,000個

(1)

組別総合原価計算表

令和○年6月分

摘要		A組	B組
組直接費	素材費		
	加工費		
組間接費	加工費		
当月製造費用			
月初仕掛品原価	素材費	763,000	705,000
	加工費	638,000	393,000
計			
月末仕掛品原価	素材費		528,000
	加工費	345,000	
完成品原価			
完成品数量		個	個
製品単価		¥	¥

(2)

A組仕掛品

前月繰越	1,401,000	（　　　）	（　　　）
素材	3,402,000	次月繰越	（　　　）
労務費	（　　　）		
経費	（　　　）		
（　　　）	（　　　）		
	（　　　）		（　　　）

37-3 秋田工業株式会社の下記の資料によって，次の各問いに答えなさい。

(1) 工程別総合原価計算表を完成しなさい。
(2) 第2工程の月末仕掛品原価に含まれる前工程費を答えなさい。
(3) 第1工程半製品勘定を完成しなさい。

ただし，i　第1工程の完成品原価は，すべて第1工程半製品勘定に振り替えられている。
ii　素材は製造着手のときにすべて投入され，第1工程の完成品は第2工程の始点で投入されるものとする。
iii　加工費は第1工程・第2工程ともに製造の進行に応じて消費されるものとする。
iv　月末仕掛品原価の計算は平均法による。

資　　料

a．生産データ

	第1工程		第2工程	
月初仕掛品	500個	（加工進捗度40%）	500個	（加工進捗度60%）
当月投入	2,650個		2,600個	
合　計	3,150個		3,100個	
月末仕掛品	400個	（加工進捗度50%）	600個	（加工進捗度40%）
完成品	2,750個		2,500個	

b．当月製造費用

① 工程個別費および補助部門個別費

費　目	第1工程	第2工程	補助部門
素材費	¥4,311,000	――	――
労務費	¥2,070,000	¥855,000	¥702,000
経　費	¥ 512,000	¥274,000	¥540,000

② 部門共通費を次のとおり配賦する。
第1工程　¥845,000　　第2工程　¥318,000　　補助部門　¥198,000

③ 補助部門費を第1工程に55%，第2工程に45%の割合で配賦する。

c．月初仕掛品原価
第1工程　¥1,116,000（素材費　¥ 792,000　　加工費　¥324,000）
第2工程　¥1,744,000（前工程費　¥1,510,000　　加工費　¥234,000）

d．当月中に第1工程半製品2,600個を次工程に引き渡し，400個を外部に販売した。なお，払出単価（原価）は¥3,175である。

(1)

工程別総合原価計算表

令和○年8月分

摘　　要	第1工程	第2工程
工程個別費　素材費	4,311,000	――
前工程費	――	
労務費	2,070,000	855,000
経　費	512,000	274,000
部門共通費配賦額	845,000	318,000
補助部門費配賦額		
当月製造費用		
月初仕掛品原価	1,116,000	1,744,000
計		
月末仕掛品原価		2,094,000
工程完成品原価		
工程完成品数量	2,750個	2,500個
工程完成品単価	¥	¥

(2)

第2工程の月末仕掛品原価に含まれる前工程費	¥

(3)

第1工程半製品

前月繰越	3,993,000	第2工程仕掛品	8,255,000
(　　)	(　　)	売上原価	(　　)
		次月繰越	(　　)
	(　　)		(　　)

37-4 宮城製作所は，単純総合原価計算を採用し，A製品を製造している。下記の資料と仕掛品勘定によって，

(1) 単純総合原価計算表を完成しなさい。

(2) 仕掛品勘定の減価償却費（アの金額）を求めなさい。

ただし，i 素材は製造着手のときにすべて投入され，加工費は製造の進行に応じて消費されるものとする。

ii 月末仕掛品原価の計算は平均法による。

iii 正常減損は製造工程の終点で発生しており，正常減損費は完成品のみに負担させる。

資　料

a. 生産データ

月初仕掛品	600kg	（加工進捗度60%）
当月投入	2,460kg	
合計	3,060kg	
月末仕掛品	480kg	（加工進捗度50%）
正常減損	180kg	
完成品	2,400kg	

b. 月初仕掛品原価

素材費 ¥ 510,000

加工費 ¥ 747,000

c. 当月製造費用

素材費 ¥2,244,000

加工費 ¥5,175,000

仕掛品

前月繰越	(　　)	製品	(　　)
素材	(　　)	次月繰越	(　　)
工場消耗品	329,000		
賃金	3,264,000		
退職給付費用	451,000		
健康保険料	83,000		
減価償却費	(　ア　)		
電力料	569,000		
雑費	154,000		
	(　　)		(　　)

(1)

単純総合原価計算表

令和○年1月分

摘要	素材費	加工費	合計
材料費			
労務費			
経費			
計			
月初仕掛品原価			
計			
月末仕掛品原価			
完成品原価			
完成品数量	kg	kg	kg
製品1個あたりの原価	¥	¥	¥

(2)

仕掛品勘定の減価償却費（アの金額）	¥

37-5　福島製作所は，組別総合原価計算を採用し，A組製品とB組製品を製造している。下記の資料によって，

(1)　組別総合原価計算表を完成しなさい。

(2)　A組仕掛品勘定を完成しなさい。

ただし，i　組間接費は直接作業時間を基準として配賦する。

ii　素材は製造着手のときにすべて投入され，加工費は製造の進行に応じて消費されるものとする。

iii　月末仕掛品の計算は先入先出法による。

iv　仕損じは製造工程の終点で発生しており，仕損費は完成品のみに負担させる。なお，仕損品の評価額は零（0）である。

資　　料

a．月初仕掛品原価

A組　¥575,000（素材費　¥425,000　　加工費　¥150,000）

B組　¥492,000（素材費　¥312,000　　加工費　¥180,000）

b．当月製造費用

	A組直接費	B組直接費	組間接費
素　材　費	¥2,231,000	¥1,716,780	――
労　務　費	¥　785,800	¥1,223,200	¥　456,000
経　　　費	¥　263,000	¥　314,000	¥　264,000

c．生産データ

	A　組		B　組	
月初仕掛品	1,000kg	（加工進捗度40%）	800kg	（加工進捗度50%）
当月投入	4,600kg		4,030kg	
合　計	5,600kg		4,830kg	
月末仕掛品	800kg	（加工進捗度60%）	1,050kg	（加工進捗度40%）
仕　損　じ	――kg		180kg	
完　成　品	4,800kg		3,600kg	

d．直接作業時間

A組　1,425時間　　B組　1,575時間

(1)

組別総合原価計算表

令和○年6月分

摘　　要		A　組	B　組
組直接費	素材費		
	加工費		
組間接費	加工費		
当月製造費用			
月初仕掛品原価	素材費	425,000	312,000
	加工費	150,000	180,000
計			
月末仕掛品原価	素材費	388,000	
	加工費		211,680
完成品原価			
完成品数量		kg	kg
製品単価		¥	¥

(2)

A　組　仕　掛　品

前月繰越	575,000	(　　　　)	(　　　　)
素　　材	2,231,000	次月繰越	(　　　　)
労　務　費	785,800		
経　　費	263,000		
(　　　　)	(　　　　)		
	(　　　　)		(　　　　)

37-6 山形製作所は，単純総合原価計算によって総合原価を計算したあと，等級別製品の原価を計算している。下記の資料によって，次の各問いに答えなさい。

(1) 仕掛品勘定を完成しなさい。
(2) 等級別総合原価計算表を完成しなさい。
(3) 3級製品勘定を完成しなさい。

ただし，i 等級別製品は，1級製品・2級製品・3級製品を製造している。
ii 等価係数は，各製品の1個あたりの重量による。
iii 等級別製品の払出単価の計算方法は，先入先出法による。

資　料

a. 月初仕掛品原価　素材費 ¥525,000　加工費 ¥302,000
b. 当月製造費用（一部）
修繕料　前月未払高 ¥8,000　当月支払高 ¥120,000　当月未払高 ¥6,000
c. 当月完成品総合原価 ¥5,810,000
d. 等級別製品データ

製品	1個あたりの重量	当月完成品数量	当月販売数量	月初製品棚卸高		月末製品棚卸高	
				数量	単価	数量	単価
1級製品	3,000g	8,000個	7,800個	1,200個	¥350	1,400個	¥(　　)
2級製品	2,400g	7,000個	7,100個	1,400個	¥300	1,300個	¥(　　)
3級製品	1,500g	6,000個	6,200個	800個	¥180	600個	¥(　　)

(1) 仕　掛　品

借方		貸方	
前月繰越	(　　)	諸口	5,810,000
素材	3,426,000	次月繰越	(　　)
工場消耗品	171,000		
賃金	1,512,000		
給料	175,000		
健康保険料	64,000		
減価償却費	215,000		
修繕料	(　　)		
雑費	27,000		
	(　　)		(　　)

(2) 等級別総合原価計算表

令和○年4月分

等級別製品	重量	等価係数	完成品数量	積数	等級別製造原価	製品単価
1級製品	3,000g	1.0	個			¥
2級製品	2,400〃		〃			〃
3級製品	1,500〃		〃			〃
					5,810,000	

(3) 3　級　製　品

借方		貸方	
前月繰越	144,000	(　　)	(　　)
仕掛品	(　　)	次月繰越	(　　)
	(　　)		(　　)

38 適語選択の問題

38-1 次の各文の［　　　］のなかに，下記の語群のなかから，もっとも適当なものを選び，その番号を記入しなさい。

a．製造原価を計算する手続きの第1段階は，原価要素を材料費・労務費・経費に分けて，製品を製造するためにそれぞれいくら消費したかを計算する。これを原価の［　ア　］という。

b．経費のなかには，外部に材料を提供して加工させたときに，加工賃として支払う外注加工賃がある。この消費高は製品との関連から，特許権使用料と同様に［　イ　］に分類される。

1. 間接経費　2. 製品別計算　3. 直接経費
4. 部門別計算　5. 費目別計算

ア		イ	

c．原価計算は原則として3つの段階の計算手続きを経ておこなわれる。そのうち，第1段階で計算した材料費・労務費・経費の各原価要素別の消費高を，発生場所別に分類・集計する第2段階の計算手続きを［　ウ　］という。

d．製造数量や直接作業時間などの増減にともなって，発生高が比例的に増減する原価要素を変動費という。これには，［　エ　］や出来高払賃金などがある。

1. 製品別計算　2. 保険料　3. 直接材料費
4. 部門別計算　5. 費目別計算

ウ		エ	

e．総原価には，製品の販売や企業全般の管理のために要した費用を含める。したがって，製品の製造，製品の販売，企業全般の管理に関係しない項目は，原価に含めない。このような項目のことを［　オ　］という。

f．原価計算の目的には，［　カ　］の作成に必要な資料の提供や原価管理に必要な資料の提供などがある。

1. 製造指図書　2. 財務諸表　3. 製造原価
4. 非原価項目　5. 製造間接費

オ		カ	

g．各種の製品について共通に発生し，特定の製品の原価として直接集計することができない原価要素を，一定の基準によって各製品に割り当てる手続きを［　キ　］という。

h．標準原価計算におけるパーシャル・プランという記帳では，仕掛品勘定の借方に，各原価要素の［　ク　］を記入し，貸方に標準原価で計算した完成品原価と月末仕掛品原価を記入する方法である。これにより，仕掛品勘定の借方と貸方に差額が生じ，この差額は原価差異の総額を示す。

1. 予定消費高　2. 賦課　3. 実際発生額
4. 月次決算　5. 配賦

キ		ク	

38-2 次の各文の [　　] のなかに，下記の語群のなかから，もっとも適当なものを選び，その番号を記入しなさい。

a．製品の製造原価のうち，特定の製品の製造のために消費された原価を，その製品に集計する手続きを [ア] という。

b．標準原価計算におけるシングル・プランという記帳法は，仕掛品勘定の借方，貸方ともに [イ] で記入する方法である。

1．配　　賦　　2．標 準 原 価　　3．原 価 管 理
4．賦　　課　　5．原 価 差 異

ア		イ	

c．一般に同じ種類または異なる種類の製品を，連続して製造する生産形態に適しており，1か月間の原価要素の消費高を集計し，月末に完成品と月末仕掛品に配分する方法を [ウ] という。

d．製造業における損益計算書の売上原価は，当期製品製造原価を用いて算出・表示される。したがって，当期製品製造原価の内訳の明細を示す [エ] を作成し，損益計算書に添付する。

1．完成品原価月報　　2．個別原価計算　　3．総合原価計算
4．売上製品原価月報　　5．製造原価報告書

ウ		エ	

e．一定期間における製造数量や作業時間などによって示された一定の生産設備の利用度を操業度という。この利用度に対して発生額が一定の原価要素を [オ] という。

f．原価要素を集計する範囲の違いで，製品を製造するために消費した原価要素のうち，その一部分を集計する方法で，原価管理や利益計画に必要な資料を提供する目的に適しているものを [カ] という。この代表例として，直接原価計算がある。

1．配　賦　率　　2．固　定　費　　3．全部原価計算
4．変　動　費　　5．直接原価計算

オ		カ	

g．個別原価計算では，特定の製品ごとに製造を命令する [キ] が発行され，これにつけられた番号が製造着手から完成まで特定製品を代表する。

h．個別原価計算において，製造間接費を発生場所ごとに集計する部門別計算をおこなうと，より正確な製品の原価を計算することができる。この場合，特定の場所において発生したことが明らかな製造間接費を [ク] といい，これはその発生場所に賦課する。

1．部門共通費　　2．部門別計算　　3．製造原価報告書
4．部門個別費　　5．製造指図書

キ		ク	

39 計算の問題

39-1 岩手工業株式会社では個別原価計算を採用し，従業員Aと従業員Bによって当月からX製品（製造指図書#1）とY製品（製造指図書#2）の製造をおこなっている。下記の資料から次の金額を求めなさい。

a．実際個別賃率によるX製品（製造指図書#1）の直接労務費
b．実際平均賃率によるX製品（製造指図書#1）の直接労務費
c．予定賃率によるX製品（製造指図書#1）の直接労務費

資　　料

① 当社は作業時間1時間につき，従業員Aに¥1,400　従業員Bに¥1,200の賃金を支払っている。

② 当月実際作業時間

	直接作業時間		間接作業時間	総作業時間
	製造指図書#1	製造指図書#2		
従業員A	125時間	85時間	10時間	220時間
従業員B	75時間	95時間	10時間	180時間

③ 当社の1年間の予定賃金総額は¥6,561,000　予定総作業時間は4,860時間である。

a	実際個別賃率によるX製品（製造指図書#1）の直接労務費 ¥	b	実際平均賃率によるX製品（製造指図書#1）の直接労務費 ¥
c	予定賃率によるX製品（製造指図書#1）の直接労務費 ¥		

39-2 青森製作所の下記の勘定記録と資料により，次の金額を求めなさい。ただし，会計期間は原価計算期間と一致しているものとする。

a．直接労務費　　b．製造間接費の実際発生額　　c．売上原価

仕　掛　品

前期繰越	625,000	製　品	5,814,000
素　材	2,201,000	次期繰越	(　　　)
賃　金	(　　　)		
外注加工賃	384,000		
製造間接費	(　　　)		
	(　　　)		(　　　)

製造間接費

工場消耗品	(　　　)	仕掛品	(　　　)
賃　金	285,000	製造間接費配賦差異	15,000
給　料	342,000		
電力料	(　　　)		
減価償却費	200,000		
	(　　　)		(　　　)

製造間接費配賦差異

製造間接費	15,000	売上原価	15,000

資　　料

① 工場消耗品　期首棚卸高 ¥18,000　当期仕入高 ¥276,000　期末棚卸高 ¥32,000
② 賃　　金　前期未払高 ¥298,000　当期支払高 ¥2,265,000　当期未払高 ¥264,000
③ 電力料　当期支払高 ¥137,000　当期測定高 ¥135,000
④ 製　　品　期首棚卸高 ¥884,000　期末棚卸高 ¥921,000

a	直接労務費 ¥	b	製造間接費の実際発生額 ¥	c	売上原価 ¥

39-3 千葉製作所は，等級別総合原価計算を採用し，1級製品・2級製品・3級製品を製造している。下記の資料によって，次の金額を求めなさい。ただし，等価係数は，各製品の1個あたりの重量を基準としている。

a．1級製品の製造原価　　b．3級製品の製品単価（単位原価）

資　　料

① 完成品総合原価　¥1,560,000

② 製品1個あたりの重量

1級製品　700g　　2級製品　560g　　3級製品　350g

③ 完成品数量

1級製品　2,400個　　2級製品　2,800個　　3級製品　3,200個

a	1級製品の製造原価　¥	b	3級製品の製品単価　¥

39-4 茨城製作所における等級別総合原価計算表の（ア）と（イ）に入る金額を求めなさい。ただし，等価係数は，各製品の1個あたりの重量を基準としている。

等級別総合原価計算表

令和○年1月分

等級別製品	重量	等価係数	完成品数量	積数	等級別製造原価	製品単価
1級製品	150g	(　　)	500個	(　　)	(　ア　)	¥(　　)
2級製品	120g	0.8	(　　)〃	(　　)	(　　)	〃　360
3級製品	90g	0.6	(　　)〃	(　　)	216,000	〃(　イ　)
				1,540	693,000	

ア	¥	イ	¥

39-5 石川製作所における下記の資料により，製造原価報告書に記載する次の金額を求めなさい。

a．当期材料費　　b．当期労務費

c．当期経費　　d．当期製品製造原価

資　　料

① 素　材　期首棚卸高 ¥984,000　当期仕入高 ¥3,580,000　期末棚卸高 ¥1,035,000

② 工場消耗品　期首棚卸高 ¥168,000　当期仕入高 ¥756,000　期末棚卸高 ¥174,000

③ 賃　金　当期予定消費高 ¥□

前期未払高 ¥115,000　当期支払高 ¥4,620,000　当期未払高 ¥123,000

予定賃率を用いており，賃率差異勘定¥60,000（貸方残高）がある。

④ 給　料　当期消費高 ¥637,000

⑤ 外注加工賃　前期前払高 ¥32,000　当期支払高 ¥353,000　当期前払高 ¥12,000

⑥ 電力料　当期支払高 ¥281,000　当期測定高 ¥276,000

⑦ 減価償却費　当期消費高 ¥250,000

⑧ 仕掛品　期首棚卸高 ¥1,240,000　期末棚卸高 ¥1,076,000

a	当期材料費　¥	b	当期労務費　¥
c	当期経費　¥	d	当期製品製造原価　¥

39-6 標準原価計算を採用している埼玉製作所の当月における下記の資料から，次の金額を求めなさい。ただし，直接材料は製造着手のときにすべて投入されるものとする。なお，解答欄の（　）のなかに不利差異の場合は（不利），有利差異の場合は（有利）と記入すること。

a．完成品の標準原価　　b．直接材料費差異　　c．作業時間差異

資　料

① 標準原価カード

S製品　　標準原価カード

	標準消費数量	標準単価	金　額
直接材料費	3kg	¥ 560	¥1,680
	標準直接作業時間	標準賃率	
直接労務費	2時間	¥1,200	¥2,400
	標準直接作業時間	標準配賦率	
製造間接費	2時間	¥1,800	¥3,600
	製品1個あたりの標準原価		¥7,680

② 生産データ

月初仕掛品	200個	(加工進捗度40%)
当月投入	1,200個	
合　計	1,400個	
月末仕掛品	200個	(加工進捗度50%)
完成品	1,200個	

③ 実際直接材料費 ¥2,035,000　実際消費数量 3,700kg　実際単価 ¥ 550

④ 実際直接労務費 ¥3,075,000　実際直接作業時間 2,460時間　実際賃率 ¥1,250

a	完成品の標準原価　¥	b	直接材料費差異　¥　（　）
c	作業時間差異　¥　（　）		

39-7 標準原価計算を採用している群馬製作所の当月における下記の資料から，次の金額を求めなさい。ただし，直接材料は製造着手のときにすべて投入されるものとする。なお，解答欄の（　）のなかに不利差異の場合は（不利），有利差異の場合は（有利）と記入すること。

a．月末仕掛品の標準原価　　b．直接労務費差異　　c．予算差異

資　料

① 標準原価カード

H製品　　標準原価カード

	標準消費数量	標準単価	金　額
直接材料費	5kg	¥ 800	¥ 4,000
	標準直接作業時間	標準賃率	
直接労務費	2時間	¥1,500	¥ 3,000
	標準直接作業時間	標準配賦率	
製造間接費	2時間	¥1,600	¥ 3,200
	製品1個あたりの標準原価		¥10,200

② 生産データ

月初仕掛品	200個	(加工進捗度40%)
当月投入	900個	
合　計	1,100個	
月末仕掛品	300個	(加工進捗度50%)
完成品	800個	

③ 実際直接材料費 ¥3,586,000
　実際消費数量 4,400kg
　実際単価 ¥815

④ 実際直接労務費 ¥2,730,000　実際直接作業時間 1,750時間　実際賃率 ¥1,560

⑤ 実際製造間接費発生額 ¥2,870,000

⑥ 製造間接費予算　変動費予算額 ¥1,239,000　固定費予算額 ¥1,593,000
　基準操業度（直接作業時間） 1,770時間

a	月末仕掛品の標準原価　¥	b	直接労務費差異　¥　（　）
c	予算差異　¥　（　）		

39-8 千葉工業株式会社は，直接原価計算をおこない利益計画をたてている。下記の資料から，次の金額または数量を求めなさい。

a．販売数量が5,500個のときの営業利益　　b．損益分岐点の販売数量

c．目標営業利益¥540,000を達成するための売上高

資　　料

① 販売価格　@¥1,250

② 製造費用

変動製造費　@¥450

固定製造間接費　¥1,470,000

③ 販売費及び一般管理費

変動販売費　@¥350

固定販売費及び一般管理費　¥690,000

a	販売数量が5,500個のときの営業利益	¥	b	損益分岐点の販売数量	個
c	目標営業利益¥540,000を達成するための売上高	¥			

39-9 静岡製作所において，X製品を4,000個製造・販売したときの直接原価計算による損益計算書から，次の金額を求めなさい。

a．販売数量が8,000個のときの貢献利益

b．損益分岐点の売上高

c．目標営業利益¥720,000を達成するための売上高

静岡製作所　　損益計算書

Ⅰ	**売上高**		4,800,000
Ⅱ	**変動売上原価**		2,160,000
	変動製造マージン		2,640,000
Ⅲ	**変動販売費**		1,200,000
	貢献利益		1,440,000
Ⅳ	**固定費**		
	1．固定製造間接費	640,000	
	2．固定販売費及び一般管理費	260,000	900,000
	営業利益		540,000

a	販売数量が8,000個のときの貢献利益	¥	b	損益分岐点の売上高	¥
c	目標営業利益¥720,000を達成するための売上高	¥			

39-10 単純総合原価計算を採用してA製品を製造している栃木製作所の次の資料から，月末仕掛品原価を求めなさい。

ただし，i　素材は製造着手のときに投入され，加工費は製造の進行に応じて消費されるものとする。

ii　月末仕掛品原価の計算は先入先出法による。

iii　正常減損は製造工程の終点で発生しており，正常減損費は完成品がすべて負担する。

資　　料

① 生産データ

月初仕掛品	400kg（加工進捗度50%）
当月投入	3,120kg
合　計	3,520kg
月末仕掛品	300kg（加工進捗度60%）
正常減損	40kg
完成品	3,180kg

② 月初仕掛品原価

素材費　¥240,000

加工費　¥165,000

③ 当月製造費用

素材費　¥1,996,800

加工費　¥1,920,000

月末仕掛品原価	¥

39 11　単純総合原価計算を採用してA製品を製造している群馬製作所の次の資料から，月末仕掛品原価を求めなさい。

ただし，ⅰ　素材は製造着手のときに投入され，加工費は製造の進行に応じて消費されるものとする。

ⅱ　月末仕掛品原価の計算は平均法による。

ⅲ　正常減損は製造工程の始点で発生しており，正常減損費は完成品と月末仕掛品の両方に負担させる。

資　　料

① 生産データ

月初仕掛品	260kg	(加工進捗度50%)
当月投入	1,560kg	
合　計	1,820kg	
月末仕掛品	200kg	(加工進捗度50%)
正常減損	20kg	
完成品	1,600kg	

② 月初仕掛品原価

素材費	¥　234,000
加工費	¥　302,000

③ 当月製造費用

素材費	¥1,260,000
加工費	¥2,758,000

月末仕掛品原価　¥

39 12　個別原価計算を採用している山梨製作所の次の資料により，製造間接費配賦差異を予算差異と操業度差異に分析したさいの予算差異を求めなさい。ただし，解答欄の(　　)のなかに借方差異の場合は(借方)，貸方差異の場合は(貸方)と記入すること。

資　　料

① 月間の予定直接作業時間
2,000時間（基準操業度）

② 月間の公式法変動予算による製造間接費予算
変動費予算額　¥1,400,000
固定費予算額　¥1,960,000

③ 当月の実際直接作業時間
1,860時間

④ 当月の実際製造間接費発生額
¥3,192,000

予算差異　¥　　　　　(　　)

39 13　標準原価計算を採用している東京工業株式会社の当月における下記の資料から，パーシャル・プランによる仕掛品―直接労務費勘定を作成しなさい。

資　　料

① 標準原価カード(一部)

A製品	標準原価カード（製品/個あたり）		
	標準直接作業時間	標準賃率	
直接労務費	2時間	¥1,200	¥2,400

② 生産データ

月初仕掛品	280個	(加工進捗度50%)
当月投入	820個	
合　計	1,100個	
月末仕掛品	300個	(加工進捗度60%)
完成品	800個	

③ 実際直接労務費　¥2,122,800
（実際直接作業時間　1,740時間
実際賃率　¥1,220）

仕掛品―直接労務費

前月繰越	336,000	製　品	(　　)
労務費	(　　)	賃率差異	(　　)
		作業時間差異	(　　)
		次月繰越	432,000
	(　　)		(　　)

39-14 神奈川製作所の次の資料により，直接原価計算による損益計算書を作成しなさい。

資　料

① 販売単価 ¥1,800
② 販売数量 2,500個
③ 変動製造費(製品/個あたり) ¥ 1,050
④ 変動販売費(製品/個あたり) ¥ 150
⑤ 固定製造間接費 ¥840,000
⑥ 固定販売費及び一般管理費 ¥210,000

損　益　計　算　書

神奈川製作所　令和○年4月1日から令和○年4月30日まで

Ⅰ 売上高		(　　　)
Ⅱ 変動売上原価		(　　　)
変動製造マージン		(　　　)
Ⅲ 変動販売費		(　　　)
(　　　)		(　　　)
Ⅳ 固定製造間接費	(　　　)	
固定販売費及び一般管理費	(　　　)	(　　　)
営業利益		(　　　)

39-15 新潟製作所の下記の資料により，標準原価計算による損益計算書を作成しなさい。

ただし，会計期間は令和○年4月1日から令和○年4月30日までとする。また，原価差異の(　　)には＋または－を記入すること。

資　料

① 標準原価カード(一部)

B製品	標準原価カード		
	標準直接作業時間	標準配賦率	
製造間接費	2時間	¥600	¥1,200
	製品/個あたりの標準原価		¥3,600

② 売上高 ¥4,860,000
③ 完成品数量 1,100個
④ 月初製品棚卸数量 240個
⑤ 月末製品棚卸数量 300個
⑥ 実際売上原価 ¥3,740,000

損　益　計　算　書

新潟製作所　令和○年4月1日から令和○年4月30日まで

Ⅰ 売上高		(　　　)
Ⅱ 売上原価		
1. 期首製品棚卸高	(　　　)	
2. 当期製品製造原価	(　　　)	
合計	(　　　)	
3. 期末製品棚卸高	(　　　)	
標準売上原価	(　　　)	
4. 原価差異	((　) 　　)	(　　　)
売上総利益		(　　　)

40 個別原価計算の問題

40-1 個別原価計算を採用している千葉製作所の下記の資料によって，次の各問いに答えなさい。

(1) 6月14日の取引の仕訳を示しなさい。

(2) 消費賃金勘定・製造間接費勘定・第1製造部門費勘定・製造部門費配賦差異勘定に必要な記入をおこない，締め切りなさい。なお，勘定記入は日付・相手科目・金額を示すこと。

(3) A製品（製造指図書#1）の原価計算表を作成しなさい。

(4) 6月中の実際平均賃率を求めなさい。

ただし，i　前月繰越高は，次のとおりである。

素　　材　300個　@¥1,280　¥384,000
工場消耗品　250〃　〃〃　80　¥ 20,000
仕　掛　品　¥1,728,000（原価計算表に記入済み）
製造部門費配賦差異　¥4,000（借方）

ii　素材の消費高の計算は移動平均法，工場消耗品の消費数量の計算は棚卸計算法によっている。

iii　賃金の消費高は，作業時間1時間につき¥900の予定賃率を用いている。

iv　製造間接費は部門別計算をおこない，直接作業時間を基準として予定配賦している。

	第1製造部門	第2製造部門
年間製造間接費予定額（予算額）	¥7,452,000	¥6,720,000
年間予定直接作業時間（基準操業度）	13,800時間	19,200時間

取　　引

6月5日　素材および工場消耗品を次のとおり買い入れ，代金は掛けとした。

素　　材　900個　@¥1,500　¥1,350,000
工場消耗品　3,200〃　〃〃　80　¥ 256,000

14日　B製品（製造指図書#2）の注文を受け，素材800個を消費して製造を開始した。

25日　賃金を次のとおり当座預金から支払った。

賃金総額　¥3,350,000
うち，控除額　所得税　¥268,000　健康保険料　¥134,000

27日　A製品（製造指図書#1）50個が完成した。なお，A製品の賃金予定消費高と製造部門費予定配賦高を，次の作業時間によって計算し，原価計算表に記入した。ただし，賃金予定消費高と製造部門費予定配賦高を計上する仕訳は，月末におこなっている。

製造指図書#1　1,400時間（第1製造部門　300時間　第2製造部門　1,100時間）

30日　① 工場消耗品の月末棚卸数量は300個であった。よって，消費高を計上した。（間接材料）

② 当月の作業時間は，次のとおりであった。よって，当月の賃金予定消費高を計上した。

			第1製造部門	第2製造部門
直接作業時間	製造指図書#1	1,400時間	300時間	1,100時間
	製造指図書#2	1,300時間	900時間	400時間
間接作業時間		100時間		

③ 上記②の直接作業時間によって，製造部門費を予定配賦した。

④ 健康保険料の事業主負担分¥134,000を計上した。

⑤ 当月の製造経費消費高を次のとおり計上した。

電力料　¥292,000　保険料　¥91,000　減価償却費　¥316,000

⑥ 製造間接費を次のとおり各部門に配分した。

第1製造部門　¥524,000　第2製造部門　¥411,000
動力部門　135,000　修繕部門　105,000

⑦　補助部門費を次の部門費振替表によって各製造部門に配賦した。

部門費振替表

令和○年6月分

部門費	配賦基準	金額	製造部門		補助部門	
			第1部門	第2部門	動力部門	修繕部門
部門費計		1,175,000	524,000	411,000	135,000	105,000
配賦額合計		240,000	123,000	117,000		
製造部門費合計		1,175,000	647,000	528,000		

⑧　当月の賃金実際消費高¥2,562,000を計上した。
⑨　賃金の予定消費高と実際消費高との差額を，賃率差異勘定に振り替えた。
⑩　第1製造部門費の配賦差異を，製造部門費配賦差異勘定に振り替えた。
⑪　第2製造部門費の配賦差異を，製造部門費配賦差異勘定に振り替えた。

(1)

	借方	貸方
6月14日		

(2)

消費賃金

製造間接費

第1製造部門費

製造部門費配賦差異

6/1　前月繰越　4,000	

(3)　製造指図書#1

原価計算表

直接材料費	直接労務費	製造間接費				集計	
		部門	時間	配賦率	金額	摘要	金額
1,152,000	360,000	第1	400	540	216,000	直接材料費	
						直接労務費	
						製造間接費	
						製造原価	
						完成品数量	個
						製品単価	¥

(4)

6月中の実際平均賃率　¥

40-2 個別原価計算を採用している福井製作所の下記の資料によって，次の各問いに答えなさい。

⑴　6月13日と30日①の取引の仕訳を示しなさい。

⑵　消費賃金勘定・製造部門費配賦差異勘定に必要な記入をおこない，締め切りなさい。なお，勘定記入は日付・相手科目・金額を示すこと。

⑶　部門費振替表を直接配賦法によって完成しなさい。

⑷　A製品（製造指図書#1）の原価計算表を完成しなさい。

⑸　月末仕掛品原価を求めなさい。

ただし，i　前月繰越高は，次のとおりである。

素　　材　120個　@¥1,500　¥180,000
工場消耗品　200個　〃〃　80　¥ 16,000
仕 掛 品　¥1,490,000
製造部門費配賦差異　¥5,000（借方）

ii　素材の消費高の計算は先入先出法，工場消耗品の消費数量の計算は棚卸計算法によっている。

iii　賃金の消費高は，作業時間1時間につき¥1,200の予定賃率を用いて計算し，消費賃金勘定を設けて記帳している。

iv　製造間接費は部門別計算をおこない，直接作業時間を基準として予定配賦している。

	第1製造部門	第2製造部門
年間製造間接費予定額(予算額)	¥6,750,000	¥2,880,000
年間予定直接作業時間(基準操業度)	15,000時間	9,600時間

v　製造間接費勘定を設けている。

取　　引

6月 6日　素材および工場消耗品を次のとおり買い入れ，代金は掛けとした。

素　　材　500個　@¥1,550　¥775,000
工場消耗品　800〃　〃〃　80　¥ 64,000

13日　B製品（製造指図書#2）の注文を受け，素材500個を消費して製造を開始した。

25日　賃金を次のとおり当座預金から支払った。

賃 金 総 額　¥2,860,000
うち，控除額　所 得 税　¥228,000　健康保険料　¥114,000

27日　A製品（製造指図書＃1）50個が完成した。なお，A製品の賃金予定消費高と製造部門費予定配賦高を，次の作業時間によって計算し，原価計算表に記入した。ただし，賃金予定消費高と製造部門費予定配賦高を計上する仕訳は，月末におこなっている。

製造指図書#1　1,050時間(第1製造部門　400時間　第2製造部門　650時間)

30日　①　工場消耗品の月末棚卸数量は150個であった。よって，消費高を計上した。(間接材料)

②　当月の作業時間は，次のとおりであった。よって，当月の賃金予定消費高を計上した。

			第1製造部門	第2製造部門
直接作業時間	製造指図書＃1	1,050時間	400時間	650時間
	製造指図書＃2	1,000時間	800時間	200時間
間接作業時間		150時間		

③　上記②の直接作業時間によって，製造部門費を予定配賦した。

④　健康保険料の事業主負担分¥114,000を計上した。

⑤　当月の製造経費消費高を次のとおり計上した。

電 力 料　¥126,000　保 険 料　¥75,000
減価償却費　¥240,000

⑥　製造間接費を次のとおり各部門に配分した。

第1製造部門　¥404,000　第2製造部門　¥207,000
動 力 部 門　¥120,000　修 繕 部 門　¥ 72,000

⑦ 補助部門費を次の配賦基準によって各製造部門に配賦した。

	配賦基準	第/製造部門	第2製造部門
動力部門費	kW数×運転時間数	80kW×650時間	70kW×400時間
修繕部門費	修　繕　回　数	9回	3回

⑧ 当月の賃金実際消費高¥2,671,000を計上した。
⑨ 賃金の予定消費高と実際消費高との差額を，賃率差異勘定に振り替えた。
⑩ 第/製造部門費の配賦差異を，製造部門費配賦差異勘定に振り替えた。
⑪ 第2製造部門費の配賦差異を，製造部門費配賦差異勘定に振り替えた。

(1)

	借　方	貸　方
6月/3日		
30日①		

(2)

消　費　賃　金

製造部門費配賦差異

6/1　前　月　繰　越　5,000	

(3)

部　門　費　振　替　表

直接配賦法

令和○年6月分

部　門　費	配賦基準	金　額	製造部門		補助部門	
			第/部門	第2部門	動力部門	修繕部門
部門費計						
動力部門費	kW数×運転時間数					
修繕部門費	修　繕　回　数					
配賦額合計						
製造部門費合計						

(4) 製造指図書#/

原　価　計　算　表

直接材料費	直接労務費	製造間接費				集　計	
		部　門	時　間	配賦率	金　額	摘　要	金　額
1,028,000	336,000	第/	280	450	126,000	直接材料費	
						直接労務費	
						製造間接費	
						製造原価	
						完成品数量	個
						製品単価	¥

(5)

月末仕掛品原価　¥

40-3 個別原価計算を採用している長崎製作所の下記の取引（一部）によって，次の各問いに答えなさい。

⑴　6月30日①の取引の仕訳を示しなさい。

⑵　消費賃金勘定・仕掛品勘定・製造間接費勘定に必要な記入をおこない，締め切りなさい。なお，勘定記入は日付・相手科目・金額を示すこと。

⑶　A製品（製造指図書#1）の原価計算表を作成しなさい。

ただし，i　前月繰越高は，次のとおりである。

素　　材　400個　@¥2,660　¥1,064,000
工場消耗品　350個　〃〃 150　¥　52,500
仕掛品（製造指図書#1）　¥4,564,000（原価計算表に記入済み）

ii　素材の消費高の計算は移動平均法，工場消耗品の消費数量の計算は棚卸計算法によっている。

iii　賃金の消費高の計算には，作業時間1時間につき¥1,200の予定賃率を用いて計算し，消費賃金勘定を設けて記帳している。

iv　製造間接費は直接作業時間を配賦基準として予定配賦している。

年間製造間接費予定額(予算額)	¥13,824,000
年間予定直接作業時間(基準操業度)	28,800時間

v　製造間接費勘定を設けている。

⑷　製造間接費配賦差異勘定における次の資料から，予算差異の金額を求めなさい。なお，解答欄の（　　）のなかは借方差異の場合は借方，貸方差異の場合は貸方を○で囲むこと。

資　　料

a．製造間接費については公式法変動予算により予算を設定して予定配賦をおこなっている。
b．月間の基準操業度（直接作業時間）は2,400時間であった。
c．月間の製造間接費予算額　¥1,152,000（変動費率　¥280　固定費予算額　¥480,000）である。
d．当月の実際直接作業時間は2,300時間であった。
e．当月の製造間接費実際発生額は¥1,110,000であった。

取　　引（一部）

6月 8日　素材および工場消耗品を次のとおり買い入れ，代金は掛けとした。

素　　材　2,400個　@¥2,800　¥6,720,000
工場消耗品　1,200〃　〃〃 150　¥　180,000

12日　B製品（製造指図書#2）の注文を受け，素材1,300個を消費して製造を開始した。

25日　賃金を次のとおり当座預金から支払った。

賃金総額　¥3,860,000
うち，控除額　所得税　¥297,000　健康保険料　¥154,000

26日　A製品（製造指図書#1）50個が完成した。なお，A製品の賃金予定消費高と製造部門費予定配賦高を，次の作業時間によって計算し，原価計算表に記入した。ただし，賃金予定消費高と製造間接費予定配賦高を計上する仕訳は，月末におこなっている。

製造指図書#1　1,700時間

30日　①　工場消耗品の月末棚卸数量は250個であった。よって，消費高を計上した。(間接材料)

②　当月の賃金予定消費高を次の作業時間によって計上した。ただし，消費賃金勘定を設けている。

製造指図書#1　1,700時間　製造指図書#2　600時間　間接作業　200時間

③　健康保険料の事業主負担分¥154,000を計上した。

④　当月の製造経費消費高を計上した。

外注加工賃　¥185,000（製造指図書#2）　電　力　料　¥236,000
減価償却費　¥285,000

⑤　上記②の直接作業時間によって，製造間接費を予定配賦した。

⑥　当月の賃金実際消費高¥3,025,000を計上した。

⑦ 賃金の予定消費高と実際消費高との差額を，賃率差異勘定に振り替えた。

⑧ 製造間接費の予定配賦高と実際発生高との差額を，製造間接費配賦差異勘定に振り替えた。

(1)

	借　方	貸　方
6月30日①		

(2)

消　費　賃　金

仕　掛　品

6/1 前月繰越 4,564,000	

製 造 間 接 費

(3)

製造指図書#1

原　価　計　算　表

直接材料費	直接労務費	製造間接費	集計 摘要	集計 金額
3,724,000	600,000	240,000	直接材料費	
			直接労務費	
			製造間接費	
			製造原価	
			完成品数量	個
			製品単価	

(5)

予　算　差　異 ¥	（ 借方・貸方 ）

公益財団法人全国商業高等学校協会主催

簿記実務検定試験規則　（平成27年2月改正）

第1条　公益財団法人全国商業高等学校協会は，簿記実務の能力を検定する。

第2条　検定は筆記試験によって行う。

第3条　検定は第1級，第2級および第3級の3種とする。

第4条　検定試験は全国一斉に同一問題で実施する。

第5条　検定試験は年2回実施する。

第6条　検定の各級は次のように定める。

第1級　会計（商業簿記を含む）・原価計算
第2級　商業簿記
第3級　商業簿記

第7条　検定に合格するためには各級とも70点以上の成績を得なければならない。ただし，第1級にあっては，各科目とも70点以上であることを要する。

第8条　検定に合格した者には合格証書を授与する。

第1級にあっては，会計・原価計算のうち1科目が70点以上の成績を得たときは，その科目の合格証書を授与する。

前項の科目合格証書を有する者が，取得してから4回以内の検定において，第1級に不足の科目について70点以上の成績を得たときは，第1級合格と認め，合格証書を授与する。

第9条　省　略

第10条　検定試験受験志願者は所定の受験願書に受験料を添えて本協会に提出しなければならない。

第11条　試験委員は高等学校その他の関係職員がこれに当たる。

施　行　細　則　（平成27年2月改正）

第1条　受験票は本協会で交付する。受験票は試験当日持参しなければならない。

第2条　試験規則第5条による試験日は，毎年1月・6月の第4日曜日とする。

第3条　検定の第1級の各科目および第2・3級の配点は各100点満点とし，制限時間は各1時間30分とする。

第1級にあっては，会計・原価計算のうち，いずれか一方の科目を受験することができる。

第4条　試験問題の範囲および答案の記入については別に定めるところによる。

第5条　受験料は次のように定める。（消費税を含む）

第1級　1科目につき　1,300円
第2級　1,300円
第3級　1,300円

第6条　試験会場では試験委員の指示に従わなければならない。

第7条　合格発表は試験施行後1か月以内に行う。その日時は試験当日までに発表する。

答案の記入について　（昭和26年6月制定）

1. 答案はインクまたは鉛筆を用いて記載すること。けしゴムを用いてさしつかえない。
2. 朱記すべきところは赤インクまたは赤鉛筆を用いること。ただし線は黒でもよい。

出題の範囲について　（令和5年3月改正）

この検定試験は，文部科学省高等学校学習指導要領に定める内容によっておこなう。

Ⅰ　各級の出題範囲

各級の出題範囲は次のとおりである。ただし，2級の範囲は3級の範囲を含み，1級の範囲は2・3級の範囲を含む。

内　　容	3　級	2　級	1　級　（会計）
(1)簿記の原理	ア．簿記の概要 資産・負債・純資産・収益・費用 貸借対照表・損益計算書 イ．簿記の一巡の手続 取引・仕訳・勘定 仕訳帳・総勘定元帳 試算表 ウ．会計帳簿 主要簿と補助簿 現金出納帳・小口現金出納帳・当座預金出納帳・仕入帳・売上帳・商品有高帳(先入先出法・移動平均法)・売掛金元帳・買掛金元帳	受取手形記入帳 支払手形記入帳	(総平均法)
(2)取引の記帳	ア．現金預金 イ．商品売買 ウ．掛け取引	現金過不足の処理 当座借越契約 エ．手形 手形の受取・振出・決済・裏書・割引・書換・不渡 手形による貸付及び借入 営業外取引による手形処理 オ．有価証券 売買を目的とした有価証券	銀行勘定調整表の作成 予約販売 サービス業会計 工事契約 契約資産・契約負債 満期保有目的の債券・他企業支配目的株式・その他有価証券・有価証券における利息

内　　容	3 級	2 級	1 級（会計）
	カ．その他の債権・債務	クレジット取引 電子記録債権・債務	
	キ．固定資産 取得	売却	除却・建設仮勘定・無形固定資産 リース会計（借り手の処理）
	ク．販売費と一般管理費 ケ．個人企業の純資産	追加元入れ・引き出し	
		コ．税金 所得税・住民税・固定資産税・事業税・印紙税・消費税・法人税	課税所得の計算 税効果会計に関する会計処理
		サ．株式会社会計 設立・新株の発行・当期純損益の計上・剰余金の配当と処分	合併・資本金の増加・資本金の減少・任意積立金の取り崩し・自己株式の取得・処分・消却 新株予約権の発行と権利行使 シ．外貨建換算会計
(3)決　　算	ア．決算整理 商品に関する勘定の整理 貸倒れの見積もり 固定資産の減価償却（定額法） （直接法）	 （定率法） （間接法） 有価証券の評価 収益・費用の繰り延べと見越し 消耗品の処理	 商品評価損・棚卸減耗損 （生産高比例法） 税効果会計を含む処理 退職給付引当金 リース取引における利息の計算 外貨建金銭債権の評価
	イ．精算表 ウ．財務諸表 損益計算書（勘定式） 貸借対照表（勘定式）		 （報告式） （報告式） 株主資本等変動計算書
(4)本支店会計		ア．本店・支店間取引 支店相互間の取引 イ．財務諸表の合併	
(5)記帳の効率化	ア．伝票の利用 入金伝票・出金伝票・振替伝票の起票 イ．会計ソフトウェアの活用	伝票の集計と転記	
(6)財務会計の概要			ア．企業会計と財務会計の目的 イ．会計法規と会計基準 ウ．財務諸表の種類
(7)資産，負債，純資産			ア．資産，負債の分類，評価基準 イ．資産，負債の評価法
(8)収益，費用			ア．損益計算の基準 イ．営業損益 ウ．営業外損益 エ．特別損益
(9)財務諸表分析の基礎			ア．財務諸表の意義・方法 イ．収益性，成長性，安全性の分析 ウ．連結財務諸表の目的，種類，有用性

内　　容	1　　級（原価計算）
(1)原価と原価計算	ア．原価の概念と原価計算 イ．製造業における簿記の特色と仕組み
(2)費目別計算	ア．材料費の計算と記帳 イ．労務費の計算と記帳 ウ．経費の計算と記帳
(3)部門別計算と製品別計算	ア．個別原価計算と製造間接費の計算 （製造間接費差異の原因別分析（公式法変動予算）を含む） イ．部門別個別原価計算 （補助部門費の配賦は，直接配賦法・相互配賦法による） ウ．総合原価計算 （月末仕掛品原価の計算は，平均法・先入先出法による） （仕損と減損の処理を含む）
(4)内部会計	ア．製品の完成と販売 イ．工場会計の独立 ウ．製造業の決算
(5)標準原価計算	ア．標準原価計算の目的と手続き （シングルプラン及びパーシャルプランによる記帳を含む） イ．原価差異の原因別分析 ウ．損益計算書の作成
(6)直接原価計算	ア．直接原価計算の目的 イ．損益計算書の作成 ウ．短期利益計画

Ⅱ　各級の勘定科目（第97回より適用）

勘定科目のおもなものを級別に示すと，次のとおりである。

ただし，同一の内容を表せば，教科書に用いられている別の名称の科目を用いてもさしつかえない。

3　級

—ア 行—
- 受取地代　勘定
- 受取手数料　〃
- 受取家賃　〃
- 受取利息　〃
- 売上　〃
- 売掛金　〃

—カ 行—
- 買掛金　勘定
- 貸倒損失　〃
- 貸倒引当金　〃
- 貸倒引当金繰入　〃
- 貸付金　〃
- 借入金　〃
- 仮受金　〃
- 仮払金　勘定
- 給料　〃
- 繰越商品　〃
- 減価償却費　〃
- 現金　〃
- 広告料　〃
- 交通費　〃
- 小口現金　〃

—サ 行—
- 雑費　勘定
- 仕入　〃
- 支払地代　〃
- 支払手数料　〃
- 支払家賃　〃
- 支払利息　〃
- 資本金　勘定
- 車両運搬具　〃
- 従業員預り金　〃
- 従業員立替金　〃
- 商品　〃
- 商品売買益　〃
- 商品売買損　〃
- 消耗品費　〃
- 所得税預り金　〃
- 水道光熱費　〃
- 損益　〃

—タ 行—
- 建物　勘定
- 通信費　〃
- 定期預金　〃
- 当座預金　勘定
- 土地　〃

—ハ 行—
- 発送費　勘定
- 備品　〃
- 普通預金　〃
- 保険料　〃

—マ 行—
- 前受金　勘定
- 前払金　〃
- 未収金　〃
- 未収入金　〃
- 未払金　〃

—ラ 行—
- 旅費　勘定

2　級

—ア 行—
- 印紙税　勘定
- 受取商品券　〃
- 受取手形　〃
- 営業外受取手形　〃
- 営業外支払手形　〃

—カ 行—
- 開業費　勘定
- 株式交付費　〃
- 仮受消費税　〃
- 仮払法人税等　〃
- 仮払消費税　〃
- 繰越利益剰余金　〃
- クレジット売掛金　〃
- 現金過不足　〃
- 固定資産税　〃
- 固定資産売却益　〃
- 固定資産売却損　〃

—サ 行—
- 雑益　勘定
- 雑損　〃
- 事業税　〃
- 支店　〃
- 支払手形　〃
- 資本準備金　〃
- 社会保険料預り金　〃
- 車両運搬具減価償却累計額　〃
- 修繕費　〃
- 消耗品　〃
- 新築積立金　〃
- 創立費　〃
- 租税公課　〃

—タ 行—
- 建物減価償却累計額　勘定
- 貯蔵品　〃
- 手形貸付金　〃
- 手形借入金　勘定
- 手形売却損　〃
- 電子記録債権　〃
- 電子記録債務　〃
- 電子記録債権売却損　〃
- 当座借越　〃

—ハ 行—
- 配当平均積立金　勘定
- 引出金　〃
- 備品減価償却累計額　〃
- 不渡手形　〃
- 別途積立金　〃
- 法人税等　〃
- 法定福利費　〃
- 本店　〃

—マ 行—
- 未払消費税　勘定
- 未払税金　〃
- 未払配当金　勘定
- 未払法人税等　〃

—ヤ 行—
- 有価証券　勘定
- 有価証券売却益　〃
- 有価証券売却損　〃
- 有価証券評価益　〃
- 有価証券評価損　〃

—ラ 行—
- 利益準備金　勘定

ほかに
- 前払費用に関する勘定
- 前受収益に関する　〃
- 未払費用に関する　〃
- 未収収益に関する　〃

1　級　（会　計）

—ア 行—
- 受取配当金　勘定
- 役務原価　〃
- 役務収益　〃

—カ 行—
- 開発費　勘定
- 火災損失　〃
- 為替差損益　〃
- 関連会社株式　〃
- 関連会社株式評価損　〃
- 機械装置　〃
- 機械装置減価償却累計額　〃
- 繰延税金資産　〃
- 繰延税金負債　〃
- 契約資産　〃
- 契約負債　〃
- 研究開発費　〃
- 建設仮勘定　〃
- 鉱業権　勘定
- 鉱業権償却　〃
- 工事収益　〃
- 工事原価　〃
- 構築物　〃
- 構築物減価償却累計額　〃
- 子会社株式　〃
- 子会社株式評価損　〃
- 固定資産除却損　〃

—サ 行—
- 災害損失　勘定
- 仕入割引　〃
- 仕掛品　〃
- 自己株式　〃
- 支払リース料　〃
- 商品評価損　〃
- 新株予約権　〃
- 新株予約権戻入益　〃
- その他資本剰余金　勘定
- その他有価証券　〃
- その他有価証券評価差額金　〃
- ソフトウェア　〃
- ソフトウェア仮勘定　〃
- ソフトウェア償却　〃

—タ 行—
- 退職給付引当金　勘定
- 退職給付費用　〃
- 棚卸減耗損　〃
- 投資有価証券売却益　〃
- 投資有価証券売却損　〃
- 特許権　〃
- 特許権償却　〃

—ナ 行—
- のれん　勘定
- のれん償却　〃

—ハ 行—
- 売買目的有価証券　勘定
- 法人税等調整額　〃
- 保険差益　〃
- 保証債務　〃
- 保証債務取崩益　〃
- 保証債務費用　〃
- 保証債務見返　〃

—マ 行—
- 満期保有目的債券　勘定
- 未決算　〃

—ヤ 行—
- 有価証券利息　勘定

—ラ 行—
- リース資産　勘定
- リース資産減価償却累計額　〃
- リース債務　〃

1　級　（原価計算）

—ア 行—
- 売上原価　勘定

—カ 行—
- 買入部品　勘定
- 外注加工賃　〃
- ガス代　〃
- 機械装置　〃
- 機械装置減価償却累計額　〃
- 組間接費　〃
- 月次損益　〃
- 健康保険料　〃
- 健康保険料預り金　〃
- 工具器具備品　〃
- 工具器具備品減価償却累計額　〃
- 工場　〃
- 工場消耗品　〃
- 厚生費　〃

—サ 行—
- 材料消費価格差異　勘定
- 材料消費数量差異　〃
- 作業くず　〃
- 作業時間差異　〃
- 雑給　〃
- 仕掛品に関する勘定
  - 仕掛品　勘定
  - ×組仕掛品　〃
  - ××工程仕掛品　〃
- 仕損費　〃
- 仕損品　〃
- 修繕料　〃
- 従業員賞与手当　〃
- 消費材料　〃
- 消費賃金　〃
- 消耗工具器具備品　〃
- 水道料　〃
- 製造間接費　勘定
- 製造間接費配賦差異　〃
- 製造部門費に関する勘定
  - ××製造部門費　勘定
- 製造部門費配賦差異　〃
- 製品に関する勘定
  - 製品　勘定
  - ×級製品　〃
  - ×組製品　〃
- 操業度差異　〃
- 素材　〃

—タ 行—
- 退職給付費用　勘定
- 棚卸減耗損　〃
- 賃金　〃
- 賃借料　〃
- 賃率差異　〃
- 電力料　〃
- 特許権使用料　勘定

—ナ 行—
- 年次損益　勘定
- 燃料　〃
- 能率差異　〃

—ハ 行—
- 半製品に関する勘定
  - ××工程半製品　勘定
- 販売費及び一般管理費　〃
- 副産物　〃
- 部門共通費　〃
- 補助部門に関する勘定
  - ××部門費　勘定
- 本社　〃

—ヤ 行—
- 予算差異　勘定